中江藤樹への道

太虚と天地と明徳と

中江　彰

明徳出版社

故森鹿三、故勝村哲也両先生より受けし五〇年前の学恩に献ず

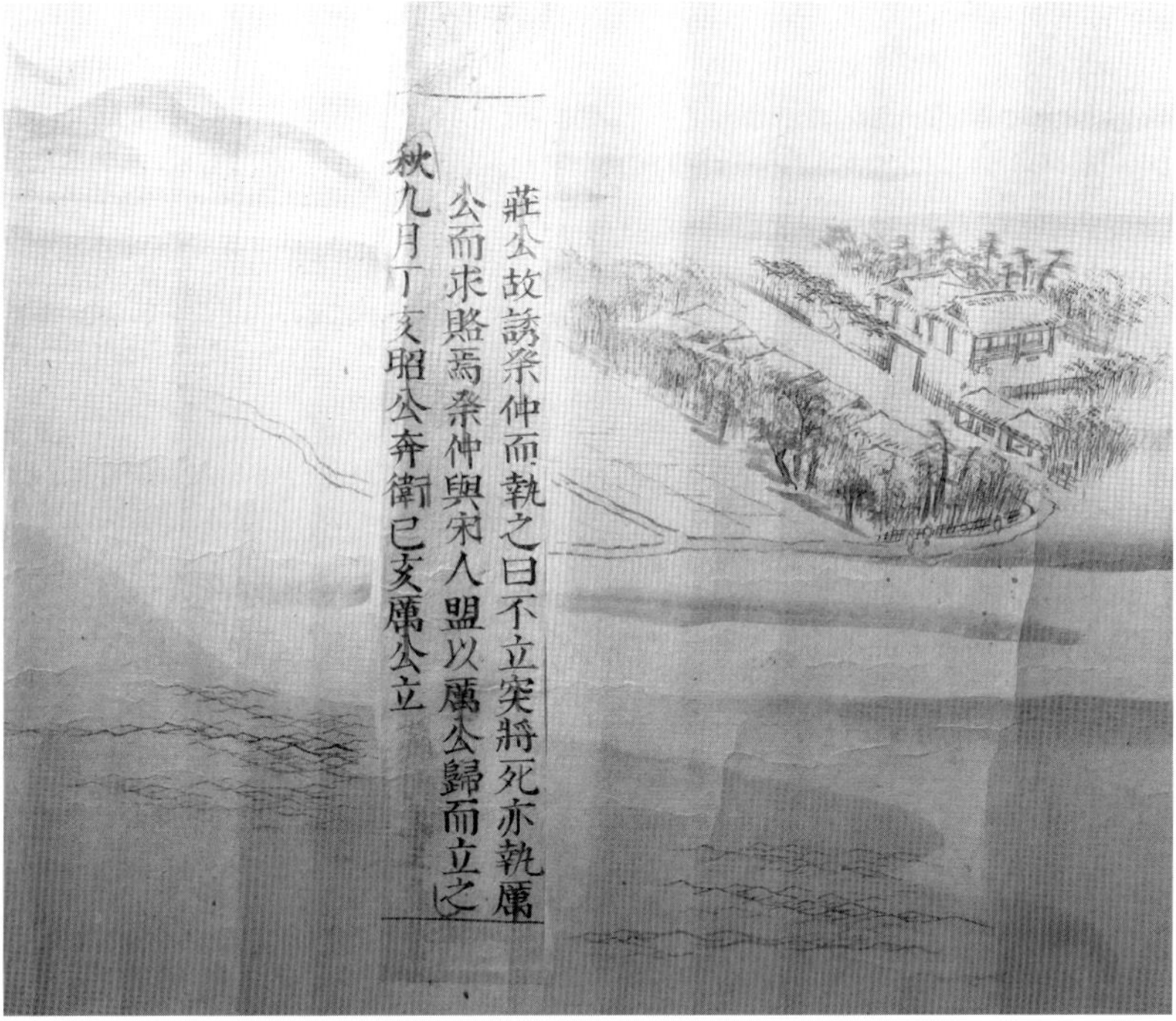

図１　春秋左氏伝断簡（巻子装）

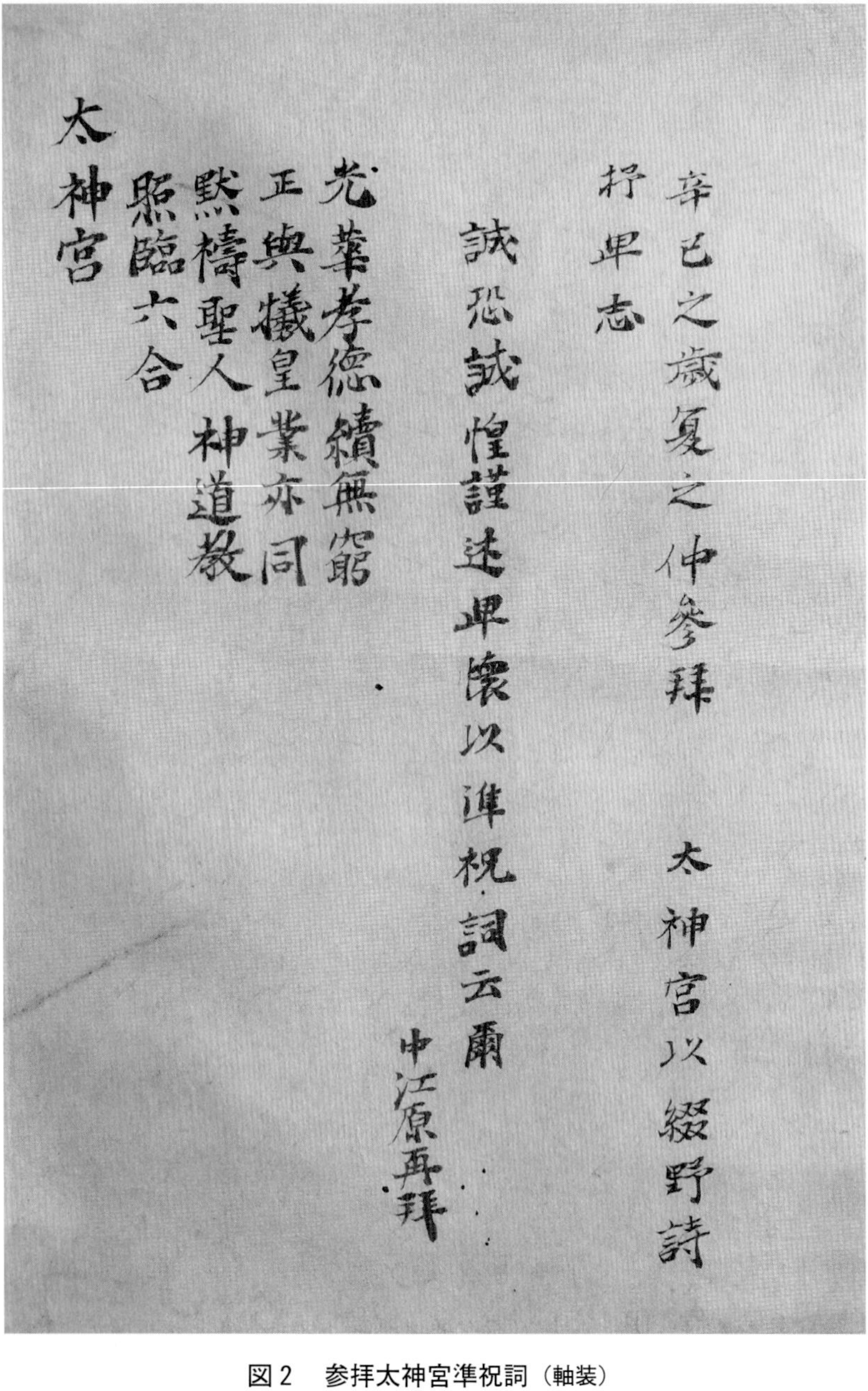
辛巳之歳夏之仲參拜　太神宮以綴野詩
抒卑志
誠恐誠惶謹述卑懷以準祝詞云爾
中江原再拜
光華孝徳績無窮
正與犧皇業亦同
默禱聖人神道教
照臨六合
太神宮

図２　参拜太神宮準祝詞（軸装）

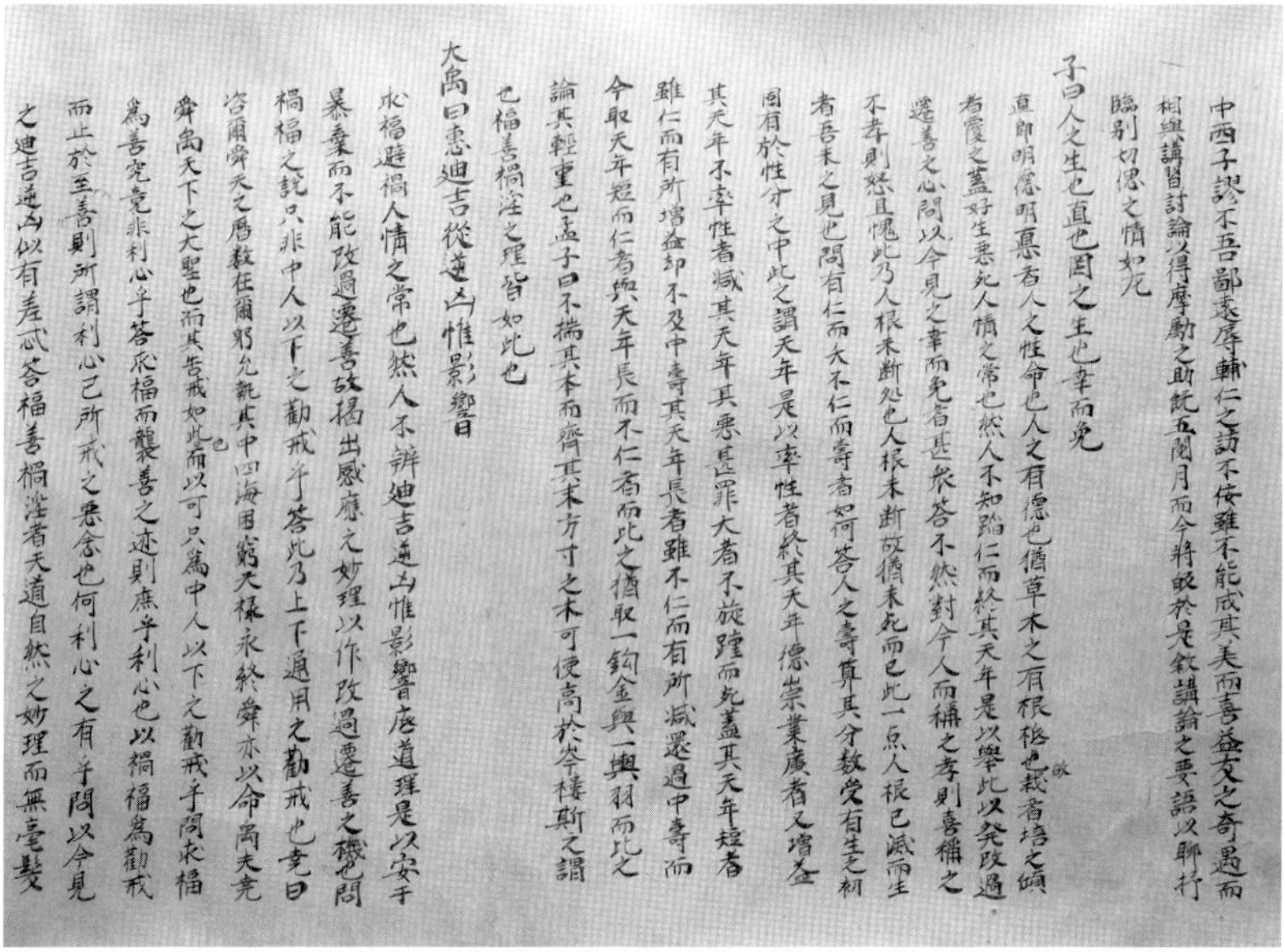
中西子謬不吾鄙遠辱輔仁之訪不倦雖不能成其美而喜益友之奇遇而
相與講習討論以得摩勵之助既五閲月而今將歸於是叙講論之要語以聊抒
臨別切偲之情如左
子曰人之生也直罔之生也幸而免
直即明德明惠者人之性命也人之有德也猶草木之有根株也栽者培之傾
者覆之蓋好生悪死人情之常也然人不知蹈仁而終其天年是以舉此以発改過
遷善之心問以今見之幸而免者甚衆答不然對今人而稱之孝則喜稱之
不孝則怒且愧此乃人根未断処也人根未断故猶未死而已此一点人根已滅而生
者吾未之見也問有仁而夭不仁而壽者如何答人之壽算其分数受有生之初
固有於性分之中此之謂天年是以率性者終其天年德崇業廣者又增益
其天年不率性者減其天年其悪甚罪大者不旋踵而死蓋其天年短者
雖仁而有所增益却不及中壽其天年長者雖不仁而有所減還過中壽而
今取天年短而仁者與天年長而不仁者而比之猶取一鈎金與一輿羽而比之
論其軽重也孟子曰不揣其本而齊其末方寸之木可使高於岑樓斯之謂
也福善禍淫之理皆如此也
大禹曰惠迪吉従逆凶惟影響
求福避禍人情之常也然人不辨迪吉逆凶惟影響底道理是以安于
暴棄而不能改過遷善故揭出感應之妙理以作改過遷善之機也問
禍福之説只非中人以下之勸戒乎答此乃上下通用之勸戒也堯曰
咨爾舜天之暦数在爾躬允執其中四海困窮天禄永終舜亦以命禹夫堯
舜禹天下之大聖也而其告戒如此也而以可只為中人以下之勸戒乎問求福
為善究竟非利心乎答求福而襲善之迹則庶乎利心也以禍福為勸戒
而止於至善則所謂利心已所戒之悪念也何利心之有乎問以今見
之迪吉逆凶以有差忒答福善禍淫者天道自然之妙理而無毫髮

図 3　漢文書牘「中西子を送る」（巻首部分・巻子装）

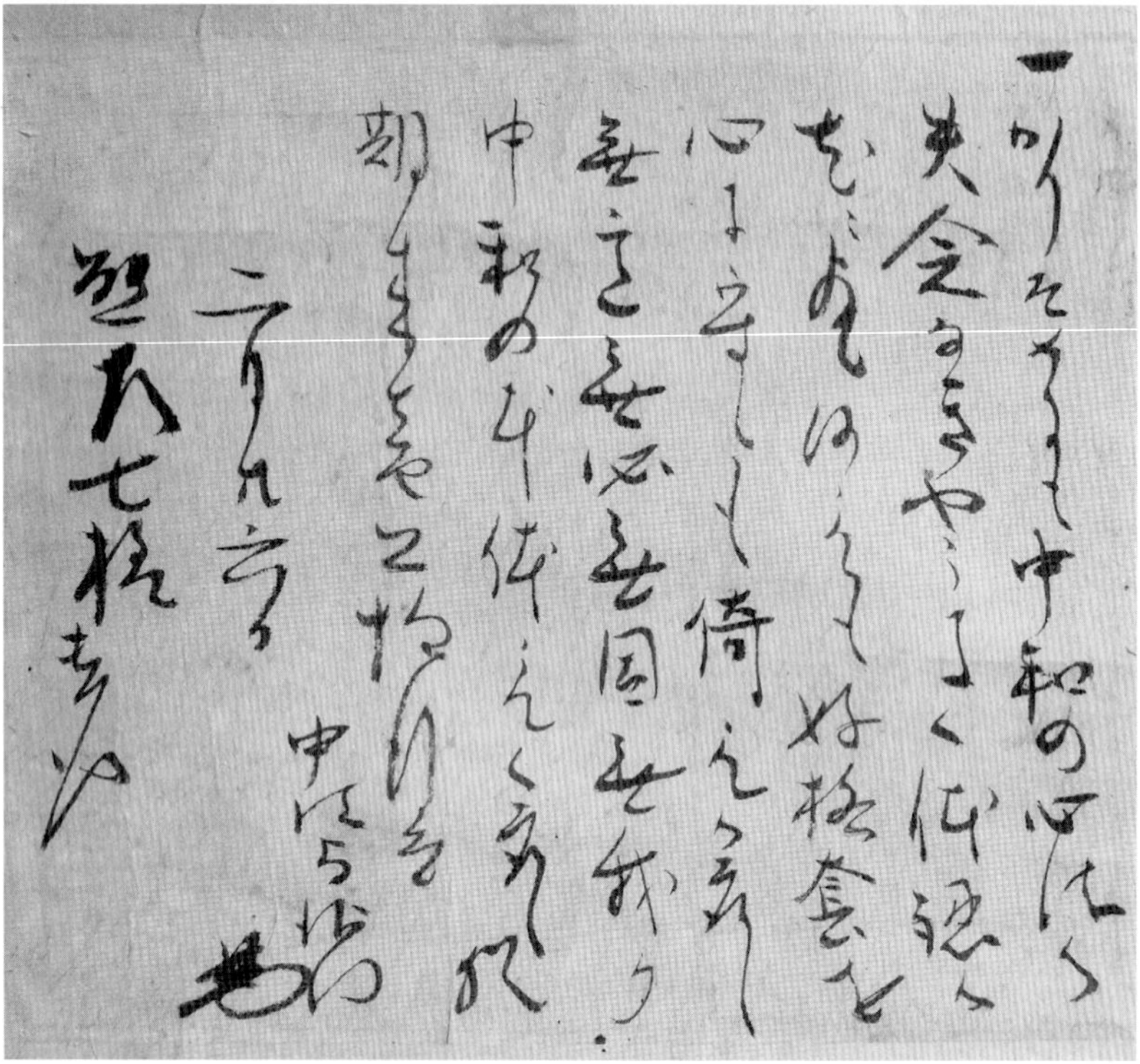

図 4　熊沢蕃山あて和文書簡（軸装）

中江藤樹への道＊目　次

凡　例
祖父中江吉長の消息について……5
中江藤樹致仕の思想……29
中江藤樹の伊勢参宮……51
中江藤樹の神主……67
中江藤樹の門流形成……87
中江藤樹・熊沢蕃山・泉　仲愛……109
岡田氏本『藤樹先生年譜』について……135
中江藤樹の禍福論……153
羅山と藤樹にみる仏教態度……177
中江藤樹の戒定慧的心学実践……197
中江藤樹の『孝経』復原……211
藤樹自筆謄写本『春秋左氏伝』の復原……233
あとがき　249
初出一覧　253

凡　例

一、口絵の中江藤樹書跡は、とりわけ本書に関係するものにかぎって収載した。これらは、著者が長年にわたって落手したところの歴史資料であるが、そのなかには「中西子を送る」のように『藤樹先生全集』所収の字句を訂正する必要のあることも判明した。

一、収録の諸篇は、既発表と未発表とが混在しているが、既発表については巻末の「初出一覧」にしめしたとおりである。なお、それら既発表の論文は規定字数の制約があったので、読みなおすと論述不足の箇所もみつかり、今回できる限りの補訂をほどこして充実をはかった。

一、本文中の人名の後には、できるかぎり知り得る範囲内で、カッコ書きにして西暦の生没年を記載したが、再三におよぶ場合は割愛することにした。

一、本文の原典引用にさいしては、旧字体・異字体の漢字はすべて新字体に変更し、『翁問答』や和文書簡などの送り仮名は原本のままの歴史的仮名遣いとし、漢文の訓み下し文のフリガナにあたる部分は現代仮名遣いでしめした。

一、原典引用にさいしての中略および後略するばあいは、すべて「……」記号で表示した。

一、本文中の引用原典については、それぞれの書名・書店名・刊行年・引用頁数をカッコ書きでその文末ごとに表示した。ただし、諸篇それぞれ再三にわたるばあいは、とりわけ岩波書店の一九四〇年発行の増補版『藤樹先生全集』全五冊については、（『全集』第一冊、一〇〇頁）というように、また岩波文庫本の『翁問答』『鑑草』については、（前掲『翁問答』六〇頁）（前掲『鑑草』六〇頁）というように表示したが、ときにはその「前掲」の語も省略したばあいもある。

中江藤樹への道

太虚と天地と明徳と

祖父中江吉長の消息について

はしがき

十五歳にて元服するまでの青少年期における中江藤樹（一六〇八―四八）の人格形成に、もっとも影響をあたえた人物といえば、なんといっても祖父中江徳左衛門吉長（一五四八―一六二二）であったことは、いうまでもない。それゆえ、祖父吉長の生きざまをつうじて、武士としての藤樹像の一端を知り得る手だてになるであろう。この祖父吉長の事績については、岡田氏本『藤樹先生年譜』の記述がゆいいつのものであって、これ以外の資料というものはほぼ皆無とみなしても、過言ではないであろう。とはいうものの、吉長は戦国末期、あらたな高島城主に着任した加藤光泰（一五三七―一五九三）に仕えて、以後、光泰の嫡男加藤貞泰（一五八〇―一六二三）にいたるまで、ひたすら加藤家の家臣としての道をあゆんだことをかんがえると、いきおい吉長の動向も、ある程度は間接的に垣間みることができるように思う。本稿は、そうした視点にたっての試論ということになる。

一　農民から武士へ

元和二年（一六一六）春、米子藩主加藤貞泰に仕えていた中江吉長は、藩主の許可を得て久方ぶりに、喫緊の目的を秘めて、ひとり、生まれ故郷の近江国高島郡小川村（高島市安曇川町上小川）にもどってきた。故郷では、吉長のもとをはなれて浪人生活をおくっていた中江徳右衛門吉次は、世帯を持って長子原蔵（藤樹の幼名）および妹の葉のふたりの子どもと暮らしていた。六十九歳という高齢の吉長にすれば、なんとしても早急に跡継ぎをきめて、藩士の家督（このとき俸禄百石）相続する必要にせまられていた。もし相続者がなければ、家督や財産などは藩主に返納することになる。吉次は、性格的に武士として生きる意思がなかったように思われ、あえて帰郷して農民の道をえらんだわけである。それで吉長は、九歳となった孫の原蔵を跡継ぎにすることを両親につよく説得し、両親はしかたなく承諾するにいたった。なんの事情もわからない原蔵ではあったが、祖父の養子となって、ただちに見知らぬ山陰の米子へと旅立つことになった。このとき、両親とわかれて悲しむような様子は、原蔵にはいささかもなかったという。

もともと、吉長もまた、戸数七、八十ほどの小規模農村に過ぎない小川村の農民であったが、のちに藩主加藤貞泰に仕える米子藩士となった経緯について、まずは触れておかねばならない。戦国末期、天文十七年（一五四八）に生まれた吉長は、平常は農作業に従事していたが、兵農未分離の時代における通例として、農具とともにそれなりの刀や槍、箇質の具足などの武具も所持していたと思われる。もし、領主からいくさの募集があれば、いつでも自身の武具を所持して足軽として軍役についたわけである。そうしたなかで、吉長におおきな転機がおとずれる。小川家文書の「中江藤樹先生系図」（写本）の吉長の傍注に、

伊予大洲城主加藤遠江守、大溝ニ在リシトキ仕ヘテ伯州米子ニ従ヒ行キ、後大洲ニ移ル。

とあり、この加藤遠江守とは、大洲初代藩主加藤貞泰でなく、その父の加藤光泰のことであるので、大溝から米子までの期間はまったく省略された記述となっている。それはともかく、加藤光泰の出自については、『加藤光泰貞泰軍功記』に、

天文六年丁酉、美濃国厚見郡今泉村橋詰の庄に生る、世々此庄に居て七十貫の地を領す、……初濃州に於てかつひさといふ人に仕ふ、かつひさは姓氏不レ伝、或説に美濃国斎藤右兵衛龍興に仕ふと云、

（『続々群書類従』三、同完成会、一九七〇年、七頁）

とあり、もともと美濃のいっかいの土豪であったことがわかる。そして、織田信長をへて羽柴秀吉の家臣となり、その秀吉が山崎にて明智光秀を討ち果たし、さらに柴田勝家を滅ぼしたのち、光泰は、秀吉より周山街道の要衝である丹波周山城(1)の城主に命ぜられる。ところが、軍事戦略上から琵琶湖西岸の要衝、近江の大溝、すなわち高島城主に転任することになるが、そのあたりの経緯について、『加藤光泰貞泰軍功記』天正十一年（一五八三）の条には、次のようにしるしている。なお、文中の「江州

貝津」とは、琵琶湖北端に位置する現在の滋賀県高島市マキノ町海津であり、「高島」とはおなじく高島市勝野のことで、いずれも湖岸に築かれた「水城」であって、そのうちの高島城は江戸時代においてもそのまま利用した分部氏の大溝城(2)にほかならない。

合戦御勝利に依て、天下の権威秀吉公に帰す、依レ之光泰を丹波国周山の城主に仰付られ、一万七千石拝領、在住少しの間、所務に及ばず、此城は、前廉明智日向守光秀居城なり、丹波国より江州貝津へ所替、領知同断、此所にも在住年を越ざる故所務に及ばず、貝津より同州高島へ所替二万石、在住の年数詳ならず、高島は、前廉織田七兵衛尉信澄居城なり、此所在住の内、小牧御陣の時、尾州犬山の城在番を勤む、

（前掲『続々群書類従』三、九頁）

また、歴代大洲藩主加藤家の史料集である『北藤録』巻七「光泰之伝」の天正十二年（一五八四）の条には、

此時光泰ハ江州高島ノ城ニテ弐万石ヲ領ス。犬山在番中ノ兵粮トシテ右ノ外ニ三千石、犬山ノ城近辺ニ於テ是ヲ賜ル。

（伊予史談会双書六、愛媛県教科図書、一九八二年、四二頁）

とある。ところが、『高島郡誌』（高島郡教育会、一九二七年）には加藤光泰が高島城主に転封となるまでの記述として、

十一年、秀吉柴田勝家と矛楯に及び近江越前境にて合戦の時、光泰軍忠を尽し、従兵多く首級を得たり。後長久手の役及び佐々成政を征する時も軍功あり。

（五五一頁）

というようにあるので、おそらく天正十一年（一五八三）四月の有名な賤ヶ岳の戦と越中の佐々成政との戦に軍功をあげたことから、貝津城主そのあと高島城主の転封となり、そして翌年（一五八四）四月の小牧長久手の戦にも加わったのであろう。さらに、『北藤録』天正十三年（一五八五）の条には、

同年近江国高島ヨリ美濃国大垣へ所替、二万石加増アリ。領地合テ四万石ヲ賜リ、外ニ秀吉公御蔵入二万石并国侍両人ヲ預ケラル。

（前掲伊予史談会双書六、四二頁）

とあって、これらの史料から総合すると、だいたい以下のようにまとめることができよう。

まず、山崎の戦いで明智光秀に勝利した羽柴秀吉は、

いち早く織田信長の承継者として内外に知らしめたものの、その後継あらそいをめぐって対立した越前の柴田勝家との戦いに勝利を得たことで、秀吉の最高権力者としての地位は不動のものとなった。そこで、さまざまな戦後統治のなかで秀吉は、加藤光泰をさいしょ一万七千石の丹波周山城の城主に命じた。周山は、周山街道（一条街道）沿いの山間部にあって、京都の鳴滝と丹波とをむすぶ軍事上の要衝で、もと周山城は光秀の居城でもあった。光泰にとっては、はじめての城持ちの臣となったわけである。それからまもなく、秀吉から賤ヶ岳の戦ののち、湖北の貝津城の城主を命じられ、さらに天正十二年（一五八四）五月には、こんどは湖西の高島城の二万石の城主に命じられたのである。この貝津・高島の両城は、琵琶湖岸に築かれた《水城》であって、往昔から北陸地方と京都とをむすぶ交通の要衝であった。とりわけ、高島城のばあいは、敦賀・小浜両方面につながる西近江路が、かならず琵琶湖岸の陸地のせばまった高島城を通過しなければならず、軍事上からしても貝津城よりも重要地点であったのであるから、それで貝津城を破却して高島城に移動したものと思われる。

さて、周山城から貝津城をへて高島城への転封によって三千石の加増があり、光泰はただちにその加増に見合う人数の、いわば常勤の雑兵募集を高島領内でおこなった。それに応募した農民のひとりが中江徳左衛門吉長であった。吉長には、一家の暮らしを楽にしたいという希望があったにちがいない。吉長二十七歳のとき、長子吉次が生まれ、つづいて二男の三郎右衛門、三男の治之が生まれている（「藤夫子行状聞伝」『全集』第五冊、八四頁）。高島城主光泰もそうであったように、腕力のつよかった吉長は長槍の扱いを得意とした、という伝承がのこされていることからしても、率先して応募したことはかんがえられる。このために、吉長が所有していた農地の耕作権は、吉長の二男、三男に譲りわたし、長男の吉次を連れていったのであろうが、いずれにせよ、三十四歳という年齢からすれば、かなりおそい出仕であったことはいうまでもない。

二　加藤光泰・貞泰の家臣として

翌天正十三年（一五八五）、加藤光泰は、高島城から美濃国大垣城主への転封を命ぜられ、知行二万石の加増によって四万石を拝領することになった。このため、吉長もまた光泰の家臣団のひとりとして、家族をつれて大垣へ移り住むことになる。ところがそのあと、光泰は秀吉へのお礼言上のために京都に参勤したとき、《ことばの綾》のゆきちがいで、秀吉は「もっての外」と立腹し、光泰は大垣城を召し上げられ、(3) 大和国郡山の羽柴秀長あずかりの身となった。その後について、『北藤録』には次のように書かれている。

秀長卿ヨリ知行一万石光泰ニ与ヘラレ、和州郡山ニ居住ス、此時光泰家子ハ在々所々ヘ蟄居スト云フ。其後同州秋山ノ城地二万六千石〔割注〕一書ニ壱万六千石」秀長卿ヨリ与ラル。幾程ヲ経ス秀吉公御勘気宥免アリ、江州佐和山ノ城地弐万石下サレ、従五位下ニ叙シ、遠江守ニ任セラル。

（前掲伊予史談会双書六、四二頁）

蟄居の身となった光泰は一万石だけ与えられたため、ほとんどの家臣は失職してしまい、吉長もいちるの復職を胸にひめて、ふたたび故郷の小川村にもどることになったものと思われる。そうして三年が過ぎたころ、ようやく秀吉の勘気がとけて、光泰は畿内と東国とを結ぶ軍事上の要衝ともいうべき近江佐和山（彦根市佐和山）の城主として二万石を拝領し、そのうえに「従五位下」に叙せられ、「遠江守」に任ぜられることになった。それで、吉長はいそいで琵琶湖の東、佐和山の光泰のもとへと駆けつけ、再出仕をはたすことになった。

天正十八年（一五九〇）七月、小田原征伐によって北条氏政などを滅ぼし、奥州の諸大名も降伏して、ここに名実ともに豊臣秀吉は天下統一をなしとげた。広大にしてゆたかな関東地方は、ことごとく秀吉の支配下に帰したので、それで顕著な功績のあった武将に恩賞あたえるということで、秀吉は徳川家康にたいして、この北条氏の旧領であった武蔵国や相模国など八カ国（いわゆる関八州）への転封を命じた。それで、家康はわずか半月のうちに、未開の地であった江戸城に入部したという。また、光泰にたいしては、

中ニモ甲州ハ要枢ノ地ナレハトテ、其旨ヲ告テ光泰ヲ甲斐ノ国主ニ封セラル。金山共ニ一円二十四万石ナリ。

（前掲『北藤録』巻七、四三頁）

とあるように、二万石からいきなり二十四万石の甲斐国（山梨県）一国の大名という破格の抜擢人事がおこなわ

れた。そのために、『北藤録』巻七には、別の一書の記述として、

光泰甲州拝領ハ天正十八年庚寅、入部ハ翌十九年辛卯也。（四四頁）

とあって、とうぜん大大名にふさわしい規模の家臣団を編成するために、かなりの日時をようしたのである。同書には「六百七十ノ家士」（前掲書、四四頁）という数字がしるされている。その大半は、おそらく甲斐国の在地武士を登用したのであろうが、そういうなかに高齢の吉長も含まれていたわけである。秀吉が豊臣秀勝に変えて、あえて光泰を甲斐国の大名に転封した理由について、辻達也は、次のような背景があったことを考察している。

秀吉は家康の旧領岡崎に田中吉政、吉田（豊橋）に池田輝政、掛川には山内一豊、駿府に中村一氏、甲府に豊臣秀勝、のちに加藤光泰、小諸に仙石秀久、上田に真田昌幸などは配下の大名をおき、関東に備えさせた。また関東の常陸の佐竹義重は、さきの小牧長久手の戦いのときにも秀吉側と連絡のあった大名で、家康の友好国ではない。このような大名配置によって家康をしめつけたのである。

（『日本の歴史』一三、中公文庫、一九八五年、五二～五三頁）

ようするに、家康にたいする最前線の監視役であって、とくに甲州は武蔵国と相模国に隣接していて、さらには江戸から甲州街道をとおって中山道を抜け、京都へとつながることから、軍事上においても要衝の地であったわけで、もし家康が秀吉に反旗をひるがえしたばあいには、まずは甲州の加藤光泰が最前線にたって食い止めるという重要な役割をになっていた。この一事からしても、光泰は家康に対抗し得るほどの力量のある武将として、秀吉に信頼を得ていた人物であったことが知り得る。しかし、軍事上はそういうことであっても、光泰にはまったく縁もゆかりもない土地であり、領民のなかには、武田氏以来の恩顧の旧臣や土豪などがまだまだ多くいたであろうから、光泰にとっては戦々恐々の「お国入り」であったにちがいない。そのさい、光泰は、領民にたいして次のようにたからかに語ったという。

其時、一ケ国ノ貴賤出迎ヒ道ノ辺リニ蹲踞セシニ、光泰馬上ヨリ申ケルハ、予此国ノ主タル上ハ、甲州ノ敵ノ馬蹄ニハ駈サセ申マシ、心安レト高ラカニ呼ハリケレハ、其勇敢ヲ感シ何茂安堵シケルトイヘリ。

(前掲『北藤録』巻七、四四頁)

光泰は、疑心暗鬼にみちた領民の心情をさっして、甲州に足を踏み入れたとき、すぐさま隊列を制止して、みずから声たからかに領民にむかって安堵を呼びかけたわけであるが、こうした臨機の言動は、これまで人一倍辛酸をなめてきた《苦労人》光泰の一面をかいまみることができよう。それはまた、はじめてすべての家臣を満堂にあつめて、懇親の宴を六日間にわけてもうけたとき、その座席位置についても《苦労人》の心配りがおおいに発揮されたのである。

さて仕置掟等いひ付、家中の面面へ料理を与ふ、広間にて、今日は上座下座の差別無しとて、嫡子貞泰、一男光直を、諸士の下に着座させ、自分一人上座に居れども、諸士の膳据へ仕舞て後、膳にすはり、引物は必自身に引レ之、六百七十の家士六日程に相済といふ、

(前掲『続々群書類従』三、一二頁)

さて、甲斐国の入部から二年後の文禄元年(一五九二)六月、光泰は、秀吉の命により家臣千人をひきいて朝鮮渡海をおこなった。世にいう文禄の役、朝鮮出兵である。おそらく吉長も、この千人のうちのひとりとして、主君とともに嬉々として渡海したであろう。これよりすでに四月には、小西行長・加藤清正・黒田長政など九軍から編制された日本軍は、釜山(プサン)に上陸してつぎつぎと敵城を攻略しながら、五月にははやくも国都漢城(ソウル)を占領するにいたった。それで秀吉は、「増田長盛・石田三成・大谷吉継を三奉行とし、長谷川秀一・木村重茲・加藤光泰・前野長康の四人の将とともに、七人衆と呼んで代官として朝鮮に送って、軍事をつかさどらせ」(旧参謀本部編『日本の戦史・朝鮮の役』徳間文庫、一九九五年、九五頁)るために、六月に渡海させたのである。

文禄二年(一五九三)正月には、明軍の加勢によって平壌城から退却することになり、「日本軍の主力は後退して、ほとんど漢城に集結し、ここを厳守しようとした」(前掲『日本の戦史・朝鮮の役』一〇〇頁)ので、二月には日本の諸将らがあつまって作戦会議をおこなった。そのときの会議における光泰の有名な逸話にもなった発言もふくめて、『加藤光泰貞泰軍功記』には、次のように記録されている。

皆曰、大明の加勢既に加はる間、先諸軍を釜山浦に

引取、謀を運らさば、其功あるべしといふ、時に光泰進み出申けるは、大明の加勢の来る事は、前廉より存知の事なり、何ぞ今更これを恐れむ、釜山浦は此所を去る事数百里なり、若し諸軍を釜山浦に引取ば、京城を敵の為に取られむ、左あつて何の面目かあらむ、諸将の曰、兵粮続くまじ、光泰又申けるは、兵粮なくば砂を喰はむ、三成が曰、人如何して砂を喰ふべきやと、光泰笑て申けるは、砂を喰ふ程の様子しらずや、然ば某一人を留て帰れ、我若生て本国に帰らば、各の談合の実を秀吉公へ申上べしといふ、此詞に依て諸将終に京城を引取事を得ず、自レ是三成長盛吉継等不和になるといへり、

（前掲『続々群書類従』三、一三〜一四頁）(4)

国都をいっき呵成に占領したものの敵国のまっただ中にあって、今にも明の大軍がこの漢城に攻め寄せてくるという緊迫した状況のうかがえる記述である。ところが、朝鮮国との和談が成立して、いよいよ諸将が帰朝するころになった同年八月二十九日、光泰は朝鮮慶尚道の倭城である西生浦城（城主加藤清正）において、にわかに病死した。享年五十七歳であった。その急死の原因については、石田三成の陰謀によって毒を盛られたのではないかとのうわさが、光泰の家臣のあいだでただちに広まった。そのへんの経緯にかんして『加藤光泰貞泰軍功記』は、次のように書かれている。

朝鮮和談成就して、諸将帰朝之節、西生浦といふ所にて、石田等光泰と和睦せむとて、宮部兵部少輔長房が所にて酒宴を催す、其夜光泰帰宿の後、俄に病を請、血を嘔て遂に卒去す、此日文禄二年癸巳八月廿九日、御年五十七歳也、皆鴆毒にて殺せると疑ふ、

（前掲『続々群書類従』三、一七頁）

さらに、『北藤録』巻七には、光泰の死にぎわでの家臣にたいする隠忍自重と、死後の家臣団の処置にいたるまでの遺言を、加藤清正に託していたことが書かれている。

一書ニ曰。光泰ヲ和睦ノ為石田三成招キケルヲ、光泰ノ諸臣諌テ毒殺ノ事アルヘシト堅ク止ム。光泰曰、我モ予メ此事察スルトイヘトモ、今往スンハ武門ノ瑕瑾タリ、毒死ハ我覚悟ノ前也トテ、八月廿六日彼会ニ趣シカ、果シテ鮒魚ノ吸物ニ鴆毒ヲ加フ。即日ヨリ悩ミ甚シク、廿七日、廿八日ハ既ニ危急ナリ。

光泰病中加藤清正ヲ待シニ、廿七日ノ晩景清正釜山浦ニ帰リ直ニ光泰ノ病ヲ訪フ。光泰大ニ歓ヒ、予思ハスモ姦人ノ為ニ毒殺ニ遭リ、我士卒忿怒シテ石田カ陣所ニ討入ントス。然レトモ、三成ヲ討タリトモ予カ命遁ルヘキニモ非ス、敵地トイヒ、同士軍トイヒ、甚以然ルヘカラス。足下堅ク是ヲ止メ、且死後ニ我諸勢ヲ率ヒテ息作十郎ニ与ヘ玉ハレト懇ニ託シテ、八月廿九日終ニ卒去ス。清正ハ遺言ノ如ク光泰ノ人数ヲ率ヒテ帰朝シ貞泰ヘ引渡セシトイヘリ。

（五六～五七頁）

撤退有無の作戦会議における光泰と三成とのやりとりで、奉行の立場にある三成にとっては諸将のまえで恥をかかされたという屈辱が怨恨となって、自身は手を染めることなく、配下の宮部長房に実行させたのではないかと推測できる。これとよく似た話がほかにもあって、一時期、加藤清正に仕えたことのある京都の儒医江村専斎（一五六五―一六六四）の『老人雑話』にも、光泰が福島正則と宇喜多秀家をなじる、という記事が載せられている。当時、一流の文人・知識人であった人物の著書であるから、まったくの捏造とは思えない。

三成と会談する直前の八月十八日にしたためられた光泰の書状が残されていて、それは甲州で留守をあずかっている家臣児玉太郎右衛門にあてたもので、都城攻めのときに負傷したけれどもすでに療治し、おそくとも九月には家臣とともに帰国できる悦びなどがしるされており、前述の顛末を史実として裏づけることができる。

七月廿七日之書状披見申候。其国静成由大慶ニ候。我々息才候。伝三郎・平市健ニ候。可レ被二心安一候。都城攻ニ手負候得共、其砌やかて能候而、無レ程召連可二帰朝一候。遅とも後ノ九月ニは可二帰国一候。迎之事名護屋へ出候ハヽ、夫より見送りも可レ遣候。夫次第可レ被レ越候。遠国次第ニ一番船被二仰付一候間、早可レ有レ之候。恐々

八月十八日

加藤遠江守　光泰書判

児玉太郎右衛門殿

（前掲『北藤録』巻七、一〇一～一〇二頁）

光泰の亡くなる前日、八月二十八日付の五奉行のひとり浅野長政にあてた書状が、『大洲秘録』に載せている。これには、甲斐国の重要性から、嫡男作十郎はいまだ若

年ゆえに、召し上げとなるので、領国の近所に移してもらえるように〔浅野さまから〕どうかせがれのことを仰せ下さるようお頼みします、と行く末をふかく案じる文面となっている。

我等事如㆓御存㆒此中相煩ニ付、種々養生仕候得共、終不㆑得㆑験相果申候。然は甲斐国之儀、かなめ之処、其上御国はし作十郎若年之儀ニ候間、被㆓召上㆒御近所ニ被㆓召遣㆒候様ニ被㆓仰上㆒可㆑被㆑下候。何様とも世倅事頼入申候。誠御国被㆑下、御用ニ茂立不㆑申、ケ様ニ相果申事無念ニ存候。併是事と存不㆑及㆓是非㆒候。下略

八月廿八日　　加藤遠江守光泰　判

浅野弾正正殿　旨

（伊予史談会双書七、伊予史談会、一九八三年、二四頁）

光泰の急死によって、「遺骸を、家人等打寄、西生浦の近地に火葬し、藤田九郎右衛門文範其骨を取て、日本に帰りて是を葬むる」（前掲『続々群書類従』三、一三〜一八頁）とあるように、城郭の周囲には敵軍が出没しているなかで、とにかく近親者だけによって遺骸を荼毘にふしたわけである。そうして、遺骨は一足さきに、甲州領内にもどって「山梨郡板垣村善光寺の境内に葬る」（前掲『続々群書類従』三、一八頁）としるされている。既述したように、こんどの文禄の役には、吉長もまた光泰軍の一員として渡海しており、大陸半島の厳冬をまのあたりに体験しながら、しかも食糧難に苦しみながらの激しい戦闘と、永久的な構造の《倭城》の築城にも従事して、ようやく閏九月に入って加藤清正軍とともに、無事帰国をはたしたのである。

あらためて、光泰の葬儀を領国においていちょうに執り行ったのち、翌文禄三年（一五九四）、十五歳の嫡男作十郎貞泰は、秀吉の命により甲州から美濃国黒野（岐阜市黒野）へ転封となった。あわせて「従五位下」に叙せられ「左衛門尉」に任ぜられたが、石高はわずか四万石であった。そのために、貞泰につきしたがう家臣の人数は、とうぜん限られたものにならざるを得なかった。吉長は、あらたな甲斐の国主となった浅野長政（一五四七—一六一一）につかえて高禄家臣となる選択肢もあったが、まよわず亡き主君の嫡男貞泰と生死をともにすることをえらんだ。

秀吉のこうした貞泰にたいする極端な石高の削減は、あるいは三成の讒言によるものという記録が二、三みうけられるが、そうじて甲斐の国主は、既述のように強大な関八州の徳川家康にたいする抑え、という重要な任務をになっており、わずか十五歳の貞泰では、とうてい担えるものではなく、秀吉の即断で転封を命じたことはいうまでもない。

いっぽうの浅野長政は、それまで若狭国小浜城主であり、秀吉政権下の五奉行のひとりであった。また反対に、家康の立場からしてみれば、十五歳の貞泰をさそい込んで、いざというときに味方につけることなどは、しごく簡単な調略であることはまちがいない。そういう予想も承知のうえで、秀吉は、貞泰に大名としてのさまざまな経験を積ませるという処置であったこともかんがえられる。それとはまたべつに、美濃国の黒野は加藤家の《父祖の地》にほどちかく位置しており、この点も秀吉の配慮といえるかも知れない。『北藤録』巻九に「秀吉公ノ命ヲ蒙ムリテ、貞泰新タニ黒野ノ城ヲ築ク」(六一頁)とあるように、黒野にはもともとの城郭は築かれておらず、濃尾平野の一角に城主と家臣団の居住する城郭のあらたな縄張りづくりから、はじめなければならなかった。現在もなお、本丸部分の囲繞した堅固な土塁が往時のままに残存しているが、これなどはその築造技術の高さを証明しているといえるであろう。それはともかく、その秀吉が貞泰にあたえた朱印状には、

美濃国厚見郡内弐万五千弐百九拾弐石、方懸郡内壱万四千七百石、都合四万石之事、相二添目録別紙一令レ扶二助之一訖。全可レ領二知之一者也。

文禄三正月十七日　　秀吉公御朱印

加藤作十郎とのへ

(前掲『北藤録』巻一三、一二〇頁)

とあり、美濃国厚見郡は、地理的に長良川と揖斐川とにはさまれた穀倉地帯であり、さらに前述したように加藤家の《父祖の地》であったわけであるから、貞泰にとって石高は極端に減少したけれども、そのなかにあってあらたな城下町づくりに邁進できる条件がととのったといえよう。

そうして貞泰は、この美濃黒野城において、慶長十五年(一六一〇)の伯耆国米子城(鳥取県米子市)に転封す

るまでの一七年間を過ごすことになる。なお、玉木家所蔵の「黒野古城図」(5)によれば、百石の吉長は松井久助、山田与助とともに一区画の士屋敷に居住していたことがわかる。この黒野城時代に、日本の歴史はおおきなうねりとなって動くことになる。いうまでもなく、天下分け目の関ヶ原の戦いであるが、その前後のおもな事件を箇条書きにあげると、だいたい次のような内容になるであろう。

○慶長二年（一五九七）二月、ふたたび一四万の兵力による朝鮮渡海の「慶長の役」がはじまる。

○慶長三年（一五九八）八月、豊臣秀吉、病没する。それにともない年内に諸将の帰国が完了する。

○慶長五年（一六〇〇）九月、関ヶ原の戦い(6)で東軍が大勝し、石田三成らは処刑される。戦後処理として、西軍に加担した大名の所領の没収、あるいは転封にともなう石高の削減など、その「没収地は六百万石をこした」（前掲『日本の歴史』一三、一〇六頁）といわれ、わけても「（東軍の）豊臣系の大名を加増しながら主として中国・四国・九州へ移し、近江から関東までを一門・譜代で固めた」（前掲『日本の歴史』一三、一〇八頁）ことを見逃してはならない。

○慶長八年（一六〇三）二月、徳川家康は征夷大将軍に任ぜられ、江戸城に幕府をひらく。

貞泰は、美濃黒野城の地理的環境からしても、表向きは豊臣方にくみしている態度をしめしていたが、しかしながら、父光泰の鴆毒死の首謀者である石田三成にたいする怨恨は、ぜったいに消えることはなかったので、心情的にも徳川方とひそかに呼応していたのはいうまでもない。そのことは、『加藤光泰貞泰軍功記』にしるされている徳川方の重臣との複数の書状によって、綿密な情報交換や意志の疎通などをなされていたことがうかがえる。さらに、関ヶ原の戦いの約五か月前に、家康みずからが黒野城主加藤貞泰にあてた書状があって、それには、

遠路鮎鮨五桶送給候、祝着之至候。猶期㆓後音之時㆒候条令㆓省略㆒候。恐々謹言。

卯月廿九日　　家康公　御諱御書判

加藤左衛門尉殿

（前掲『北藤録』巻一三、一二〇頁）

とあり、この「後音之時」とは、いずれおとずれるであ

ろう三成・大坂方大名との一大決戦をにおわせていることは、じつに興味深いものがある。そうして、関ヶ原の戦いにほぼ決着がついた後の貞泰の動向について、次のようにしるされている。

関ケ原合戦御勝利ニ依テ、東照宮直ニ江州佐和山へ御進発、貞泰御供ス。此時稲葉右京亮貞通ト貞泰両人、江州水口ノ城ヲ攻ヘキ旨ヲ命セラレ発向ス。城主長束大蔵大輔正家、城ヲ明退ク故合戦ニ及ス。夫ヨリ摂州大坂マテ供奉シ、此地ニテ御暇下サレ黒野へ帰リケル。程ナク三成以下ヲ京都ニ於テ誅戮シ玉ヒ、天下悉ク関東ニ帰セリ。

（前掲『北藤録』巻九、六七頁）

東軍の大勝利にともなってなされた論功行賞で、貞泰にたいしてすぐにはなかったものの、七年後の慶長十五年（一六一〇）七月に黒野城から伯耆国米子城への転封を命ぜられ、これまでの四万石に二万石を加増してつごう六万石の大名となった。というのは、米子の前城主中村忠一は、その前年五月に二十歳の若さで急逝したために継嗣がなく、領国を没収せられ、このたびの転封となったわけである。なおまた、そのさい黒野城は廃城となった。

その後の史料にのこる動向として、貞泰は大坂冬の陣と夏の陣に参戦することになる。まず、慶長十九年（一六一四）の大坂冬の陣については、

両御所（家康公、秀忠公）大坂（右大臣秀頼）ヲ御征伐ノ時、貞泰ト松平（本名松井）周防守康重・岡部内膳正長盛等ト天満口ニ向フ、貞泰先渡タリ。其後御和談整ヒデ何レモ帰国セリ。

（前掲『北藤録』巻九、六八頁）

とあり、幕府方総勢二〇万の軍勢が大坂城を包囲し、貞泰軍は大坂城の北側、天満口に着陣して天満川を渡ったということが知られる。また、翌元和元年（一六一五）の夏の陣については、

再ヒ大坂御進発ナリ。貞泰ト松平（本名池田）武蔵守利隆ト同シク神崎口ニ陣ス。此御陣ニ手へ首二級討捕ル。五月七日落城後直ニ御暇下サレ米子へ帰ル。

（前掲『北藤録』巻九、六八頁）

とあり、今回は大坂方と小規模な合戦をおこなったことがうかがえる。それとまた、貞泰軍と池田利隆軍とが先陣をあらそって、軍士どうしでもめたことも記録されている。この大坂の陣以降において、すくなくとも貞泰の

かかわった国内戦争はなくなった。

以上、祖父吉長が三十七歳のときに高島城主加藤光泰に召し抱えられてから、家禄百五十石の大洲藩士として病没するまでの約四十年間において、さまざまに体験したであろう出来事を、あらためて箇条的に列挙すると、次のようになるであろう。

○吉長三十七歳　加藤光泰、羽柴秀吉の命により近江高島城主（二万石）となり、常勤の雑兵に採用され小川村から高島城下に移り住む。
○吉長三十八歳　光泰、秀吉の命により美濃大垣城主（四万石）となり、大垣城下に移り住む。その後、光泰は秀吉の勘気をこうむり知行地没収され、大和郡山に蟄居を命ぜられる。ために吉長は一時帰郷する。
○吉長四十歳　光泰、秀吉の勘気がとけ近江佐和山城主（二万石）となり、再就職をはたす。
○吉長四十三歳　光泰、小田原征伐に参戦、従軍する。同年、甲斐の国主（二十四万石）となり、府中城下に移り住む。
○吉長四十五歳　光泰、文禄の役に参戦渡海し、従軍する。
○吉長四十六歳　光泰、蔚山の倭城、西生浦城にて急死するが、加藤清正の配慮を得て家臣団は無事に帰国をはたす。
○吉長四十七歳　嫡男貞泰、秀吉の命により甲斐の国主から美濃黒野城主（四万石）となり、黒野城下に移り住む。
○吉長五十六歳　貞泰、関ヶ原の戦いに東軍につき参戦、従軍する。
○吉長六十三歳　貞泰、伯耆米子城主（六万石）となり、米子城下に移り住む。
○吉長六十七歳　貞泰、大坂冬の陣に参戦、従軍する。
○吉長六十八歳　貞泰、大坂夏の陣に参戦、従軍する。
○吉長七十歳　貞泰、伊予大洲城主（六万石）となり、大洲城下に移り住むが、その年の冬、藩の飛地・風早郡（愛媛県松山市柳原）の郡奉行に赴任する。
○吉長七十五歳　大洲城下の士屋敷にて死去する。老衰か。
以上のように、豊臣秀吉、徳川家康さらには江戸幕府の命により、つごう六回も転封を命ぜられ、それと同時に、知行高も加増されたり削減されたりして、まさしく加藤光泰・貞泰父子は、典型的な戦国武将の波乱に満ちた生きざまであって、その家臣のひとり吉長もまた、ふたりの主君と運命をともにしてきたわけである。とはいうものの、吉長はすくなくとも小田原征伐、文禄の役、関ヶ原の戦い、大坂冬の陣と夏の陣などといった、歴史上、すさまじい戦争に従軍しながらも、七十五歳の長寿をまっとうできたのは、じつに薄氷を履むがごとき幸運にめぐまれていたといわざるを得ない。

三　風早郡の奉行として

既述のごとく、元和二年（一六一六）の春、六十九歳の高齢となった米子藩士吉長は、久方ぶりに故郷の小川村に帰ってきた。その理由もまた既述のとおりであるが、このときの始末について、岡田氏本『藤樹先生年譜』には、比較的くわしくしるされている。

是年、祖父吉長公ニ養ル。此春、祖父小川村ニ来テ先生ヲ養ンコトヲ欲ス。父母其一男ナルヲ以テ不レ肯。祖父固クコレヲ強フ。故ニ不レ得レ已シテ遠ク伯州ニ遣ス。先生、性穎敏、豪邁ニシテ幼ヨリ物ニ愛著セズ。故ニ父母ヲ離テ遠ク行トイヘドモ、一毫モ哀ムコトナク、能祖父母ニ孝アリ。今年始テ文字ヲ習ヒ書ス。期年ニシテ殆ド能ス。祖父モト文字ニ拙シ。毎ニ自ラコレヲ悔ユ。故ニ先生ヲシテツトメテ文字ヲ学バシム。遠近ノ書翰、皆先生ヲシテ書セシム。人皆其幼ニシテ文字ヲ能スルコトヲ驚歎ス。

（『全集』第五冊、七〜八頁）

大坂夏の陣によって豊臣氏が滅亡し、江戸幕府にたいする抵抗勢力はことごとく根絶されて、ようやく平穏を取りもどした。世にいう《元和偃武》の到来であるが、こうした太平の時宜をみはからっての吉長の一時帰郷ともいえるであろう。それは、おそらく大洲藩の筆頭家老大橋作右衛門から家督相続について助言をうけたことが、帰郷のおおきな要因ではなかろうか。つまり、跡継ぎがなければ百石の家禄は、すべて藩主に返納ということになる。加藤光泰・貞泰ふたりの主君に仕えて今日まで苦労してやって来たのに、それが自分の代で終わってしまうのは、まことに惜しんでも惜しみ切れないものが、吉長の正直な気持ちであったにちがいない。そういうことから、吉長は九歳になった孫の藤樹（幼名原蔵）を自分の手もとで養育して、りっぱな武士の跡継ぎにそだてようとつよく念願したのである。山陰の米子藩の士屋敷に移り住んで、翌年の元和三年（一六一七）の『藤樹先生年譜』の条には、

今年、伯州之大守左近公、予州大洲転任セラル。故ニ先生、祖父ニ従テ大洲ニ往。冬、吉長公、風早郡ノ宰トナル。先生又従テ風早ニ往ク。
祖父、先生ノタメニ師ヲ求テ益〻文字ヲ励習シム。字ヲ学ノ間ニヲイテ庭訓・式目等ヲ学ブ。先生コレヲ記得スルコト甚速ニシテ一字トシテ忘ルコトナシ。祖父悦デ以為ク、如レ斯ハ壮年ノ人トイフトモ及ブベカラズト。常ニ人ニ逢ゴトニ其敏ナルコトヲ称誉ス。先生ヒソカニオモヘラク、吾コレノミニ止ルベカラズト。　（『全集』第五冊、八頁）

とあり、その年の冬に吉長は、瀬戸内海に面した大洲藩の飛地・風早郡（愛媛県松山市柳原ほか）の郡奉行[7]となって移り住み、十歳になる藤樹の将来のことを思って、とにかく師をもとめて『庭訓往来』や『貞永式目』などをテキストにして、読み書きを習わした。おそらくこのときの「師」とは、いわゆる市井の儒者でなく、近郷に住む寺院の住職であったと推測できよう。なお、ここで注目すべきは、吉長が風早の郡奉行に赴任するにあたって、それまで百石であった家禄を百五十石に加増されたことである。その理由としては、家来の増員もさることながら、飛地であるがゆえに、さまざまな苦労を強いられるであろうことも配慮しての措置とかんがえられる。

さらに、元和六年（一六二〇）の『藤樹先生年譜』の条には、槍の名手、吉長の戦国武士の面目をほうふつさせるような殺傷事件の顚末が、かなり写実的にしるされている。『年譜』の各条文なかでは比較的多字数で書かれているが、その全文を左に掲げる。

是年夏五月、大ニ雨フリ五穀不レ実。百姓饑餓ニ及ントス。コレニ因テ風早ノ民、去テ他ニ行ント欲スルモノ衆シ。吉長公コレヲ聞テカタクコレヲトヾム。郡ニ牢人アリ。其名ヲ須トト云。コノ者クルシマト云大賊ノ徒党ニシテ、形ヲ潜メ久シクコヽニ住居ス。今ノ時ニ及デ先退ントス。彼已ニ他ニ行バ百姓モ亦従テ逃ントスルモノ多シ。コレニ因テ吉長公、僕三人ヲ遣シテカレヲトヾム。僕等帰ルコト遅シ。吉長公、怪ンデミヅカラ行テカレヲ止メ、且法ヲ破ルコ

トヲ罵ル。須トイツワリ謝シテ吉長公ニ近ク。其様体ツ子ナラズ。コレニ因テ吉長公馬ヨリ下ントス。須ト刀ヲ抜テ走リカヽリ吉長公ノ笠ヲ撃。吉長公ノ僕コレヲ見テ、後ヨリ須トヲ切。須ト疵ヲ蒙ルトイヘドモ、勇猛強力ノモノナレバ事トモセズ、後ヲ顧テ僕ヲ逐フ。コノ間ニ吉長公鑓ヲ執テ向フ。須ト亦回リ向フ。吉長公、須トガ腹ヲ突透ス。須トツカレナガラ鑓ヲタグリ来テ、吉長公ノ太刀ノ柄ヲトル。吉長公モ亦自ノ柄ヲトラヘテ互ニクム。須ト痛手ナルニ因テ倒テ乃死。須トガ妻、吉長公ノ足ヲトラヘテ倒サントス。吉長公怒テ亦コレヲ切。已ニシテ自其妻ヲ殺スコトヲ悔ユ。后須トガ子其父母ヲ殺セルヲ以テ甚ダコレヲ恨ミ、常ニ怨ヲ報ントシテ、シバ〳〵吉長公ノ家ニ火箭ヲ射入ル。其意オモヘラク、家ヤケバ吉長公驚出ン。出バ則コレヲ殺ント。吉長公其意ヲウカヾヒ知ル。故ニヒソカニ火箭ノ防ヲナス。然レドモ其意乃シ尽ク賊党等ヲ入テアマ子ク此ヲ殺ント欲ス。故ニ却テ門戸ヲバ開シム。乃シ先生ニ謂テ曰、「今天下平ニシテ無二軍旅之事一。爾ギ功ヲナシ名ヲ揚ベキ道ナシ。今幸ニ賊徒襲入トス。我賊徒ヲ伐バ爾彼ガ首ヲトレ、又家辺ヲ巡テ賊徒ノ入ヲウカヾヘ」。先生コヽニオイテ毎夜独家辺ヲ巡ルコト三次ニシテ不レ怠。時ニ九月下旬、須トガ子数人ヲイザナヒ夜半ニ襲入ントス。吉長公アラカジメ此ヲ知ル。乃僕等ニ謂テ曰、「今夜賊徒襲入ントスルコトヲ聞ク。イヨ〳〵門戸ヲ開キコト〴〵ク内ニ入シメヨ。我父子サマニ彼ヲ伐ン。爾ギ等ハ門ノ傍ニ陰レ居テ鉄炮ヲ持、モシ賊逃出バコレヲウテ。必ズ入時ニアタツテコレヲウツコトナカレ」ト。夜半賊徒マサニ入ントス。僕アワテ、先鉄炮ヲ放ツ。賊驚テ逃グ。吉長公此ヲ逐コト数町、遂ニ追及コトアタワズシテ返ル。於レ是先生ヲシテ刀ヲ帯セシメ共ニ賊ヲ待ツ。先生少モ恐ル、色ナク、賊来ラバ伐ント欲スル志面ニアラワル。吉長公、先生ノ幼ニシテ恐ル、コトナキコトヲ喜ブ。

冬、祖父ニ従テ風早郡ヨリ大洲ニ帰ル。

（『全集』第五冊、九〜一一頁）

文中に登場する「須ト」という牢人（＝浪人）について、山住正己は、「彼は来島（今治に近い同名の小島を根拠とした海賊の将）という大賊の一味で、久しくひっそりと風早郡内に住んでいた」（『中江藤樹』朝日評伝選、朝日新聞社、一九七七年、四五頁）と説明しているが、これだけでは納得しがたく、須卜の歴史的背景とは、いったいどういうものであったのか、すこしく触れておく必要がある。

天正十三年（一五八五）、豊臣秀吉の四国平定によって、伊予国三十五万石は小早川隆景にあたえられ、そのうち村上水軍のながれをくむ来島通昌（のち通総と改める）には、風早郡一万四千石があたえられた。「（瀬戸）内海の海将として唯一の取立て大名となった」（小田武雄『伊予歴史散歩』創元社、一九七六年、一〇七頁）とあるので、「牢人」と称されたかぎりにおいて、既述祖父吉長の事例からしても、須卜はもともと、この来島通総につかえた家臣であった可能性がかんがえられる。そのご、「来島通之・通総（通昌）の兄弟も、第五軍に属して従軍、文禄二年（一五九三）六月、海将・李舜臣の率いる朝鮮水軍と唐頂浦で戦い、通之は討死した。通総もまた、慶長二年（一五九七）九月、右水営で李舜臣の率いる亀甲船と戦い戦死している」（前掲『伊予歴史散歩』一〇九頁）という結末になり、さらに関ヶ原の戦いの翌年、来島通総の嫡男久留島長親は、豊後国玖珠郡（大分県玖珠郡）の森藩主として、おなじ石高の一万四千石の外様大名に移封された（『藩史事典』秋田書店、一九七六年、五一四頁）。

このときの藩主転封にともなって、おそらく風早郡在来のほとんどの家臣は失職したために、そのうち農業に従事する者もいれば、村三役になる者もあり、また須卜のように再仕官を夢みて、浪人のままでいる者もいたのであろう。吉長が風早郡に着任するまで、須卜はすでに二十年ちかく極貧の浪人生活をおくっていたことになる。須卜にしてみれば、地域の事情のまったく知らない新参の郡奉行が赴任してきた機会をねらって、このさい《逃散》して、まともな生活をもとめようとしたのであろうが、しかしそれは《御禁制》ゆえに、吉長はきびしい態度で、かれらを阻止しなければならなかった。

それで吉長は、須卜にそそのかされた「賊党」を殺そうとしたとき、孫の藤樹に次のようなことばを発した。「今は天下泰平の世の中になっていくさは無くなったので、そなたが戦功をなして名を揚げる方法も無くなった。今さいわいにも、賊徒が襲撃しようとしている。わしが賊徒を斬ったなら、そなたは賊徒の首をとれ」と。これなどは、吉長の戦国武士の精神をまざまざと発揮しているのが、容易にみてとれるであろう。
このときの少年藤樹のきょうれつな体験が、のちに十九歳で大洲藩の郡奉行に就いたとき、天下泰平の時代における領民と藩の役人との関係が本来どうあるべきか、さまざまに試行錯誤をかさねながらの毎日であったといえよう。四書のひとつ『大学』には、儒学のいちばんの目的である「修己治人」(己れを修めて人を治むる)のうちの「治人」が説かれているが、郡奉行の藤樹にとっての儒学は、たんなる高度な知識欲を満足させるような「口耳訓詁の学」(『全集』第一冊、一一九頁)でなく、まさしく「人を治めるとはどういうことか」の答えをもとめるための「明徳親民の実学」(『全集』第一冊、一二三頁)であった。
ちなみに、藤樹の大洲藩士時代を反映したふたつの逸話が大洲地方にのこされている。もちろん、該当する史料はないので史実かどうかは決定しがたいものの、参考までに現代語訳によって紹介してみよう。
――先生が壮年(?)だったとき、大洲の家中における仲間で、難産に苦しんでいる妊婦がいた。先生も医学につうじていたのでその場にいたとき、不思議にもニワトリが夜中に鳴いたため、家内や親族など、座敷におおくいた人々は興が醒めて、途方にくれていたとき、先生がいわれた。「ニワトリが良い鳴きをした」と。それを聞いた家内や座敷にいた人たちは、悦びの眉をひらいたところ、妊婦も勇気をだして、やがて無事に出産したということである。(「藤夫子行状聞伝」『全集』第五冊、一〇八頁)
――中江与右衛門が郡奉行を勤めていたころ、ある領民が年貢かなにかの公事で訴訟を起こそうとした。一団となった領民のうちの代表者が、言辞をかざってたくみに訴えようと覚悟して、役所に出向いたところ、「与右衛門様に顔をあわせると、ウソは言えなかった」という。(『全集』第五冊、一三〇頁)
後者の逸話は、年わかい郡奉行なら、自分らの要求がみとめてくれると思って訴訟を起こそうとしたのであろう。いずれも江戸時代、その当該村落において代々、語りつがれてきた口碑伝承にほかならない。とにかく、ふたつの逸話は、領民の立場や視点に寄り添った藤樹の態度がうかがえるものである。

須卜の一件とともに、祖父吉長の事績で見逃すことのできないのが、風早から大洲城下にもどった翌年の元和七年（一六二一）の『藤樹先生年譜』の条である。

或時、家老大橋氏、諸士四五人相伴テ吉長公ノ家ニ来リ終夜対話ス。先生以為ラク、「家老大身ナル人ノ物語常人ニ異ナルベシ」ト。因テ壁ヲ隔テ陰レ居テ、終夜コレヲ聞ニ何ノ取用ユベキコトナシ。先生ツイニ心ニ疑テコレヲ怪ム。（『全集』第五冊、一一頁）

祖父吉長らが住んでいた屋敷の近隣には、筆頭家老大橋作右衛門をはじめとする主だった士屋敷がならんでいたので、あるとき、吉長の屋敷で四、五人の重職にあった藩士が寄って懇談をしたのであろう。おそらくそのときには、酒肴も出されたにちがいない。十四歳の藤樹にすれば、藩の筆頭家老がわずか百五十石の士屋敷に足をはこぶのであるから、驚いたことはいうまでもない。きっと藩政のだいじな話も出てくるのであろうと思って、となりの部屋で耳をそばたてていると、いわば世間話に終始したので期待はずれであったという内容である。この逸話についていては、ひとつには藤樹の格套的な武士像・家老像があって、その較差が「心ニ疑テコレヲ怪ム」というようになったのであろう。もうひとつは、大橋家老と祖父吉長とは、加藤光泰が高島城主となった織豊時代以来の、苦楽をともに分けあった家臣であったことを見逃してはならない。そうすると、二千石の筆頭家老が百五十石の屋敷に足をはこんだことも、またその懇談も打ち解けて世間話に終始したことも納得できよう。

そうして、翌元和八年（一六二二）の春、十五歳となった藤樹は、りっぱに元服式をあげて家督をつぎ百石取りの大洲藩士に任ぜられた。それで、祖父吉長はようやく安堵をおぼえたのであろう、この年の秋九月二十二日、享年七十五歳の長寿をまっとうして死去した。おそらく老衰かと思われる。

四　結び

祖父吉長の住んでいた大洲藩の士屋敷は、現在の大洲市立大洲小学校の敷地内にあった。その跡地から南へ二百メートルほどのところには、大洲藩主加藤家の菩提寺である臨済宗妙心寺派曹渓院が所在する。いうまでもなく、この禅刹もまた住職らとともに、藩主の国替えにともなって甲斐から黒野へ、そして黒野からさらに米子・

大洲へと移されたものである。曹渓院第三祖・天梁玄昊（一五八六―一六三八）は、藩主貞泰に兵書『六韜』を講義したり、また一時期、京都花園の大本山妙心寺に瑞世（第一一六世住持）せられたほどの、学徳兼備の禅僧[8]であった。じつは、大洲における青少年時代の藤樹の学問形成にすくなからぬ影響をあたえたのが、この天梁和尚であった。したがって、これまでの中江藤樹にかんする概説書に書かれているところの、京都からやって来て『論語』を講じたという禅僧ではない。それとあわせて忘れてならないのは、藤樹が元服したときにつけられた字（＝呼び名）が「惟命（これなが）」であり、この名づけ親は、祖父でなく天梁玄昊であったと推定できる点である。

というのは、祖父徳左衛門の呼び名が「吉長」であり、父徳右衛門のそれは「吉次」であり、さらに藤樹のおじも「吉久」であるので、藤樹にあっても通常的にかんがえると、やはり上に「吉」の一字のついた呼び名になるはずである。ところが、そのようにはならず「惟命」という字をもらったわけであるが、はたしてその語の出典をさぐっていくと、『大学』の一節にゆきつく。すなわち、朱子の『大学章句』伝十章における

康誥曰、惟命不于常。道善則得之、不善則失之矣。
康誥に曰く、惟れ命常に于てせずと。善なれば則ち之を得、不善なれば則ちこれを失うを道う。
（宇野哲人『大学』講談社学術文庫、一九八三年、七九頁）

という一節の「惟命」から採られたのではなかろうか。また、康誥と呼ばれる引用書物の出どころは、『書経』所収の『周書』康誥篇である。そして、「人間に与えられた天命というのは、固定されたものではない」という一文は、武王の弟・周公のことばである。それにつづいて、朱子は、この周公のことばの意味するものは、その人が善行をなせば天命を得ることができ、不善の言行をなせば天命をうしなうのである、と説明する。以上の点からいえるのは、字の名づけ親は、藤樹にたいして「天命」をこれからの人生の戒めとせよ、という深意がふくまれている点を考慮すると、天梁が字の名づけ親であった可能性がじゅうぶんにあるといえる。かかる元服にさいして、藤樹の名づけ親を天梁に依頼したのは、ほかならぬ祖父吉長ではなかっただろうか。その意味では、最晩年の祖父吉長は、藤樹の将来にたいして、藩士としての道と学問の道とのふたつの道を、りっぱに成し遂げて

くれることを期待していたといえるかも知れない。槍ひとすじに生きた吉長ではあったが、これからのあたらしい武士社会の変化を、それなりに感じとっていたのであろう。

注

(1) 周山城は、典型的な山城であって現在の京都市右京区京北に所在しており、その城跡には現在もみごとな石垣が残存している。『日本城郭大系』第一一巻(新人物往来社、一九八〇年)によると、築城時期と本丸跡について次のように説明している。

「京北町の町役場西方の山の頂上に周山城の本丸があった。最高所の本丸より尾根が放射状に延びているが、それぞれの尾根を削平して多くの郭が配されていた。『史料綱文』『信長公記』によると天正七年(一五七九)七月十九日、明智光秀の丹波入部により宇津城は開城になり、光秀は別に周山城を築いたことが記されており、『丹波誌』によると同八年に周山城を構えたという記事が記されている。……本丸の天守台は四方に石垣があり、東西一〇・五m×南北一三mの広さであるが、一段下って四方に三m幅の郭がめぐらされており、さらに一段下の本丸に含まれる形になっている」(一二四〜一二五頁)

(2) 戦国時代に築造された高島城は、江戸時代、元和五年(一六一九)に分部光信が二万石の外様大名として入部してから、大溝城と呼ばれるようになったのであろう。それまでの高島城主の変遷については、『高島郡誌』によると、「天正六年、織田信澄新荘城を移して本城(=高島城)を築く。信澄亡びて後、植田佐太郎、加藤光泰、生駒親正等之を守り、其後小時豊臣秀吉直轄たりしが、次て京極高次、織田三四郎の所領たり」(二九七頁)とあるように、つぎつぎと城主の交替がみられる。

(3) 加藤万次は、著書『秀吉の朝鮮侵略』(日本史リブレット、山川出版社、二〇〇二年)において、このときの加藤光泰の発言がそもそもの機縁となって、「ここに家臣団の知行加増をもとめる動きを、海外制覇によって解決しようとする秀吉の構想がみられる」(二頁)と考察しているが、このときの秀吉の唐国征服発言もまた《ことばの綾》といえるのではないか。いまだ全国制覇、天下統一もなしとげていないなかで、海外のことまでの構想があったとは思えない。

(4) ポルトガル人宣教師ルイス・フロイスの著書『日本史』にも、高麗の国土の広さから日本軍の食糧供給の困難さを書いている記述が、次のようにみられる。

「高麗軍は、当初は日本軍を大いに恐れ、かつ憂慮していたが、彼ら（日本人）に臣従する気配を全く示さぬのみか、全力を尽して過激な行動に出たので、日本軍には二つの至難な問題が生じることになった。その一つは、彼らはおのおの非常に遠隔の異なった地方に配置され、海岸から遠く離れているために、日本から海路輸送されてくる食糧を（各地へ）補給するのに、大多数の者がその運送にあたる必要があった。ところでその（人手）は不足していたので、高麗の兵士は、自らの地理に通じているのに乗じ、各地で彼らを待ち伏せ、追剥となって襲撃し、思うままに殺戮しては、日本兵が輸送する食糧をことごとく掠奪した」（『秀吉と文禄の役』中公新書、一九七四年、一一一頁）

（5）「図7　黒野古城図（玉木家所蔵）」としるされたA3判資料は、明治初年に写されたものであると注記しており、筆者はずいぶん以前、黒野を訪問にしたおりにそのコピー一部をいただいたものである。

（6）関ヶ原の戦いが行われる前月の八月、岐阜城が東軍方によって陥落した直後、表向きの立場上は西軍方であったが、内心では東軍方につこうとする加藤貞泰の動向が、旧参謀本部編纂『関ヶ原の役』（徳間文庫、一九九四年）に簡略に記録されているので、その箇所を左に掲載しておこう。なお、文中の秀信とは、西軍方の織田秀信で、このとき十三万五千石の岐阜城主であった。秀信は、織田信長の嫡孫でもあったが、一ケ月後の戦いにて、所領は没収となった。

「犬山城の諸将のうちには、はじめから江戸に忠誠を誓っている者があった。石川定清は八月八日、家康より回答の書をもらっていたし、加藤貞泰は、会津従軍の命令をうけて、まさに出発しようとしていたが、秀信の督促にあい、領地が近接していたので、やむをえずこれに応じ犬山に来た。しかし、三成に恨みがあったので、家康方につこうと思い、七月中旬に使いを江戸に送り、上方の不穏なことを告げて、下旬に弟光直を人質として江戸に送ったのである」（一九一頁）

（7）祖父吉長一家が住んでいたとされる跡地には、「中江藤樹先生立志之地」という石碑が建っている。『風早探訪』（風早歴史文化研究会、第三版、二〇〇五年）の「柳原代官屋敷と中江藤樹」には、次のように解説している。

「柳原バス停西方、三穂神社の境内に接して約六〇〇坪が往時の代官邸の跡と伝えられている。中江藤樹は祖父の吉長に伴われて元和三年（一六一七）一〇歳の冬、この柳原の代官屋敷に移り住むことになった。これは当時、大洲領であった風早郡の代官を命ぜられたためである。藤樹はこれから元和六年（一六二〇）一三歳の冬祖父に従って大洲に帰るまでの四年間をこ

の柳原ですごした。……」（一三六頁）

（8）天梁玄昊の事績については、ゆいいつの『曹渓六祖伝』（写本）があり、以前、大洲市立博物館所蔵の複写資料を閲覧させていただいた。筆者は、いまだその原本の実見までには至っていない。拙稿「羅山と藤樹にみる仏教態度」を参考にされたい。

中江藤樹致仕の思想

一

元和五年（一六一九）二月に公布された、いわゆる「諸士法度」のなかに、

> また令せらるゝは。主に暇を請はず。亡命して他の家に給事するものは。今の主につげて呼返すべし。たゞし御陣中ならびに御上洛経営等のときは。しばらく宥め置て。帰府の後に召返すべし。然りといへどもその者罪を犯し逐電せしはこの限りにあらず。速に訴て上裁をこふべし。
>
> （『台徳院殿御実紀』五〇、『徳川実紀』二、吉川弘文館、一九六四年、一六一頁）

とあって、藩士等の離職にさいしては、かならず「暇乞い」を主人に願い出ることになっており、このような法令があることを前提に、以下論及していくものである。

寛永十一年（一六三四）の冬、伊予（愛媛県）の大洲藩士であった二十七歳の中江藤樹（一六〇八―四八）は、致仕して浪人の身となって故郷の近江小川村にかえった、というのが通説であり、それゆえ藤樹は、大洲藩を致仕したということで、そこになんら疑義をさしはさむことなく周知されてきた。

ところが、よくよく『全集』のそれを冷静にみると、致仕を決行する約七か月前に提出した「暇乞い」の書状のあて名は、大洲藩でなく新谷藩の主席家老佃小左衛門である。そうして、提出した四日後の三月九日付の暇乞いの書状副本[1]に附記された追而書には、

> 右は織部様へ懸二御目一可レ申間、私御暇之義申上旨趣を具に小左殿への文に仕書付候へとの小左殿御指図に御座候故、如レ此書候而小左殿へ渡し申候。
>
> （『全集』第二冊、四八一頁）

とあって、ほんらいは新谷藩主加藤直泰様にお目にかかって暇乞いを申し上げるべきところを、藩主ご不在のため

に佃小左様に書状を書きつけ、小左様からのご指示を待っているところです、という内容からみても、藤樹は名実ともに、新谷藩士であったことはいうまでもない。じつは、元和九年（一六二三）に、新谷藩は幕府の許可を得て大洲藩六万石からわかれて、一万石をゆずりうけた。そして、ようやく両藩の藩士の分属が決まったのは寛永九年（一六三二）、藤樹二十五歳のときで、藤樹が致仕するわずか二年前のことであった。もっとも、新谷藩の陣屋が整備されて実質的に藩政が始動したのは、さらに遅れて寛永十九年（一六四二）、藤樹三十五歳のときであった。それはともかく、本稿において藤樹の致仕に言及するばあい、それはすべて新谷藩を意味しているものと理解する必要がある。

ところで、かつてある会報の恵与をうけて拝読したさい、そのなかに「中江藤樹は武士を廃業した」云々と書かれた記述があり、それとともに藤樹は、「修己に焦点を当てて治人は放棄した」云々という記述もあったので、たいへん違和感のある印象をいだいた。この論法でいくと、儒教の目的および儒学者の本来あるべきすがた[2]を、藤樹みずからが放棄したことになってしまうのではなかろうか。浪人となったから、身分の武士まで廃業したということにはならないはずである。すくなくとも、藤樹自身が武士を捨てたという、たしかな意思をしめした資料がみつからないかぎり、現時点での決めつけには無理がある。そういうことで、藤樹の人生にあって、すこぶる重要な「致仕」について、屋上屋を架すの感があるかも知れないが、あらためて再検討してみたいと思う。

二

寛永十一年（一六三四）冬、藤樹二十七歳のとき、家禄百石の郡奉行職にあった藤樹が、藩主加藤直泰の許可を得ないままに大洲の地を抜けだして、近江に帰郷した理由については、藤樹研究の重要なテーマのひとつとなっていて、それにかんするさまざまな学説が、昭和初年に出版せられた『藤樹先生全集』（全五冊、藤樹神社創立協賛会）、さらには同全集増訂版（全五冊、岩波書店、一九四〇年）を契機として発表せられたことは、周知のとおりである。その理由を列挙すると、

〔1〕孝道の実行

〔2〕大洲藩内における《文事派》と《武断派》との対立

〔3〕前項とよく似た意味合いとしての《理想派》と《現実派》との相克のはざまで、藤樹が嫌気をさしたこと
〔4〕藤樹自身における武士社会からの逃避
〔5〕自由なる自己を確認するための行動
〔6〕学問へのつよい志向
等々、まさしく諸説紛紛の様相をていしている。[3]ただ、ここで巨視的にいえることは、個々の致仕理由がそのときどきの社会世相に、おおざっぱにいうと、戦前・戦中・戦後の時代をそれなりに反映しているという点であろう。

これら過去の諸説とは関係なく、あらためて藤樹の著述を中心として探索することに視点をおきながら、以下、概略的ではあるが触れておくことにしたいと思う。藤樹が祖父吉長の家督をついで大洲藩士となったのが、元服した十五歳のときであった。それで、ようやく安堵をおぼえたのか、七十五歳の吉長はその年に死去し、またその前年には祖母甫東も他界していたので、いわば単身生活をおくることになったわけである。それから三年後の藤樹十八歳の寛永二年（一六二五）には、故郷の近江にすむ父吉次が享年五十二歳にて死去した。ところで、父吉次がその当時、どういう社会的身分にあったかについては、これまでほとんど関心が向けてこなかった。この点について、確認しておく必要があろう。

寛文九年（一六六九）、藤樹の三男弥三郎が二十二歳のとき、禄高百五十石の近習に任ぜられるにあたって備前岡山藩に提出した「勤書」に、見逃すことのできない重要な記述がみられる。弥三郎は、藤樹の遺児ということで熊沢蕃山の推薦によって、かなり以前の明暦二年（一六五六）、九歳のときに備前岡山藩に召し抱えられることになる。

曾祖父中江徳左衛門（＝吉長）、生国江州高島之者。加藤左近殿（＝貞泰）にて少知行被レ下罷出候。祖父徳右衛門（＝吉次）と申者、牢人にて江州在所へ引籠居申に付、私親与右衛門を養子に仕候。徳左衛門果候以後、左近殿御子息出羽守殿（＝泰興）より徳左衛門跡式、与右衛門（＝藤樹）に被二仰付一御奉公仕罷在。其後牢人仕江州在所へ引籠申、二十年以前病死仕候。（『全集』第五冊、一二五頁）

これによると、藤樹の父徳右衛門吉次が、濃州の黒野城主加藤貞泰の家臣として仕える徳左衛門吉長（家禄百

石）のもとをはなれて、牢人[4]（以下、浪人を使用する）のとなったことになる。しかしながら、吉次が父吉長の故郷である近江の小川村にもどったのが、いつ頃のことであったかまではしるされていない。ただいえることは、吉次が故郷のおなじ村に住む女性、北川市と結婚し、慶長十三年（一六〇八）に藤樹がその長子として誕生したことを考慮すると、慶長五年（一六〇〇）の関ヶ原の戦い以後といえるであろう。さいわい、主君貞泰が東軍方で大勝利をおさめたとはいうものの、天下分け目のはげしい合戦をまのあたりにして、おそらく吉次は、将来武士として生きることに馴染めなかったにちがいない。とにかく、武士としての身分はそのままに、吉長の故郷に帰って浪人生活をはじめたことになる。ところが、小川村にはそのころ、ふたりの弟が住んでおり、二男吉久は、父吉長からすべての土地財産をひきつぎ、三男治之[5]は、のちに京都へでて「崇保軒」と名のって医者となった。したがって吉次は、おそらく吉久の屋敷地の一角に住居を建てて身をよせ、その後も、父吉長のもとへはもどらずに、家族四人の浪人生活をおくることになった。もっとも、吉次を「郷士」という見方もかんがえられるが、小川村には戦国時代、小川城主であった小川庄治郎が、大溝藩から「郷士」待遇をうけていたので、吉次も「郷士」ということはあり得なかったように思われる。

　それにつづいて、履歴書ともいうべき「勤書」には、加藤泰興に御奉公していた父与右衛門も、のちに浪人となって近江の在所にひきこもり、いまから二十年ほど前に病死した、ということがつづられている。藤樹の近江での後半生は、「牢人」の武士であったことはいうまでもなく、前述の「中江藤樹は武士を廃業した」という記述は、歴史認識においてかなりの無理があるように思われる。これ以外の資料として、たとえば儒道の同志であり、致仕以後も生涯にわたって親密な交流をつづけた大洲藩士中川貞良（家禄三百石）にあてた藤樹の書簡のなかに、次のような記述がみられる。

　刀わきざし先書にも如ニ申候一何とぞ御才覚被レ成、刀ハ銀三枚ほどならばいそぎ御うり可レ被レ成候。脇指は其元にてのもくろみ次第に可レ被レ成候。去々年本阿に見せ候へば、銀五枚にかい可レ申と申候へ共、それもしれ不レ申事に候間、いか様にもそこもとにての御才覚ニまかせ申候。とかく牢人のさび道具ハ不レ入事に候間、御はからい頼存候。はやき便ニ其元の様子、具被ニ仰聞一可レ被レ下候。頼存候。尚期ニ来音一。恐惶謹言。

（『全集』第二冊、五四五頁）

いつごろ書かれた書簡かは不明であるが、中川貞良の実弟熊（幼名。諱は謙叔）が寛永十六年（一六三九）夏四月、藤樹三十二歳のときに入門しており、同書簡に「おクマ殿てならひせいに入申よしに御座候」（『全集』第二冊、五四四頁）というように、弟の近況もつたえている記述から推測すると、その年の冬か、もしくは翌年早々のころかと思われる。致仕したさいに士屋敷に残し、そののち、貞良があずかることになった大小何振りかの刀（合戦用の予備刀か）の処分を依頼したわけであるが、浪人である自分にとっては、不要の《さび道具》に過ぎない、と書いている。致仕からすでに五年が過ぎたけれども、貞良としては、いずれ藤樹が新谷藩に再出仕することを願って、ともかく保管していたといえるであろう。なお、帰郷のさいに、藤樹が身に帯びていた大小二振りの刀は、浪人のあいだは不要であり、ただちに売りはらい、それをもとでに酒の量り売りをおこなって生活の糧にした、という有名な逸話は、浪人生活の実態を反映したものである。

ところで、貞良が藤樹の再出仕の実現をつよく期待していた理由は、なんといっても寛永十一年（一六三四）、近江の小川村に帰郷する七か月前の三月五日付で、家老佃小左衛門（四百石）あてに提出した「暇乞い」の書状、俗にいうところの《辞職嘆願書》に、せつせつと書かれた家庭事情によるものである。

私義ハやしなひ親共に四人迄御座候へ共、三人にハ幼少ニてはなれ申、今母一人残り申候。母一人子一人之事に御座候。其上母存生之内も今八九年の体に御座候条、御暇申請古郷へ罷帰、母存命之間ハ如何様之わざを成共仕養申し、母相果候はゞ罷帰貴様を頼存めしかへされ被レ下候はゞ、御奉公仕度覚悟に御座候。此外聊存子細も無ニ御座一候。

（『全集』第二冊、四八〇頁）

ようするに、このたび自分が致仕するいちばんの理由は、故郷にひとり住まう老母の孝養のためであります。老母の寿命は、おそらく八、九年のように思われますので、もし老母があい果てましたならば、ご家老様にお頼みもうしあげて、自分はふたたび新谷藩にもどってご奉公する覚悟にあります。これ以外になんの理由もありません、という文面である。

このような「暇乞い」の処置をめぐって、藩の執政部ではさまざまに協議したであろうから、その状況はとうぜん貞良も耳に入っていたと思われる。ところが、どういうわけか、その結論を出すまでにはなかなか至らなかった。このあたりの様子をうかがうことのできる資料として、藤樹の妹・素万が嫁いださきの義父・小島甚丞（近隣の下小川村）にあてた六月二十七日付の藤樹の書簡のなかに、興味ぶかい記述がみられる。

一、母存命之内ハ在所へ引籠可レ申と存、暇乞申候へ共、旦那合点不レ参候故、先々当地ニ罷在候。来年者埒明申筈ニ候間参申、何もの御やつかいニ成可レ申候間、其御心得被レ成可レ被レ下候。委様子ハ母方へ申遣候。御覧可レ被レ成候。

一、母一人住の事ニ候間、御無心御やつかいにのみ可二罷成一と存候。弥御心ニ付可レ被レ下候頼存候。文数故不二細筆一候。恐惶謹言。

（『全集』第二冊、四九〇〜四九一頁）

老母の存命中は、故郷にひきこもって侍養をつくすためめに「暇乞い」を願い出たところ、旦那つまり佃家老ら藩の執政部からすれば、百石の家禄を捨ててまで《孝養》する必要があるのかと、不思議に思って納得いかなかったわけである。というのも、さきの関ヶ原の戦いでは、「大坂方の大名の改易の結果、約十五万人の牢人が出現して、実は大坂の陣を待望していた」（『京都の歴史』五、京都市、一九七二年、四四頁）といわれ、さらに「元和改元と時を同じくして法度政治も強化され、……大名の改易が続いた。……三代家光の代までに、牢人の数は二十五万人に達した」（前掲『京都の歴史』五、四四頁）とあるように、江戸時代初期の特徴は、このような主君をうしなった浪人武士が多数発生したために、社会的にも不安定な様相をていすることになった。無職の身となったかれらは、知己や親戚縁者などをたよっていずれかの主君に仕えて、安定した生活を願ったことは、いうまでもない。そのような時代背景をかんがえると、藤樹のばあいは、その反対の生き方をしようとしたのであるから、藩の首脳が「合点参らず」と不思議に思ったのも、当然のことであった。

それとあわせて考慮すべきは、藤樹の書簡に書かれている「暇乞い」とは、「休暇を願い出ること」（『広辞苑』第六版、一八六頁）という意味からすると、いわゆる辞職嘆願書という呼称のしかたは不正確といえるし、藤樹のこころのなかに、はっきりと「かならず大洲にもどり藩主にご奉公をはたす」という希望をもっていたであろう。ところが、のちになって藤樹は再出仕の希望を断念して、自分にかわって当時、極貧の浪人生活をおくっていたわかき熊沢蕃山（一六一九―九一）を、新谷藩に就職がかなうように貞良らにはたらきかけた形跡がある。藤樹は、蕃山のようなすぐれた逸材を、このまま牢人で一生を終わらせることは、わが国の損失とまで確信していたにちがいない。それを裏づけるのが、藤樹が蕃山にあてた一通の書簡である。その書かれた時期まではわからないが、おそらく藤樹のもとでの勉学を終えて、近江の桐原村にもどった寛永十九年（一六四二）、蕃山二十五歳の年ではないか。

　与州への儀、申置き被レ下候筈にて御座候。先日飛脚被レ下候已后、よき便御座候て長二郎参候事をば此方より今一左右迄とのべ候て遣申候付未二参申一候。頓而また便御座候条、長二郎指上せ被レ申候へと可二申遣一候条、定遅御座候ても来月中旬には可レ参候。其御心得被レ成候て其元御仕舞可レ被レ成候。

（『全集』第二冊、五五三頁）

書簡による貞良らとのやりとりをつうじて、蕃山の就職が実を結ぶようにすすめている様子がうかがえ、そのことを蕃山本人にも状況説明していた形跡がある。そうして、いよいよ蕃山が新谷へおもむく段階にちかづいたときに、餞別として書かれたのが、「原、謹んで邇言を以て熊沢子の行くを餞る」と題する、同年、藤樹三十五歳のときの漢文書簡であったと思われる。

　不佞、温故知新の者に非ずと雖も、二三の同志、謬り推して以て句読の師と為す。已むことを得ずして、窃かに惟れ教えるは学ぶの半ば、終始を念うて学に典あるの法言に依る。而して常に或いは后学を誤ること有らんことを恐れて、虎尾を踏み春氷を渉るがごとし。熊沢子も亦た此の招き有り。今将に予方に趣かんとす。別れに臨み告げて曰く、……

（『全集』第一冊、一七三頁）

文中の「教えるは学ぶの半ば、終始を念うて学に典ある」というのは、『礼記』学記篇のなかに引用せられた

『書経』のことばであって、教学のいとなみの重要性を説いている。また、「予方」というのは、伊予の国、予州、ここでは新谷藩をさしている。この内容からしても、すでに新谷藩は蕃山の仕官を内諾していたものと思われる。ところが、結果的に、蕃山は以前、島原の乱にさいして自身の勝手な行動から、備前岡山藩主池田光政（一六〇九―八二）に迷惑をかけたという過去のいきさつもあって、「忠臣、二君に仕えず」で、蕃山のこころに秘めていた強靭な信念を曲げることができず、藤樹の努力も無に帰したわけである。そのために、藤樹は、かなり新谷藩に迷惑をかけたという反省とお詫びの気持ちから、この時点において、再出仕の希望をかんぜんに断ちきったものと推測できる。

ところで、二十三歳の蕃山が、琵琶湖の西岸にすむ藤樹をたずね、門のところで「教えにあずかることはできなくても、ひとたびお目に掛かりたい」と流涕しながら入門を請うたのが、寛永十八年（一六四一）のことであるが、この入門前後における浪人生活の実状について、自身の著書『集義外書』巻十のなかで回顧している記述がある。大なり小なり、その当時の地方武士の牢人生活が、どのようなものであったのかを知るうえで、おおいに参考になるであろう。

牢人の間五六年は、江州下民の食、ゆりこそうすいといふものを食し、ぬかみそをさいにして、汁肴酒茶なく、清水紙子もめんぬのこにて寒をふせぎ、衣食共にむかしをわすれて、書をたのしみて居たりき。

（『陽明学派』中巻、春陽堂、一九三五年、四二〇頁）

蕃山は、二十歳から備前岡山藩に再出仕する二十六歳までの約六年間、近江の桐原村（現近江八幡市桐原）の祖母の実家をたよって、家族全員が居候することになった。主食の「ゆりこそうすい」の「ゆりこ」は、ゆりごと称して、「粗悪な米。くだけた米。くず米。いりご」

（『日本国語大辞典』第十巻、小学館、一九八一年、七四〇頁）

とあるので、ようするにニワトリなどの家畜の飼料であって、ふつう人間が主食にするようなものではない。そして、お茶も酒も肴も汁物もなく、来る日も来る日も、「ぬかみそ（糠味噌）」をおかずに食事をしていたので、まるで家畜同然のような浪人生活であったことがわかる。また、身に着けているものはといえば「紙子（かみこ）」、厚紙でつくった着物しかなく、それで近江のきびしい冬を過ごしたのである。

藤樹の浪人生活のばあいは、いわば《よそ者》的な色彩の濃い蕃山ほどの極貧にはいたらず、村民のあたたかい支えはあったものの、やはり清貧生活であったことにはなんら変わりない。たとえば、『藤樹先生行状』に、

家窮メテ貧シトイヘドモ、コレニ居テ裕如タリ。或ハ余粟アレバ、村民ニ振貸ス。都ベテ親戚故旧、愛ヲツクサズト云コトナシ。

（『全集』第五冊、五八〜五九頁）

とあるように、前述大小の刀を売り払って、それをもとでにしながら酒の量り売りと、余粟が生じれば、無利子でもって貸しつけるなど、武士でありながらまったく村民と苦楽をともにする生き方であったことが知られる。

なお、補足的に言及すべきは、藤樹は、藩から致仕の許可が得られないまま、ついに死罪を覚悟のうえで老母の待つ近江に帰郷を実行したわけであるが、決行にいたるまでの間、いうまでもなく相当に苦悩したであろう。

そのことをうかがえる資料が、蕃山とならび称せられた藤樹の高弟淵岡山の言行録ともいうべき『岡山先生示教録』巻二のなかに、わずかにみることができる。

先生曰、万欲ヲ打忘レ無事ナル位ニ至テコソ真楽アリト覚フ。先師（＝藤樹）曽テノ玉ク、彼（箇）事ヲ知テカラハ、侍ノ望モ知行ノ望モナキ事也ト仰セラレキ。先師ハ御見得ナサレテノ御事ナラン。

（『中江藤樹心学派全集』上巻、研文出版、二〇〇七年、五二頁）

淵岡山は、蕃山の紹介を得て正保元年（一六四四）冬、藤樹三十七歳のときに入門をはたし、四十一歳の死去にいたるまで藤樹の謦咳にせっして、思想の円熟期に近づきつつあるころにあって、著書などにはのこされていない藤樹の《微言》を聞き得た門人のひとりであったことは、いうまでもない。そういう岡山の記憶する先師の微言を門人にかたったのが、この一文である。先師はかつて、「すべての名誉欲や物欲をにぎっている手から放下して、余計なはからいのない澄みきった心境にいたってこそ、本当の楽しみがある、ということを感得してからは、武士としてののぞみも、知行ののぞみも、すべて心のなかから消えてしまった」という謂いであろう。このあたりについては、拙稿「羅山と藤樹にみる仏教態度」にもいくぶん言及しているので、ここで擱筆しておく。

三

さて、新谷藩致仕後における藤樹の動向については、すくなくとも藤樹三十一歳以降、大洲藩から道をもとめてやってきた武士のために儒学（＝心学）を講じ、またいっぽうでは近隣の村民のために、《人としての道》を中国の昔話をもちいてやさしく教育善導した。ときには、郷党のひとびとの要請にこたえるために、高島郡内の村々の有力者宅を会場にして出張講釈し、またその合間における執筆活動など、すこぶる多忙の日々をおくることになった。そういうなかにあって、前述蕃山の一件があったにしても、たとえば大洲藩次席家老大橋作右衛門重恒（二千石）[6]にあてた、資料的にもきちょうな書簡一通（時期不詳）が『全集』第二冊に収録されており、その内容から推測するかぎり、大洲藩の複数の藩士との交流がつづいていた、という事実に驚かされる。書簡の冒頭部分を現代語訳すると、だいたい次のような内容になる。

——加賀の国へ出張せられた御家臣が、わざわざ近江にまで足を運ばれ、ご懇情なる書状を受けとり、大橋様にお目に掛かっている心地にて拝見すること、ひととおりではありませんでした。そのうえに、当地ではめずらしい「あやぬの（＝綾布。古代の織物の一種の倭文とも）一反」をお贈りくだされ、かたじけなく思っております。当所での晴れ着として着るたびごとに、かたじけなく思っている次第です。まず申し上げるべきは、尊体（台か）のご子息さまが堅固になられたこと、珍重に思っている次第です。私のほうは、格別なこともなく過ごしております。

（『全集』第二冊、五三七頁）

以上のように、たがいの近況にふれたあと、それにつづいて藩士吉田新兵衛守正（三百石）と中川善兵衛貞良（三百石）が、粗忽にも藩士谷川勘兵衛の近江遊学を実現すべく《暇乞い》に動いたために、かえって藩にいろいろと迷惑をかけ、それにたいして藩の寛大なご処置に、藤樹からお礼を述べている、という意味合いの内容といえるであろう。そのあとに、かつて自分が大洲新谷両藩のねんごろなるご処置によって《暇乞い》が認められたことの大幸を述べ、ぜひとも大橋様にお目にかかって私の心中にあることを、いちいちお話申し上げたいと念願しております。そのうえに、谷川勘兵衛の《暇乞い》のことまで、いろいろなお心遣いにあずかり、まことに冥加に尽きるものでございます、というような文面になっている。その原文は、左記のとおり。

新兵、善兵などそこつに勘兵衛御暇之義、被二申上一御意違に被二思召一段、尊書之趣一々御尤ニ奉レ存候。私御理申上候処きこしめしわけられ、御懇なる首尾にて御暇被レ下候旨、私一人か様なる大幸ニ奉レ存心事無二御座一候。忝奉レ存旨中々書中ニハ不レ得二申上一候。あわれ御目見へ仕、私心中のほど一々奉レ存まゝに御物がたり申上度念願迄御座候。且又勘兵衛てまへゆく〳〵の儀まで尊意にかけさせられ被二仰下一候。寔以無二冥加一仕合可二申上一様無二御座一候。

（『全集』第二冊、五三八頁）

こうした内容の書簡をつうじていえることは、今もなお藤樹関連の刊行物に、広汎にもちいられている「大洲脱藩」という語からくる陰気な印象が、いかに藤樹の生き方の実質からおおきくかけ離れた解釈となり、取り返しのできない不幸な誤解を生んでいるかが知られよう。したがって、既述の致仕理由のひとつである、「武士社会からの逃避」などは、その最たるものといわざるを得ない。

ところで、『全集』第二冊には、全部で百十五通におよぶ藤樹のしたためた書簡が収載されているが、そのうち「佃叔一」にあてた書簡は十通をかぞえ、断トツにおおいのが特徴である。かつて藤樹が、《暇乞い》の書状を新谷藩主席家老佃小左衛門に提出したわけであるが、この時点で新谷藩はまだ大洲藩から完全に独立していなかった。正式に新谷藩一万石が発足したのは、前述のとおり寛永十九年（一六四二）である。藤樹の致仕からかぞえて八年後のことであった。そのかん、佃小左衛門は病没し、その息子の年わかい佃叔一が、発足とほぼ同時に家老職をつぐことになった。叔一にすれば、なにもかもが未経験のことばかりで、しかも家来の藩士は年齢がたかく、それによる精神的重圧は相当なものがあったにちがいない。大洲藩家老大橋作右衛門重恒の助言もうけたのであろうが、佃叔一は自身の仕事上の悩みと、家庭における母との意見の衝突などを解決すべく、藤樹に何通もの書簡をおくっており、それにたいする返答の書簡が、十通におよんだ。またときには、叔一みずから多忙のなかにあって、藩主加藤直泰の許可を得てひとり近江に足をはこび、藤樹から直接に《心学》の要訣を、懇切にまなんでいたことも知られている。

かかる書簡の一例をあげると、藤樹三十八歳の春に書かれた佃叔一あての書簡の後半部分には、母との意見の衝突の原因は、自身のなかの「心のすくみ」にあることをしっかりと認識し、それを捨てて「孩提の心を明らかにしてお仕えなされるように」、という文面でつづられている。長文の引用になるが、参考までにそのまま左に掲出する。

御母儀様へ御つかへ候時、和厚の心なく、却而窒碍有レ之旨、是は心のすくみたる故にて候。本来心は活潑流行、典要なく、格式なく、和予円通なるものにて候を、知識ひらけ情欲発りそめてより以来、色々の習に染り、格式典要、其外世間の万事万物について、好悪の執滞・是非の素定、方寸に聚り凝て、円通和予・活潑周流の心気すくみて、圭角胸に塞りぬるを凡心と名づく。如レ此すくみたる凡心にて、御袋様へ御つかへ被レ成候故、胸中の圭角声に発し色にあらはるゝ故に、慈母なりといへども、其圭角のさはりかならず報ひあるに依て、いよく和厚なく窒碍ある様に御覚へ候。種々のすくみを放下して、孩提の心を方寸に明かにして御つかへ候はゞ、をのづから和予円通の本然、色にあらはれ、声に発し、本より慈母なれば其孩提の和予にこたへて温気いやましに、和厚胸に満候半まゝ、露も窒碍の覚へ御座有まじく候。此体認急々如律令。

（『全集』第二冊、三九四～三九五頁）

人は、本来すべて「和予円通」のこころを持っていながら、しだいに知識がひらけていろいろな習癖に染まってしまい、そのために、自分の好き嫌いに執着して、そこから抜け出ようとしないのが「好悪の執滞」。また、ものごとをよく理解しようともせずに、自分のかんがえで最初からこうだと決めつけてしまうのが「是非の素定」。これらによって、感情に左右されやすい「凡夫の心」と化してしまうのである。そうして、このことを頭で理解するのでなく、《体認》することをただちに急がれるように、と締めくくっている。藤樹は、このように儒学の実学ともいうべき《心学》の視点から、老婆心切のごとく説きしめしている。ただに、《口耳の学》《訓詁の学》をもっぱらとする世の中の俗儒には、とうてい及びもつかない教説といえるであろう。まさしく藤樹のもとめてきた学問の真骨頂が、こうした名もなき草莽の武士にあてた書簡のなかに、みごとに開花したのである。

そのいっぽうにおいて、藤樹の《心学》に浴し、しかも藤樹の書簡をうけた人は、大洲・新谷両藩の関係者だけではなかった。これまでほとんど注目されてこなかった人物のひとりに、江戸幕府の旗本一尾通尚（一五九九―一六八九）があり、一般的には「一尾伊織」と呼ばれた。『全集』には「一尾子に答ふ」という題目にて二通収載されており、両通ともに執筆時期が明らかである。旗本としての通尚の梗概については、『寛政重修諸家譜』巻四五九にみられるが、本稿ではまず藤樹との邂逅の要因にふれておく必要がある。通尚の知行所（一千石）は、近江の蒲生郡（滋賀県近江八幡市）にあって、主としてそれの年貢の徴収事務を担当していたのが、江戸の通尚に仕える奥州仙台出身の淵岡山（四郎右衛門、一六一七―一六八六）であった。そしてそのころ、通尚の知行所の近隣に、家族ともども仮寓していた浪人中の熊沢蕃山[7]がいて、かれは、藤樹からまなび得た《心学》を、ただちに近在の郷士や庄屋など、村の有力者たちを相手に熱心に教説していた。そうした地域の聴講者のなかに、岡山も混じっていたわけである。それで、はじめて聴く《心学》につよい感動をおぼえた岡山は、蕃山の紹介状をたずさえ、琵琶湖の対岸にすむ藤樹のもとへやって来て、のちに藤樹の謦咳にせっするほどの有力門人のひとりとなった。それは、蕃山が七か月におよぶ留学を終えてから二年後、正保元年（一六四四）の冬、藤樹三十七歳、岡山二十八歳のことであった。

岡山は、知行所での役目つごうで、江戸屋敷にもどったおりに、主人の通尚に藤樹の人となりや《心学》について、くわしく説明したものと推測される。旗本一尾通尚はというと、寛永十一年（一六三四）、三十六歳のときに、将軍家光に拝謁して、正式に父一尾通春の跡目をつぎ、あわせて「御書院番」という役儀を拝命した。ところが、その役儀に就いてわずか四年ほど過ぎたころに、「故ありて御気色をかうぶり」（前掲『寛政重修諸家譜』）と書かれており、おそらく江戸城内外のざったな職務にあって、旗本どうしの異見の衝突が生まれ、しばらく蟄居（?）を命ぜられたものと思われるが、この点の事情は推測の域を出ない。そうした職務上の苦悩と、自身の生き方との葛藤もあってか、それを解決すべく通尚は、いまだ面識もなにもない一介の浪人武士にあてて、こころのうちの一端を書簡にしたためておくった。そして、その返事の書簡が、正保三年（一六四六）秋、藤樹三十九歳のときに出されたものである〔第一信〕。ときに、岡山が藤樹に入門してから、わずか二年後のできごとである。

――いまだ尊顔できないところ、貴簡をかたじけなく拝見し、とりわけて浅からぬものを思わされました。おこころざしのほどを知り、驚きました。普段のご工夫を切実になされておられること、まことに私などは恥ずかしく思っております。いよいよ手抜かりなきように励まれていられること、ごもっともに思います。（『全集』第二冊、四三三頁）

以上の冒頭の前書きにつづいて、藤樹は、他の門人にはおそらく語ることがないであろう儒学、儒道の奥旨なるものを書きつづっている。原文のまま、左に掲出する。

道ノ体段ハ太虚に充塞すといへども、自己執ところの把柄ハ方寸隠微上ニ御座候故、こゝに於て物ヲ格し知に致るを道を行ふと申候。かりそめにも格法典要に心を御著被ㇾ成間敷候。たがひに同体ノ道に志御座候上ハ、大古《ママ》已来の旧相識にて御座候へば、必毛頭無㆓御隔心㆒御疑ども可ㇾ被㆓仰聞㆒候。あはれ以㆓貴顔㆒遂㆓心話㆒得㆓交脩之益㆒度奉ㇾ存候。猶追々以㆓愚札㆒可ㇾ得㆓尊意㆒候。恐惶謹言。（『全集』第二冊、四三三～四三四頁）

現代語訳すると、次のようになるであろう。目にみえない《道》の本体は、原始宇宙ともいうべき《太虚》に充満しているけれども、その《道》をおこなうのは一人ひとりの自身の心のなかにあるので、それゆえ『大学』の「格物致知（＝物を格し、知に致る）」を《道》をおこなうと申します。かりそめにも、既存の書物にある知識に心を動かされてはなりません。たがいに、一貫の道にこころざしたのは、太古すなわち悠久の遠いむかし以来の、同学の士でありますので、どうかご遠慮することなく、疑問とされているところがあればお聞かせください。ぜひとも貴顔をもって心話をとげ、交脩の益を得たく思います。なお追い追い愚札をもって、ご意見を得たく思います。

ここで注目すべきは、たがいに儒学をまなんでいるのは、なにも偶然の巡りあわせでなく、「大古已来の旧相識」、すなわちわたしたちは、太虚というはるか遠い《過去世》からずっとつながっている益友であって、たがいに切磋琢磨して道をもとめ、ふたたび《現在世》において出逢いました、と藤樹が述べている箇所である。それをべつの言い方でいうならば、人間は本質的に、《太虚》以来、間断なくつづいている《無始無終》《不生不滅》の生命体であることを、藤樹はまぎれもなく確信していたことになる。なぜなら、藤樹三十三、四歳のときの代表的著書『翁問答』に、すでに「本来わが身は太虚神明の分身変化」(上巻之本、岩波文庫、一九三六年、五四頁)というように、はっきりと明言しているのである。

さらにまた、通尚は、静坐をしている最中に意念が生じることに、どうすればよいかという具体的な質問を藤樹に投げかけている。それの返事をつづった書簡が、正保四年(一六四七)春、藤樹四十歳のときに出されたものである〔第二信〕。

静坐の中の意念と被レ仰候ハ、定而閑思慮の事ニて御座候はん。静坐中思慮なき様にと工夫被レ成候はゞ、大なる御心得ぞこなひニ而御座候。心の官ハ思ふ。思は聖功の本にて御座候へバ、思を断ことはならざるものにて御座候。唯思慮に凝滞するを意念とし、外の願を必得んとし案ずる念慮を嫌申候。静坐の中に間思慮起り候はゞ、対算見解、体認の思案に御かえ可レ被レ成候。(『全集』第二冊、四三五〜四三六頁)

静坐は、思慮(このばあい雑念を意味するのか)のない無心の状態にあることを工夫なされているようですが、それは大いなる心得ちがいです。思慮に固執するのが意念であり、もし静坐中に意念が起こりましたら、その軽重をくらべて「体認」の思案に変えてください、と。

ところで、通尚にかんして見逃してはならない重要な歴史的事実がある。それは一尾伊織という名で、細川三斎(一五六三—一六四五)の門人として直伝の茶道をまなんだ茶人であったこと。「一庵」とも称し、「徹斎」「宗碩」とも号した。後年、近世茶道史のなかで「三斎流一尾派」という、独自の流派を起こすほどの事功を打ちたてた。三斎といえば、有名な安土桃山時代の武将細川忠興ことであり、そして三斎の茶の湯は、まったく千利休を師としているわけである。そのことは、桑田忠親著

『武将と茶道』（一条書房、一九四三年）のなかで、次のようなな逸話をつうじて、その一端をかいまみることができよう。

天正十九年二月、利休が罪せられて、堺へ蟄居する為に突然聚楽の不審庵を出ることになつた時、日頃懇意であつた大名達も、秀吉の手前を憚つて、見舞に行く人も見送りをする人もなかつた。併し、忠興は古田織部と共に、淀までこれを見送つたのである。流石にこの道に執心の深いからであると、人々はみな感心したといふ。利休は、最期に臨んで、懐から羽与様と筒に書きつけた茶杓を取り出し、折から葬礼奉行として来ていた忠興の家来の神戸喜左衛門に渡した。これは茶湯の印可を忠興に伝へる為であつたのではなかろうかといふ人の噂であつた。三斎は永年茶湯の道に志が深かつたので、茶湯の奥義は悉く利休から伝授されたといふことである。

（一八三〜一八四頁）

通尚の茶道にかんしては、もちろん『寛政重修諸家譜』にまったく触れられていないが、石田正太郎著『茶家系譜詳本』（私家版、一九二一年）に略歴をみることができ、

一庵故有テ弱齢ヨリ壮年ノ時ニ至マテ、遊テ三斎ノ邦ニ事フ。是ヲ以テ茶道ノ奥旨ヲ三斎ニ受ク。父歿後再ビ幕府ニ召サレテ、子孫今ニ至マテ禄仕ヲ忝フス。茶道ノ門人最多シ。利休ノ正統ナリ。三斎ノ臣佐藤将監ハ亦三斎ニ学テ茶法ノ蘊奥ヲ極ム。当時一庵モ亦先ツ茶法ヲ佐藤ニ習テ、後ニ三斎ヲ師トシテ是ヲ成就ストナリ。琵琶ヲ作ル事ヲ好テ自作ノ物多シ。

（九〇頁）

とあるように、わかき通尚は、父の死去にともなって跡目をつぐまで、江戸屋敷をはなれて遠く細川忠興の領地である豊前中津藩に仕え、そのさい隠居の身となった三斎から直伝の茶道をまなんでいたこともあり、公私ともども苦悩をかかえながら、ともかく御書院番に精励する人生をあゆんでいたことが想像される。そのような通尚の複雑な背景が、じつは藤樹との書簡のなかに包含されていたのである。

四

以上、これまで新谷藩致仕後の、近江上小川村における藤樹の動向を主として『全集』所収の書簡をつうじて、

概観してきたわけであるが、既述にみられるような藤樹の、いわば後半生の言行を駆りたてた思想の源泉は、儒学者であるかぎり、いうまでもなく《四書五経》あるいは《十三経》などと呼ばれる経書のなかにあったことは間違いない。それで本稿の結びとして、かかる源泉なるものを『論語』と『易経』のなかから、さぐってみようと思う。

まず、筆者が注目するのは『論語』為政篇のうちの「哀公問章」「季康子章」「或謂孔子章」の三章であり、『史記』孔子世家の叙述からも推測できるように、これこれらはひとつながりの内容となっている。すなわち、孔子が五十七歳のとき、ついに魯国の政治に失望し、魯国を去って諸国歴遊に出て、生命の危険にも遭遇するなどの辛酸をなめたのち、六十九歳のときにふたたび生まれ故郷の魯国へ帰った。そのうわさを聞きつけたのか、魯国の君主哀公は、孔子を呼びよせて下問したのが哀公章である。

――哀公が問うた、「どうすれば、この国の人民が服従するだろうか」と。孔子が答えられた、「真っすぐな心のそなわった人物を選抜して、それをよこしまな人物の上におけば、人民は心から服従いたしますが、その反対をしてしまいますと、人民は服従いたしません」と。

そのあと、こんどは魯国の大夫である季康子が孔子を呼んで、自身のかかえている治政の課題を質問したのが季康子章である。吉田賢抗の説によると、「季康子は為政者たる自分への反省を怠って、人民に責任を転嫁してその敬忠と精励を求めた」（『論語』新釈漢文大系、明治書院、一九六〇年、五六頁）とあるので、かなり傲慢な人物であった。

――季康子が、孔子に問うた、「魯の人民が上の者をうやまい、まごころを尽くして仕事に励むようにするには、どうすればよいだろうか」と。孔子が答えられた、「厳粛の態度でせっすれば、人民は敬虔な態度となります。目上の者に孝行を尽くし、目下の者をいつくしむれば、人民はまごころの態度となります。善行ある者を推薦して、そうでない者を教導すれば、仕事に励むでしょう」と。

それから、こんどはおそらく官職のもたない在野の知識人なるものが、これまでの孔子の功績やその人となりを知悉したうえで、孔子本人と直接に会ってズバリ質問したのが「或謂孔子章」と思われる。

或ひと孔子に謂ひて曰く、子奚ぞ政を為さざると。子曰く、書に云ふ、孝なるかな惟れ孝。兄弟に友に、有政を施すと。是も亦政を為すなり。奚ぞ其れ政を為すを為さん。

〔通釈〕ある人が孔子に「なぜあなたは朝廷に立って政をなさらないのですか」と問うた。孔子は次のように答えた、「尚書に、ああ、大切なことは孝行だ。父母に孝であって、兄弟は睦じくなり、それが政治に移り及ぶものだ、とあるが、即ち家を斉えることが政治である。何もわざわざ国の政治の仕事をせねばならぬものではない」と。（前掲『論語』五七頁）

孔子は、かつて定公のもとで大司寇（＝法務大臣）に任ぜられ、さらに宰相の代行にもなったのであるから、次の哀公に仕官してふたたび国政の表舞台に立っても、なんら不思議はなく、むしろそれが当然の流れというものであろう。しかしながら、孔子は、仕官への希望はついぞ消え去り、その晩年を「書・詩・礼などの先王の記録を整理し、心を門人教育に傾注した」（前掲『論語』一一頁）とされている。前述の三章は、問われたから答えたまでのことであって、孔子自身の思想に、これまでとは異なったおおきな変化が生じたことになる。目の前にいる、名もなき市井の門人たちを相手に、『尚書』などの古典をもって《孝の道》を説諭することは、じつに迂遠のようにみえるかも知れないが、これが先王の道であり、君子の道であり、一貫の道ともいうべき「忠恕」（『論語』里仁篇）の社会を具現化する、いちばんのやり方だと確信したにちがいない。

こうした孔子の生き方の変化、もしくは人生の処し方については、『易経』周易繋辞上伝における次の孔子自身のことばが示唆的で、おおいに参考になる。

子曰く、君子の道、あるいは出であるいは処り、あるいは黙しあるいは語る。

〔解説〕孔子は次のように言う。君子の道は、時には出でて朝廷に仕え、時には退いて野に処り、時には黙して語らず、時には大いに語り論ずるなど、時に応じてさまざまであるが、その心情の正しさを重んずる点においては変りがない。

（高田真治・後藤基巳訳『易経』上、岩波文庫、

一九六九年、二二八頁・二三〇頁）

藤樹もまた君子の道をあゆんでいた儒者ゆえに、この孔子のことばをこころに深く留めていたと思われる。藤樹の新谷藩致仕は、結果的に藩主の許可を得るまでには至らなかったために、《脱藩者》という汚名がきせられ、追手をかけて捕縛され、ただちに死罪に処せられるのであり、藤樹は、それをもちろん知ったうえでの決行であった。

本稿の冒頭にもふれたように、致仕の理由のひとつに武士社会に嫌気がさして、老母への侍養を口実に故郷へ引きこもったというような俗説が、一部の研究者のあいだではやくから語りつがれてきた。しかしながら、『易経』にしるされた孔子のことばをあらためて知ると、藤樹の行動は、ただひたすら経書を祖述し、実践していたに過ぎなかったことがわかる。したがって、「時には退いて野に処」ることも、藤樹にとっては重要な選択肢のひとつであった。近江の上小川村という僻遠の地にあって、なによりも《孝の道》をみずから実践し、しかも村のひとたちにもその道を説きしめす、という生き方である。この点で、前述の『易経』周易繋辞上伝とおなじ記述箇所には、次のような孔子のことばもあり、これも看過できない内容といえよう。その一部分を左に掲出する。

子曰く、君子その室に居りてその言を出だす。善ければ千里の外もこれに応ず。いわんやその邇き者をや。その室に居りてその言を出だす。善からざれば千里の外もこれに違う。いわんやその邇き者をや。

〔解説〕孔子は次のように言う。君子がじぶんの部屋に居てことばを出した場合、もしそのことばが善ければ、千里の外にある人もこれに感応する。ましてや身近にいる者はなおさらのことである。またそのことばが善くなければ、千里の外にある人もこれに反撥する。ましてや身近にいる者はなおさらのことである。

（前掲『易経』上、二二八頁）

かかる孔子のことばから敷衍して、次のような逸話を紹介しよう。藤樹は、近隣のむらびとを対象に、いわゆる夜間学校をひらいていた。そのなかに、近隣の河原市村に住む馬方の又左衛門も、熱心に藤樹の講釈を聴き入っていた。のちに、あるちいさな事件が起こる。この馬方が、お客の忘れていった財布をみつけ、ふたたび七里さきの旅籠へともどって、財布を本人に届けてあげた。財布には二百両の小判が入っていて、それは京都の藩屋敷へとどけるための公金であった。翌日、お客は無事、役目を終えたその夜、京の旅館で同宿者に、涙をながしながら《正直馬子》の話をしていた。それを、たまたま隣の部屋にいた浪人中のわかき熊沢蕃山が耳にし、蕃山は、「この馬方を教えている先生こそ、これまで自分のもとめていた、まことの儒者に違いない」と直感し、翌日、蕃山はただちに近江の上小川村をたずねて、入門を請うたわけである。そうして、約七か月の留学を終えた蕃山は、前述したように近江八幡の有力者（郷士など）の屋敷を会所にして、近隣のひとびとに藤樹の《心学》を熱心に講説した。その聴講者のひとりに、無名の淵岡山がいたのである。それに感激した岡山は、蕃山の紹介状をたずさえて藤樹の門人となり、のちに蕃山と岡山は、《藤門の双璧》と称されるほどの高弟となった。蕃山は、のちに備前岡山藩に再出仕し、名君池田光政に藤樹の《心学》を説き、いっぽうの岡山は、その主人である旗本一尾通尚に藤樹の《心学》を説いて、通尚もまた藤樹から《心学》をおさめた門人のひとりとなったわけである。

このように、後半生、近江の僻村に住んで浪人武士やむらびとにかたった藤樹のことばが、ひとの口から口へとつぎつぎに伝播せられて、ついには備前岡山藩や江戸の旗本にまで伝わったという事実は、「善きことばは千里のそとにいるひとたちにも感応する」という孔子のことばを、もののみごとに実証しているといえるであろう。そういう意味からすると、藤樹の致仕は、まさしく武士社会から逃避するための致仕でなかったことを、われわれはあらためて再認識する必要がある。

注

（1）附記せられた副本のあて名は、「長右様」「新兵様」「善兵様」と連名されており、正確には中村長右衛門、吉田新兵衛、中川善兵衛であり、いずれも同僚の大洲藩士である。

（2）宇野哲人訳注『大学』（講談社学術文庫、一九八三年）には、次のように儒教の目的を述べている。

これを要するに『大学』の要領は己を修めて人を治めるのである。学問をもって己の明徳を明らかにし、しこうしてこれを天下国家に明らかにせんとするにある。これすなわち儒教の目的であって、堯舜以来の大

主義であった。(一〇一頁)

(3) 先学の諸説については、山住正己『中江藤樹』(朝日新聞社、一九七七年)の一〇四〜一〇八頁に簡略に紹介しており、山住自身は、「彼の脱藩の動機が学問の探求そのものにあったとするにとどめて……」(一〇八頁)と、控え目な見解にとどめている。

(4) 北島正元『江戸時代』(岩波新書、一九五八年)には、「牢人とは主君と知行・俸禄を失った武士であり、封建的主従関係のわくからはみ出た存在である。牢人をつくり出す基本的な原因は兵農分離であった。主人ももたず田畑も耕さない武士を農村におかないというのが、太閤検地の目的であった。しかし、直接には戦争・大名の国替え・改易・減封などが大きくそれに関係していた」(五二頁)とある。

(5) 『藤夫子行状聞伝』の家系譜には、「堂上方ニ仕へ在京ス」とあるので、京都市中に住んで、公家に仕える医者であったことがうかがえる。(『全集』第五冊、八四頁)

(6) 『北藤録』(伊予史談会、一九八二年)巻二〇、「大橋氏系」の大橋作右衛門重恒には、次のように記録されている。加州の生まれで、二十二歳のときに大洲藩の大橋家に入られた。藤樹が致仕したときは、養父大橋重之が家老職にあったので、重恒との面識はなかったといえる。しかし、藤樹の人となりや動静については、養父から聞きおよんでいた可能性はたかい。なお、大橋重恒の病没年をもとに類推すると、藤樹より三歳上であったことがわかる。

「実加州大橋九郎兵衛四男。……幼年ヨリ加州前田家ニ仕フ。重恒二十二歳ノ時、嫡家重之養子トセン事ヲ願フ。前田家懇志之上許容アリ、養家ニ趣キ、其後家督ヲ継キ家老職ヲ勤ム、……」(二五五頁)

(7) 熊沢蕃山の留学期間は、寛永十八年(一六四一)九月から翌年四月までの約七か月箇であったことが、『集義外書』巻六にしるされている。

中江藤樹の伊勢参宮

はしがき

平成二十六年（二〇一四）四月、京都北野天満宮の縁日において、たかく積まれた掛字箱のなかに「中江藤樹詩稿」と書かれた箱にふと目がとまり、その中身を拝見させていただくと、それはわずか六十余字からなる「参拝太神宮準祝詞」（紙本墨書、縦二六・三センチ×横一七・七センチ）であった。ひとわたりその墨痕に目をやり、とりわけ「夏」「聖」「詞」「道」という文字に注視すると、藤樹独特の楷書体の字形をみてとることができた。これによって、ほぼまちがいなく中江藤樹の書跡であることを確信し得たので、すぐさまそれを購求した次第である。ちなみに、その書跡を訓みくだすと、次のとおりである。（口絵・図2）

　辛巳の歳、夏の仲、太神宮に参拝し、以て野詩を綴って卑志を抒ぶ。

誠恐誠惶、謹んで卑懐を述べ、以て祝詞に準うのみ。

中江原再拝

光華孝徳　続いて窮まり無し
正に犠皇と　業も亦た同じ
黙祷す　聖人神道の教え
六合に照臨したまえ

　太神宮

寛永十八年（一六四一）夏五月、伊勢太神宮（伊勢神宮）を門人[1]とともに参拝したさいの感懐を、神道の祝詞になぞらえて七絶の詩によんだ。

このうち、第二句の「犠皇」とは、古代中国の伝説上の三皇五帝のうちの「三皇」のひとり伏犠の尊称であり、文字を発明し、漁撈を人間におしえたとされるが、藤樹の主著『翁問答』に、「正真のがくもんは、伏犠のをしへはじめ給ふ儒道なり」と書かれているように、伏犠はすなわち儒道の始祖であり、伊勢太神宮の祭神の天照大神は、いわゆる惟神の道の祖であることから、その功業も本質的におなじであるというように、藤樹はふかく理解したのであろう。第四句の「六合」とは、天（＝上）と地（＝下）、および東西南北あわせた空間であり、広大な宇宙全体をさしている。

ところで、『全集』第五冊の五四八頁に掲載されている資料一覧表「藤樹先生の真跡」のうちの「参拝太神宮準祝詞」と、まったくおなじ題目の書跡が三点あることがわかる。それらの所蔵者の住所・氏名を列挙すると、

〔a〕滋賀県高島郡水尾村　万木利一氏

〔b〕京都市縄手古門前町　村上清兵衛氏

〔c〕滋賀県大津市　郇田六之助氏

となっており、これまでに筆者が実見したのは〔a〕だけである。この書跡は、一時期、その当時の所蔵者であった万木正道氏（滋賀県高島町武曾横山）の快諾を得て、昭和六十三年（一九八八）三月、近江聖人中江藤樹記念館開館以降、しばらくのあいだ常設展示させていただいた。この書跡は、すでに『全集』第一冊の九五頁にコロタイプ印刷図版として掲載されており、今回入手のそれと校合すると、ほとんど酷似していることがうかがえる。ただ、〔a〕のばあい、冒頭の「辛巳之歳」のうえに「〇」符合、さらにそのうえには通し番号の「二七」がしるされており、これらも藤樹の筆跡と思われ、おそらく藤樹が著作の副本をつくったさいに記入したものにちがいない。そうして後学の人たちが、その副本をあえて分離してしまい、個々に軸装仕立をおこなって愛蔵した、という顛末になるのであろう。

それはともかく、筆者が購求するさいに、古美術商の主人にかかる書跡の出所を問うたところ、ただ「京都市内」との返答だけで、それ以上の詳細は知り得なかったものの、前記三点以外さらに同様の書跡があるとはいささかかんがえ難いので、これのもとの所蔵者としては〔b〕の可能性がたかい。しかしながら、〔b〕の住所から推測すると、村上清兵衛氏は古美術店をかまえた主人ともかんがえられるので、のちにその書跡を販売して京都市内の人の手にうつり、それがまた、さらに京都北野天満宮の縁日に出店した古美術商の手になった、というような経過をたどったと想像できる。というのは、岩波版『藤樹先生全集』のさきに藤樹神社創立協賛会が、昭

和三年（一九二八）に初版本『全集』を刊行しているので、前述三名の所蔵者の住所・氏名は、じつに九十年以上まえの記録にほかならない。そういう点からしても、決定的なことをいうにはやはりむつかしいものがあるので、筆者所蔵の書跡のもともとの所蔵者は、〔b〕ではないかという程度に今はとどめておく。

一　伊勢参宮

儒学者中江藤樹が、いわゆるわが国の皇室の宗廟である伊勢太神宮（現伊勢神宮）を、門人とともに参拝したことについて、藤樹の思想形成のなかでどういう意味があるのか。ただたんに伊勢講、神明講にならって伊勢参宮をおこなったのでは、もちろんないのであって、参宮を終えて得られたひとつの答えが、すなわち前述の「参拝太神宮準祝詞」の七絶の詩とかんがえられる。まずは、参宮のいきさつについて、岡田氏本『藤樹先生年譜』寛永十八年（一六四一）、藤樹三十四歳の条に書かれているので、その全文を左に掲出する。

夏、二三子ト〔ト〕モニ勢州大神宮ニ参詣ス。此ヨリ前、曽テ以為ク、「神明ハ無上ノ至尊也。賤士ニシテ貴人ニ近クスラ訓瀆ノ恐レアリ。況ヤ神明ヲヤ」。是ヲ以テ終ニ神ニ詣拝セス。其后、学日々ニ精微ニ入。故ニ以為ク、「士庶人モ亦神ヲ祭ルノ礼アリ。然ラハ則チ神ニ詣スルコトモ、ナクンハアルヘカラズ。且、大神宮ハ吾朝開闢ノ元祖ナリ。日本ニ生ル、者、一タヒ拝セスンハアルヘカラス」ト。是ニ於テ詣ス。

（岡田季誠自筆写本、藤樹書院蔵、一六オ～一六ウ）

藤樹は、二十七歳のとき、伊予の新谷藩を致仕したために浪人武士（賤士）の身であることと、『論語』に「鬼神を敬して遠ざく」（雍也篇）という孔子のことばから、神社参拝については意識的に敬遠していたものと推測できるが、しかし自身の学問が日々進展していくなかで、《神明》にたいする考え方にだんだんと変化が生じてきた。というのは、伊勢参宮の二年前、藤樹三十二歳のときに、

夏、諸生ト〔ト〕モニ竹生島ニ遊フ。興〔ニ〕乗シテ詩ヲ賦ス。

（前掲岡田季誠自筆写本、一四ウ）

とあり、そのときの七絶の題目は「竹生島に題す」で、その下に小さく「己卯之春」としるされている。

艮上一陽従坎出　　艮上一陽　坎より出ず
卦神本是太明神　　卦神　もと是れ太明神
浮屠誤作弁才号　　浮屠誤り作す　弁才の号
天運循環必復真　　天運循環　必ず真に復す
（『全集』第一冊、八八頁）

琵琶湖の北湖にうかぶ周囲二キロほどの竹生島は、古来、弁財天と千手観音菩薩とをまつる神仏混淆の西国三十三ヵ所観音霊場の札所として、ひろく崇敬をあつめたが、藤樹も門人とともに小舟をうかべて生涯に一度だけ、「逍遥自適」の一環として、この島をおとずれたわけである。詩は、現行は竹生島弁財天と呼んでいるが、それは仏教による誤りであって、正しくは「竹生島太明神」と称すべきで、いずれは必ず本来の状態にもどるであろう、との意味あいと思われる。

ともあれ、藤樹の背中をおしたのは、周公旦の作といわれる周代の官制をしるした『周礼』の発見であり、その啓発箇所を藤樹は主著『翁問答』下巻之末において、「周礼曰」として原文を書きだし、明らかにしている。それを要約すると、王（＝天子）・諸侯・卿大夫・士・庶人それぞれにおうじた天神地祇をまつることがしるされており、まず王について、「山林・川谷・丘陵、能く雲を出だし風雨を為し、怪物を見わすを皆な神と曰う。天下を有つ者は百神を祭る」とあり、諸侯のばあい、「其の地に在るときは、則ち之を祭る。其の地に亡きときは、則ち祭らず」とある。さらに、「王、群姓の為に社を立つるを大社と曰い、王自らの為に社を立つるを王社と曰う」「諸侯、百姓の為に社を立つるを国社と曰い、諸侯自らの為に社を立つるを侯社と曰う」「大夫以下、群を成し社を立つるを置社と曰う」「庶士・庶人は一祀を立つ。或いは戸を立て、或いは竈を立つ」ということであるが、藤樹の立場からいうと、このうちの庶士・庶人の「一祀を立つ」が、すなわち『年譜』の「神ヲ祭ルノ礼アリ」にあたるわけであり、身分の貴賤になんら関係なく神明をまつるのが社会の規範である、と『周礼』に明記されていたのである。

いったい、江戸時代において文人・学者が伊勢参宮をおこなった事例は、無数にのぼるのはいうまでもない。郷土史家大西源一は、前述岡田氏本『藤樹先生年譜』を引用して、

先ず儒者としては、寛永十八年に、中江藤樹が参拝

したのが最も古い。……近江聖人の面目躍如たるものがあり、一般の参拝とは、大に趣を異にする。

（『参宮の今昔』神宮教養叢書三、一九五六年、神宮司庁、九八〜九九頁）

とあり、普通一般庶民にありがちな物見遊山のごとき参宮とは、その色合いが異なっている点を、みごとに指摘している。ちなみに、藤樹以後における伊勢参宮の人物名を、国学者はべつにして大西の著書から年次的に抽出すると、津藩儒三宅亡羊を皮切りにして、山鹿素行、山崎闇斎、貝原益軒、伊藤東涯、奥州の儒者熊坂台州、頼惟清・春水、津藩儒斎藤拙堂、大槻磐渓、頼山陽、大塩中斎[2]、肥前の儒者谷口藍田、菅茶山、梁川星巌、室鳩巣、猪飼敬所などが散見できる。

二 神明と儒道

藤樹の主著『翁問答』は、三十三、四歳のときの作品であり、ちょうど伊勢参宮と時期をおなじくしている。ある意味において、『翁問答』の執筆途上にあって、伊勢参宮の必要性をつよく感じていたのかも知れない。同書は、周知のとおり、師とその門人体充との問答形式で書かれているが、ふたりは架空上の師弟であるので、「師」のことばはまったく藤樹の思想となって、ストレートに表わされたものである。前述の『周礼』の一部を引用せられた師弟の問答のばあいは、次のようにはじまっている。

体充問曰、神信仰をば仕たるがよく候や。師の曰、神明を信仰するは儒道の本意にて候。しかる故に祖を天に配し、父を上帝に配し、神明に通ずるを孝行の至極なりと孝経に説きたまへり。周礼曰、……。論語曰、祭レ神如ニ神在一。以上の聖謨をよく考へて、儒教に専神明を信仰する事を得心すべし。……日本の神道の礼法に、儒道祭祀の礼にあひかなひたることあり。其上三社の神託の意義、儒者の神明につかふまつる心もちによくかなひぬれば、本朝は后稷之裔なりといへる説、まことに意義あることなり。

（『翁問答』下巻之末、岩波文庫、一九三六年、二〇六〜二〇八頁）

この「神明を信仰するは儒道の本意にて候」は、いわゆる「記誦詞章」をもっぱらとする「俗儒」にとっては、おそらく想像も、及びもつかない文章であり、藤樹は伊勢参宮をつうじて、心象的につよく確信することになったのではなかろうか。『周礼』と『論語』は、そのことをただ経書という客観的資料を提示し、証明したものに過ぎない。

ひるがえって儒教の目的は、「己れを修めて、人を治むる」にあるとして、易簡に大系化された教義であるが、われわれがそのような知識を知り得る源泉は、なんといっても有名な『論語』『大学』等の経書に依拠している。わけても、『論語』の冒頭の「子曰く、学びて時に之を習ふ、亦説ばしからずや。朋、遠方より来る有り、亦楽しからずや。人知らずして慍みず、亦君子ならずや」(新釈漢文大系、明治書院、一九六〇年、一五頁)などは、古来おおくの日本人に暗誦されるほどに親しまれた文章である。そういう視点からみると、儒教は倫理・道徳の教えであって、仏教とおなじような宗教とは無縁の思想、という概念がさきにたつ。このことは、すでに藤樹二十三歳のとき、「安昌、玄同を弑するの論」というみじかい論文のなかで、

倭国にて儒者と称する者は、徒だ聖人の書を読むを知るのみ。与に共に学ぶべき者は、未だ之れ有らざるなり。……玄同の人と為りや、聖人の書を読むと雖も、口耳訓詁の学にして徳を知らず。

(『中江藤樹』日本思想大系、岩波書店、一九七四年、八～九頁)

とあり、藤原惺窩の門人である菅玄同(一五八一—一六二八)が、弟子の安田安昌に殺害されるという事件であるが、このほか明経博士舟橋秀賢(一五七五—一六一四)と林羅山との確執例を持ちだすまでもなく、そうじて平安時代から江戸初頭までの日本の儒教は、公家衆や五山禅林など、ごく一部の特権階層における教養としての色彩の濃い学問であった。しかし、藤樹は、そうした矮小化された儒教、知識一辺倒の儒学を根底からくつがえし、おのれに具わった明徳を明らかにすること、つまり本来のすがたともいうべき実際生活に密着した儒学を再現しようとしたのである。藤樹は、それゆえに《心学》という語をもちいた。

そのような従来の「口耳訓詁の学」から、藤樹がおおきく脱却する転機となったのが、三十一歳のときの『原人論』である。原人とは、「人をたずねる」と訓み、現代風にいいかえると、「人間とは何ぞや」という表現に

なる。その冒頭は、次のとおりである。

惟皇上帝。無極而太極。至誠而至神。二五之気惟厥形。無極之理惟厥心。其大無外。其小無内。厥理厥気。自然而無息。妙合而有生々。終始無時。惟万物父母也。

惟れ皇いなる上帝は、無極にして太極、至誠にして至神なり。二五の気は惟れ厥の形、無極の理は惟れ厥の心、其の大は外無く、其の小は内無し。厥の理、厥の気は自然にして息む無く、妙合して生々する有り。終始、時無し。惟れ万物の父母なり。

（『全集』第一冊、一二八頁）

要約すると、偉大なる上帝というのは、われわれの眼には見えない宇宙の本体であって、陰陽の二気、木・火・土・金・水の五行はその形態であり、そのすべてがすぐれて始めもなければ終わりもなく生生化育し、しかも人間をはじめとする万物を生み育てる《父母》にほかならない、ということになる。そこで、この「皇いなる上帝」の出典をしらべると、『書経』湯誥篇には、殷の湯王のことばとして、

惟皇上帝。降衷于下民。

惟れ皇いなる上帝、衷を下民に降せり。

（国訳漢文大成、国民文庫刊行会、一九二二年、六四頁）

とあり、偉大なる上帝は、すべての人民にひとしく中正の徳を賦与せられた、ということが書かれている。また、『詩経』大雅・文王篇には、

皇矣上帝。臨下有赫。監観四方。求民之莫。

皇いなるかな上帝、下を臨みて赫たること有り。四方を監観して、民の莫まらんことを求む。

（国訳漢文大成、国民文庫刊行会、一九二一年、八三六頁）

とあり、皇いなる上帝は、人民の言行を明らかにする。すべての国々を監察して、時には人民を叱ることもあり、また励ますこともある、という意味であろう。この「皇矣上帝」は、一句四字構成の詩ゆえに矣の助詞を入れたものと思われ、「皇いなるかな上帝」と訓んでいるが、基本的にはやはり「皇いなる上帝」である。以上から、藤樹の『原人論』の冒頭にでてくる「皇上帝」は、すなわち五経に出典をもつことがわかる。

いうまでもなく、皇いなる上帝とは、中国歴代王朝のいわゆる皇帝なる人物をさしているのではない。皇いなる上帝は、大空の「天」のようなものと思われるが、そ

の「天」についての関係性を分析して、宋儒程伊川（一〇三三—一一〇七）は、次のように説いている。

分而言之。則以形体謂之天。以主宰謂之帝。以功用謂之鬼神。以妙用謂之神。以性情謂之乾。

分ちて之を言ふときは、則ち形体を以て之を天と謂ひ、主宰を以て之を帝と謂ひ、功用を以て之を鬼神と謂ひ、妙用を以て之を神と謂ひ、性情を以て之を乾と謂ふ。（『近思録』岩波文庫、一九四〇年、二三頁）

天というのは、形体的には無限にひろがる紺碧の大空、天空をすぐに想起するが、しかし天は、一分一秒たりとも止まることなく日月星辰、四時循環しており、この天を主宰的に動かしている何者かがきっとあるはずだと、古代中国民族はそぼくに観想した。その巨大な何者かが「帝」であり、「上帝」であり、さらに「皇いなる上帝」と呼んだわけである。「上天」「昊天」「天帝」などの成語もみられる。それらは要するに《異名同体》ということになる。かかる形体的・主宰的天は、われわれの理性や知能では、とうてい理解しがたい不可思議なはたらきをしており、そういった霊妙きわまりない《はたらき》をさして「神」とか「神明」と呼んだのである。したがって、いわゆる「〇〇神」といった偶像的なものではない。

藤樹は、この皇いなる上帝こそが万物の霊ともいうべき人間を生み育てた父母であるとしたが、この点についても『原人論』とほぼ同時期に著わした『持敬図説』に、次のように説いている。

人は天地の中を受けて、以て生まる。而して上帝の子たり。其の志を継ぎ、其の事を述べ、勤動を以て常と為す者なり。（『全集』第一冊、六九一頁）

この『持敬図説』には、さらに「天というは、上帝の別名なり」（『全集』第一冊、六九五頁）とはっきり書かれている。人間は、皇いなる上帝の子であるがゆえに、上帝にかわってそれぞれの社会的立場のなかで、小心翼翼、戦戦競競の態度をもって精励し、実現することにある、という謂いになる。人間を「上帝の子」であるとした藤樹は、『翁問答』に人間の根源および本質について師の答えとして、次のように書いている。

わが身は父母にうけ、父母の身は天地にうけ、てんちは太虚にうけたるものなれば、本来わが身は太虚神明の、分身変化なるゆへに、太虚神明の本体をあきらかにして、うしなはざるを身をたつると云也。

これとほとんどおなじ内容の文章が、『孝経啓蒙』にもみることができる。

身の本は父母なり。父母の本は之を推して始祖に至る。始祖の本は天地なり。天地の本は太虚なり。

（五四頁）

われわれは、父母のあいだの誕生をもって生命のはじまりと思っているが、そうでなくその根源をたどっていくと、天地が誕生するはるか以前、宇宙全体がいわばガス状の《気》で充満していた、原始宇宙ともいうべき「太虚」にまでゆきつく、というのである。宋儒張横渠（一〇二〇—七七）のことばに、「気、太虚に坱然として升降飛揚し、未だ嘗て止息せず」（前掲『近思録』四二頁）とあるのが、このことである。つまり、混沌の太虚の時には、もちろん人間の姿かたちはないけれども、その原始生命体ともいうべきものが、太虚を構成する微細な気にすでに存在していた、というわけである。そういう霊妙不可思議なる人間の生命なるがゆえに、藤樹は『翁問答』のなかで、前述の「神明を信仰するは儒道の本意にて候」の意義を、再度かみ砕くかのように解説している。

天神地示は万物の父母なれば、太虚の皇上帝は人倫の太祖にてましけます。此神理にて観ば、聖人も賢人も、釈迦も達磨も、仏者も我も人も、世界のうちにあるとあらゆるほどの人の形有ものは、皆皇上帝・天神地祇の子孫なり。さてまた儒道はすなはち皇上帝・天神地示の神道なれば、人間の形有て儒道をそしりそむくは、其先祖・父母の道をそしりて、其命をそむくなり。

（『全集』第一冊、三二五頁）

（一八四頁）

こうした深遠にして他の俗儒の及びもつかない儒教観・人間観に立って、藤樹は、その当時の武家を中心とした、封建社会の尊卑観念でおおわれていた日本人に向かって力説したのが、おなじく『翁問答』の次の一節である。

ばんみんはことごとく天地の子なれば、われも人も、人間のかたちあるほどのものは、みな兄弟なり。

（七三頁）

すべての人間は、身分の尊卑にまったく関係なく、皇いなる上帝（＝天、太虚）というひとつの根源から生まれたものゆえに、そうした本質からみると、ひとしく血を分けた「兄弟」にほかならない。よって、上下尊卑といった社会的観念は、そのおりおりの為政者の都合によって作られたものということになる。だれもが身分の尊卑にいっさい関係なく、伊勢参宮すべきであることの確信を、「卑懐」の七絶のなかに込められていたといえよう。

三　門人中西孫右衛門

藤樹の伊勢参宮とは直接に関係しないが、藤樹の門人のなかに伊勢山田出身の中西孫右衛門常慶（一六九五没）がいた。れっきとした中世からつづく外宮の《御師》の家系であって、まことに異色の門人といえるであろう。これまで研究者の注目するところとはならなかったが、本稿において、この機会に取りあげてみたいと思う。常慶は「つねよし」と読む。

まず、『全集』第五冊所収の「門弟子並研究者伝」に、ゆいいつの中西孫右衛門の解説があるので、左に掲出すると、

中西常慶、通称孫右衛門。家世々今の三重県宇治山田市岩淵町松木にあり。中西太夫と称するもの即ちこの家筋なり。此家もと神宮権禰宜の家なりしが、分家して平師職となりしものなり。（三〇一頁）

とあり、この「岩淵町」とは、現在の近鉄宇治山田駅の駅前一帯にあたり、寛永二十年（一六四三）の記録によると、岩淵町の家数は「五百十九家」（前掲『参宮の今昔』二二八頁）にもおよび、外宮に近接しての御師の集住する一大市街地を形成していた。

孫右衛門は、外宮の御師の出身ということであるが、この伊勢神宮の御師とはいったいいかなる職業なのであろうか。伊勢神宮神部署発行の機関誌『瑞垣』第四号（一九三二年）には、御師制度とその歴史について、概略、次のように書かれている。

此の御師なるものは既に鎌倉時代に於て萌芽を認め得られるのであるが、それが南北朝を経、室町時代に至つて長足の進歩を遂げた。御師は各々檀家と称する固定的の得意を有つてゐて、其の関係は極めて密接であつた。尤もそれには一定の縄張があつて互に厳守し、濫りに相犯すべからざる不文律が行はれていた。御師は毎年代官を諸国の檀家に遣して御祈祷の大麻を頒布し、檀家からは若干の御初穂を受けて帰つた。さうして檀家が参宮すれば、必ず一定の御師の家に泊つた。御師は一面に於ては檀家の私祈祷の代理人であり、一面に於ては旅館営業人であつた。さうして其の檀家より受ける御初穂と神楽料と

がその収入の主なるもので、神都に於ける驚くべき多数の御師は、それによつて衣食してゐたのである。（一一三頁）

さて、孫右衛門が藤樹の門人となったのは、岡田氏本『藤樹先生年譜』によると寛永二十年（一六四三）秋、藤樹三十六歳のときで、伊勢参宮からわずか二年後のことである。

秋、中西常慶来テ学ヲ問フ。此冬、『詩経』ヲ講ス。二南終テ已ム。中西氏モ亦与聞。退テ曰、「嘗テ予、洛ニ於テ俗儒ノ講ヲ聞コト久シ。向ニ先生ノ学、世儒ニ異ナルコトヲ聞テ、疑テ以為ク、何事ヲカ説ト。今講ヲ聞テ 大驚テ感服ス」ト。是ニ於テ終ニ弟子トナル。（岡田季誠自筆写本、藤樹書院蔵、一九ウ）

これによると、孫右衛門は、おそらく父の名代として、決められた京都方面の檀家まわりをおこなっていて、その仕事の合間をぬっては、以前から興味をもっていた儒者の講釈を聴聞していたのであろう。それは、たぶん新興の儒教とは、そもそもなにを説いているのか、また神道と儒教との教義は、どういう点が異なっているのか等々、由緒ある伊勢神道の家系にそだった孫右衛門としては、毎年、京都に足を運んでいたがゆえに、おおいに好奇心をそそがれたにちがいない。残念ながら、これまでわが心にのこり感銘をうけるような講釈に出会うことがなかった。ようするに、町儒者の講釈は、朱注にもとづいた四書の解説に終始した、典型的な《訓詁の学》に過ぎなかったのであろう。

ところが、そのような京都の街なかにあって、悶々としていた孫右衛門の耳に、偶然にも隣国の江西という僻地にあって講学している儒者のうわさが入ったので、それでいそいで聴講にやってきたわけである。そしてその冬、一ケ月ほど小川村に滞在して、大洲の門人中川権左衛門などとともに『詩経』の講釈を聞き、また疑問とするところを質問するなど、感銘をうけるにいたったのである。そこで、あらためて孫右衛門の動静について、『全集』をもとに年譜風にあらわしてみると、

○寛永二十年（一六四三）藤樹三十六歳
　秋、中西孫右衛門、うわさを聞いて京都からやってくる。
　冬、『詩経』巻首の国風の「周南」「召南」二篇を受講して感服し、門人となる。

○正保元年（一六四四）藤樹三十七歳
冬、ふたたび小川村にやってくる。それから翌年の夏にかけて、『論語』『書経』『大学』などを受講する。

○正保二年（一六四五）藤樹三十八歳
夏、約五か月におよぶ講習討論をへて帰郷する。そのさい、餞別として講論の要語をつづった漢文書牘「中西子を送る」（『全集』第一冊、一九三～二〇二頁）をあたえる。

冬、孫右衛門から出された何点かの質問にたいする藤樹の和文書簡「中西子に答ふ」（『全集』第二冊、四一八～四二二頁）を受けとる。

○正保三年（一六四六）藤樹三十九歳
この年、藤樹の和文書簡「中西氏に与ふ」一（『全集』第二冊、五二一頁）を受けとる。断簡のため時期不詳。

○正保四年（一六四七）藤樹四十歳
秋八月、藤樹の和文書簡「中孫右に答ふ」二（『全集』第二冊、五二三～五二四頁）を受けとる。

○慶安元年（一六四八）藤樹四十一歳※八月二十五日病没
春二月、藤樹の和文書簡「中孫右に答ふ」三（『全集』第二冊、五二四～五二五頁）を受けとる。

これが孫右衛門にあてた最後の書簡か。


ということになる。

それで、孫右衛門直近の家世を前述「門弟子並研究者伝」から掲出すると、

中西常保――常光――平右衛門常尭――平右衛門常弘――孫右衛門常慶（『全集』第五冊、三〇二頁）

となっている。ところで、文禄三年（一五九四）当時の『山田師職帳』[3]の「岩渕」における御師名は、全部で二十六人をかぞえ、そのうちの九人が「中西姓」であり、そのなかに「中西平右衛門」の名を載せている。この平右衛門が、孫右衛門の父常弘なのか、それとも祖父常尭にあたるのか即断しがたいけれども、孫右衛門の在世からほぼ半世紀前の記録ということになると、「祖父常尭」に比定できるのではなかろうか。いずれにせよ、孫右衛門の家系は戦国時代からの外宮御師であったことは、いうまでもない。

前述正保二年（一六四五）の漢文書牘「中西子を送る」のまえがきは、次のような文章である。ここでは、全集

本でなく筆者所蔵の藤樹自筆書跡による訓み下し文を左に掲載する。（口絵・図3）

中西子、謬って吾を鄙とせず、遠く輔仁の訪いを辱くす。不佞、其の美を成すこと能わずと雖も、益友の寄遇を喜ぶ。相い与に講習討論し、以て摩励の助けを得たり。既に五たび月を閲し、今将に帰らんとす。是に於て講論の要語を叙べ、以て聊か別れに臨み、切偲の情を抒ぶこと左の如し。

藤樹にとって、道をもとめて遠く伊勢からやってきた外宮の御師中西孫右衛門との五か月は、まさしく『論語』の「朋、遠方より来る有り、亦楽しからずや」（新釈漢文大系、明治書院、一九六〇年、一五頁）という悦びの心境であったといえよう。と同時に、藤樹自身においても、孫右衛門のもつ神道思想から得るものが、おおいにあったに違いない。それは、いっぽう通行の講義形式でなく、王陽明の『伝習録』にある「講習討論」という、師弟たがいに学問を深めていく、それまでわが国において前例のない活潑潑地の学習方法を取りいれたことによるものである。

この年の冬にしたためた藤樹の和文書簡「中西子に答ふ」から、孫右衛門は病弱の身であったことがうかがえる。それで中国最古の医学書『黄帝内経』を引用して保養の大切さを説いている。また、孫右衛門は父との意見の衝突があって反発し、そのことでずいぶん悩んでいたことをうかがわせる。藤樹は、父の非を責めるのでなく、伝説上の帝王舜の例をひきあいに、なによりもまず孫右衛門自身の「妄心」を反省し、おのれの「至徳」を明らかにするようにと懇切に説いている。その内容は、次のとおりである。

御親父様に御事被〻成候刻、つかへさかだち申旨、此妄心は是非の素定・好悪の執滞にて候。親の非を見付候処より起り申候。此病根をよく見つけ本来是とする所なく、非とする所なく、好む所なく、悪むとする所なく、真是真非、真好真悪と臨事、感応の心に有ことを能弁へ、此剣にて彼曲者の根を御切捨、……たゞひたすらに自己心上の至徳を明らかにしたまふのみ。是乃学術に所謂自反慎独にて御座候。若こゝにて堕落被〻成候はゞ、万境皆堕落のみにて御座候はん。まづ手の下し易き所にて御受用御励可〻被〻成候。

（『全集』第二冊、四二〇〜四二一頁）

以上の内容から類推すると、孫右衛門が仕事の合間にあちこちの儒者の講釈を聴聞したのは、学術的な要求だけでなく、いっぽうにおいて自身を取りまく人生の葛藤、そのなかには家業にたいする悩みも含まれていたと思われるが、とにかく人生の切実な問題をかかえていたのである。いずれにしても、藤樹からまなび得た《心学》は、ただ孫右衛門の心のうちに収めておくだけでなく、岩淵の関心のある同僚にも語りつたえていたことは、おおいに想像されてよい。この点で興味をそそられる一件を紹介したいと思う。

慶安元年（一六四八）六月、「山田中同志七拾人」とあるから、おそらく外宮の御師をさしているものと思われるが、かれらが金一両ずつを拠出して「豊宮崎文庫」(4)を造立した。この豊宮崎文庫について、たとえば『勢陽五鈴遺響』には、「文庫、豊宮崎高神山ノ東麓ニアリ。外宮祠官徒学校ニシテ、蔵書、講習、討論ノ処ナリ」とあり、また『伊勢参宮名所図絵』には、「宮崎文庫、慶安元年に営建あり。是は外宮祠官等の学校にして、講習討論の寮なり。古今奉納の書籍目録悉く担下に掲ぐ。凡四千部に及べり」とあるように、《講習討論》という成語が頻出している点である。この成語は、まず『伝習録』に出ており、わが国の儒者では、おそらく唯一、藤樹が前述「中西子を送る」にみるごとく、かかる学習方法を公言し実践していたわけである。もともと神道の立場からいっても、《講習討論》の成語が醸成される素地はなかったのではないか。豊宮崎文庫は、一般的には『陽復記』の著者出口延佳（一六一五―九〇）ひとりが創設したように理解されている。それゆえに、孫右衛門などは、まったくおもてには出てこないが、創設の段階から建設的な提案をおこなって、参画していたという根拠のひとつとして、再検討する必要があるように思う。ともかく、孫右衛門と出口延佳とは、岩淵に住む同世代の御師仲間なのであった。

四　結び

藤樹の高弟淵岡山の言行を、その門人たちが書きつづった『岡山先生示教録』巻五に、次のような興味ぶかい記述がある。

　師曰、我昔急事有りて小川より武州へ下る時、先師のたまひけるは、先伊勢へ参宮して可㆓下ル㆒となり

是面白事也、此御趣向思ふに冥加を思召ての事なるへし、冥加を以てハ先様思ひの外、首尾能キものなりとある事なるべし、

(木村光徳『日本陽明学派の研究』明徳出版社、一九八六年、三九一頁)

藤樹の門人となってから間もない頃であろうか、役目のうえで急用ができた岡山は、小川村から江戸青山の旗本一尾伊織のもとへおもむくとき、先生がいわれるには、「まず伊勢へ参宮してから下りなさい」と。このあとの文章は、のちに岡山が京都学館において門人にかたった所感である。すなわち、このおもむきを思うに、先生はきっと「冥加」を思われてのことであろう。冥加をもってすれば、相手方にも、予想外に首尾よくものごとを運ぶことができる、という意味である。この冥加とは、目に見えぬ神明の加護であって、本人のまったく気づかないうちにこうむる陽報ともいえる。藤樹の著作には、冥加の語はどこにも出てこないので、これは岡山の発明といえるであろう。小川村から江戸までの長い道中において、なんら予想だにしないような危険や苦難に遭遇するかも知れない。これは、だれにもわからないことで、そういう意味からすると、冥加はすこぶる適切な語といえよう。岡山はまた、「冥加ハ無心ニ集ル、私知にかぎる時は冥加なし、縦事集ルとても浮へる雲のことし、却而堤の水破れて平地を損るが如し」(前掲書、三三四頁)とも述べているので、冥加という語は、岡山の形成した《心学》において、重要な根幹をなしていたことは間違いない。藤樹が岡山に伊勢参宮をすすめたのは、個人的になんらかの利得を祈願するためでなく、ただひたすら日本人の始祖、ひいては皇いなる上帝にもつうずる祭神の天照大神(=神明)に向かって、無心をもって参拝することの大切さにあったものと推測できる。

こうした門人の伊勢参宮は、岡山だけにすすめたものではなかった。藤樹三十九歳の秋、大洲藩士森村伯仁にあてた書簡に、

加太夫に御言伝相届候条、去月下旬始より以来毎晩同志中、風のさわぎをも御出かと相待候へば、無㆓其儀㆒預㆓御飛札㆒候。先以無㆑難御参宮御仕舞、それまで御帰候旨珍々重々。(『全集』第二冊、五一〇頁)

とあり、加太夫とはいかなる人物かは分からないが、文面から推測すると同僚の大洲藩士であって、かれも藤門

のひとりであったのであろう。また森村伯仁が、どういういきさつから伊勢参宮をすることになったかも不明であるが、伯仁もまた、おそらくにわかに大洲から江戸の藩邸におもむく役目があったので、そのことを他の門人から聞き得た藤樹は、伯仁に伊勢参宮をすすめたものと思われる。そして、書簡は伊勢参宮をおこない江戸での役目を終えて、無事、大洲に帰藩したことを知るにいたったと容易に想像がつく。

藤樹三十二歳のとき、藤樹書院につどう門人のために教育綱領『藤樹規』をさだめたが、これに「天命を畏れ、徳性を尊ぶ」という一項がある。藤樹のすべての行動規範には、ことごとく「天命を畏れる」があり、伊勢参宮もまた、かかる深遠と敬虔の思想に裏打ちせられたものと思われる。

注

（1） 山住正己は、「二、三の友人とともに伊勢の大神宮に参拝している」（『中江藤樹』朝日評伝選、朝日新聞社、一九七七年、二一八頁）とあるが、具体的にその友人とはだれなのか。むしろ、参拝する二年前に入門した大洲の中川熊（謙叔）など、二、三の諸生、つまり門人とともに伊勢参宮したと解釈するほうが、順当ではないだろうか。

（2） 大塩中斎（平八郎）の伊勢参宮のいきさつについては、宮城公子『大塩平八郎』（朝日新聞社、一九七七年）に詳しい。摘記すると次のとおりである。「（天保四年）五月に伊勢神宮の御師で国学者の足代弘訓が洗心洞に訪ねてきた。足代は大塩に、伊勢神宮の宮崎、林崎の両文庫には、古来より奉納の書籍を蔵しているので、朝熊嶽での燔書をやめ、『劄記』両巻を両文庫に奉納することをすすめた。大塩は足代のすすめに従い、その約束によって天保四年夏七月十日、富士登山と伊勢神宮参詣のために大坂を出立する。同行は湯川用誉、窪田良政の二人の門弟と家童である。……」（一六七～一六八頁）

（3） 『伊勢の町と御師』御師廃絶一三〇年記念シンポジウム資料集、皇學館大学ほか、二〇〇二年、一七八頁。なお、寛保三年（一七四三）当時の『山田師職名帳』の岩渕町には「中西孫右衛門」があり、これはおそらく常慶の子もしくは孫にあたるのであろう。

（4） 坂本広太郎監修『神宮文庫沿革資料』神宮文庫叢書四、神宮文庫、一九三四年、四一～四三頁。

中江藤樹の神主

はしがき

滋賀県高島市安曇川町上小川に所在する国史跡「藤樹書院跡」の講堂正面奥の棚上には、江戸初期の儒学者中江藤樹（一六〇八—四八）、ならびにその家族の「神主」十二基が安置されていて、毎年九月二十五日（旧暦のときは八月二十五日）の藤樹の忌日には、清酌、茶、海幸、山幸などの供物をささげての《忌辰祭》[1]が、在郷の関係者によって厳粛に執り行われてきた。慶安元年（一六四八）春、藤樹の住居に隣接して、門人や近郷の同志の発起によって、「拙子屋敷をかひひろめ、講会の書院を立申に相極、今ほど材木など調申候」（「池田子に与ふ」『全集』第二冊、四四三頁）とあり、浄財と奉仕作業をもってあらたに増築されたが、その約半年後の藤樹の死去にともなって、藤樹書院はそののち「講堂」とともに「祠堂」または「祀堂」などと称されることになった。本稿では、かかる「祠堂」と称される所以もふくめて、滋賀県下においておそらく類例のまったくみないであろう儒教の神主の歴史的概観にふれたあと、藤樹神主に関連する二、三の知見について、言及してみたいと思う。

一　神主の歴史的概観

いわゆる仏教の《位牌》に相当するのが儒教の神主（木主とも）であるが、このような神主が一九四九年の新中国成立以前の明清時代において、どのような実態で祭祀せられていたのかを、その具体的事例のひとつを京都帝国大学教授高瀬武次郎（一八六九—一九五〇）の踏査報告からいちべつしてみる。大正二年（一九一三）四月二十六日、公務としての清国事情視察のさい、高瀬は寧波から毎日一、二回の定期の「余姚行の小蒸気船」に乗って姚江をさかのぼり、王陽明（一四七二—一五二八）生誕の地である浙江省余姚県（現余姚市）をおとずれた。生家跡の瑞雲楼とはべつに、市内の中心地、余姚城内の一角にある「龍泉山」という独立した小高い山の中腹あたりに、王陽明関係の遺跡があり、高瀬はまず陽明の父、王龍山公の祠堂に足を踏み入れる。その堂内には龍山公の塑像と神位大牌とが安置されていて、そしておなじ棟つづきの堂宇に、扁額「王文成公祠」の掲げられた王陽明の祠堂があって、高瀬はその内部のようすを、次のようにつづっている。

王陽明先生祠も亦た同棟の堂宇の左の方に在り、祠内には陽明先生の塑像と神位巨牌あり、神位には「明贈新建侯原任新建伯南京兵部尚書兼都察院左都御史王諱守仁謚文成陽明先生」と云ひ、先生の神位の右方には「明進士祈州知州陞南京兵部員外郎転工部郎中諱愛字曰仁横山徐公位」と云ふあり、先生神位の左方には「明国子監丞陞刑部主事遷員外郎署陝西司諱徳洪字洪甫緒山銭公位」と云ふあり、陽明先生の神位は大にして横山・緒山の両位は少しく小なり、蓋し徐銭二公は共に余姚県に生れて陽明先生の高弟なれば此所に附祀せるならん、陽明先生の像も亦た坐像にして極て薄き黒色の鬚髯を蓄へ、兵部尚書の官服を着け笏を持て端坐せり、

（「余姚日記」『陽明学』第八一号、陽明学会、一九一五年、二二頁）

これによると、堂内正面には王陽明の坐像と、その手前には、生前における官職および皇帝による贈位等をしるした縦長の神主（＝神位巨牌）[2]があり、また陽明坐像の左右にはふたりの高弟、徐愛（一四八七―一五一七）と銭緒山（一四九六―一五七四）の神主を従祀されていたことがわかる。さらには、像前の石製几案には、神主以外に香炉、華立て、蝋燭立てなどの祭器が置かれていたこともしるされているので、往時なお忌辰祭が執行されていたことをうかがわせる。

余談になるが、昭和六十一年（一九八六）七月、筆者は第一次藤樹学派友好訪中団の一員として、余姚市をはじめて公式訪問したとき、小高い龍泉山に足を踏み入れた。しかしながら、王龍山公と王陽明の《祠堂》と思われる建物はなくて、《中天閣》という扁額のかかった建物に案内された。近年、市文物局によって修復されたような新しい建物の内部は、陽明の生涯や事績を紹介したパネルと、陽明遺墨「客座私祝」ほか数点をガラスケー

スに陳列した史料館であった。『余姚市志』（余姚市地方志編纂委員会、一九九三年刊）をいちべつしても、王文成公祠については「陽明先生講学処」という項目に該当するのであるが、前述高瀬の報告にあるような《祠堂》にかんする記述はまったくみられない。さきの文化大革命によってことごとく破壊せられ、近年にいたって《中天閣》が建てられたのであろうか。

それはともかく、清朝以前の中国においては、おそらく王陽明のごとき大儒をまつる《祠堂》が各地にあって、そうして地元民によってその祭祀を絶やさなかったことを、高瀬の報告から容易に想像し得るのである。このような神主にかんする古文献をしらべてみると、たとえば宋代の類書『太平御覧』巻五三二、礼儀部一〇に「神主」の項があって、そのなかに逸書の記事として、

礼記外伝に曰く、人君既に葬るの後、日中に虞祭す。即ち木主を作って以て神を存す。廟主の木を用いるは木落ちれば本に帰す。始終の義有り。天子の廟主は長さ尺二寸、諸侯は一尺なり。四向の孔穴、午達して相い通ず。葬るの後、孝子の心目、観るところ無し。故に主を以て其の神を用ゆるなり、と。

五経要義に曰く、木主の状、四方より中央に穿ち、以て四方に達す。天子の長さ尺二寸、諸侯の長さ尺、皆な謚を背に刻むなり、と。

（台湾商務印書館縮刷景印本、一九七四年、二五四〇頁）

とあって、死者を埋葬したのち、その霊を安んずるために宗廟において太陽が南中したときに虞祭が執り行われるが、そのさい木製〔後述にある栗の木〕の神主をつくって、それを死者の霊の《よりしろ》に見立ててなされるのである。その神主には死者の《おくりな》が裏面にしるされる。神主に木材を使用するのは、「始終の義」つまりは生命の連続性、不生不滅、循環きわまりなしというような霊妙の意味をふくんでいる。

これら引用文献の内容は、だいたい漢唐における神主をうかがわせるわけであるが、それよりも宋学（＝性理学）の大成者朱子（一一三〇—一二〇〇）の著といわれる『文公家礼』によって、その後の中国社会の葬礼儀式におよぼした影響はすこぶるおおきい。そのことは、たとえば藤樹書院の神主の型式もまた、まったく『文公家礼』にもとづいていることからもわかる。同書巻一には神主の図とその解説があり、冒頭「伊川神主式の説」という

題目で、次のように書かれている。

主作るに栗を用いる。法を時日、月辰に取る。趺方四寸は歳の四時に象り、高さ尺有二寸は十二月に象り、身の博さ三十分は月の日に象り、厚さ十二分は日の辰に象る。上五分を剡って円首為り。寸の下は前を勒んで頷と為して之を判かつ。陥中は以て爵・姓名・行を書し、之を合せて趺に植える。其の旁らに竅して中に通じ、身の厚さ三の一の如くして、二分の上に居き、其の前に粉塗して以て属称を書し、旁らに祀に主たるの名を題す。贈を加え世を易わるときは、則ち筆滌して之を更む。外改めて中改めず。

（無刊記和刻本、三七丁オ〜ウ）

ようするに、神主の規格の意味を説明したのち、世代が変わるごとに「陥中」の題署はそのままにして、前身の粉塗のうえにしるされた題署は洗って書きあらためるという合理的な仕方で、宋儒程伊川（一〇三三—一一〇七）のさだめた神主型式を説明したものである。それがいかなる歴史的背景にもとづくのか、江戸中期の儒者原双桂（一七一八—六七）の『過庭紀談』巻五にくわしく述べている。諸侯、すなわち江戸時代の大名の神主を例にだして解説したのち、次のように書かれている。

右ニ段々云シ諸侯ノ神主ノ書法ハ、今世上ニ用ユル伊川ノ制ノ神主ノ書法ナリ。古ノ神主ハ伊川ノ制ト大ニ違ヒデ、先ヅ第一陥中無キ故ニ、……古ヘハ天子・諸侯ノミ主アリテ、卿大夫以下ニハ主ナシ、是レ聖人ノ定メ玉ヘル礼ナリト云ヘリ。シカルヲ伊川ノ料簡ニテ、主無クテハイカヾナレバ、庶人マデモ主ハアルベキ筈ナリト思ヒテ、義ヲ以テ起セルナリ。即チ今世ニ伝ハル家礼ノ主ノ制是レナリ。

（日本随筆大成第一期第九巻、吉川弘文館、一九七五年、一〇三頁）

もともと神主は、《趺》と称する台座の真ん中にミゾを彫り、そこに立てられた《身》は一枚板であったが、程伊川によって《前身》と《主身》との分離式となり、その《主身》の中央に「陥中」と称しているミゾが彫られて、そこには「故ト書出シテ、其下ハ皆存生ノ内ノ官爵・姓名ノミヲ題シテ、死後ノ諡ヲ題セズ」（前掲書一〇〇頁）とし、また前身のおもてには胡粉を塗って、そのうえに墨書で「故ノ字ヲ題セズシテ、諡有レバ、諡ヲ書ク」（前掲書一〇〇頁）が、一代一代と世代が変わるごとに、

「顕妣・顕考ノ所ト、孝子某ノ所トヲ書キカユルコト」（前掲書一〇一頁）になる。

また漢唐の時代は、天子と諸侯とに限られた神主であったのが、程伊川の主張によって天下の万民が神主をつくることのできる道をひらいた。これにたいして、原双桂は、「伊川、意ヲ以テ漫リニ大夫士以下マデニ主ヲ用ヒラレシコト、先ヅ第一礼制ニ非ズ」（前掲書一〇四頁）と持論を展開する。と同時に、時代が経過するにしたがい、そのような神主の《書法》の原則がいつのまにか崩れてしまっているわが国の現状にも、原はするどく指摘している。ただ、原が宋学、朱子学を批判して古学を主張した伊藤仁斎の長子、東涯（一六七〇―一七三六）の門にまなんだ折衷学派の儒者であったことは、いきおい程伊川の諸説に批判の矛先を向けるのも当然ともいえるであろう。

二　藤樹と儒祭

中江藤樹の儒祭との関わりにかんする資料はあまり多くはないが、まず岡田氏本『藤樹先生年譜』寛永四年（一六二七）、藤樹二十歳の条に、「夏、儒法ヲ以テ祖父ヲ祭ル」（『全集』第五冊、一三頁）と書かれた記事が初出である。伊予の大洲藩士であった祖父中江吉長が七十五歳にて死去したのは、藤樹十五歳の元服の年であって、このときの葬儀はおそらく仏式でなされたものと思われるが、藤樹はみずから祖父母の神主二基をつくり、『文公家礼』にもとづき自宅にてはじめて《儒祭》を執り行ったのであろう。前述『年譜』藤樹二十歳の条の冒頭に、

先生、専ラ朱学ヲ崇デ、格套ヲ以テ受用ス。是年、始テ中川貞良ノ輩、学ニ志シ同志二、三輩会合シテ大学ヲ講明ス。乃シ聖学ヲ以テ己ガ任トス。

（『全集』第五冊、一三頁）

とあって、藤樹はこの年、家督を祖父から受け継いで百石の俸禄を食む大洲藩士となり、それと聖学・儒学を藩の同僚とともにおさめる武士として、あらたな自覚が醸成されたことに起因するものと思われる。これ以後、藤樹は、すくなくとも二十七歳の冬十月に致仕するまで、自宅の士屋敷において毎年、祖父母さらには父吉次（藤樹十八歳のとき小川村にて死去）の《忌辰祭》を行っていたことはいうまでもない。

もうひとつの資料として、藤樹は慶安元年（一六四八）

八月二十五日、四十一歳にて病没したのであるが、これにともなっての《儒葬》である。そのときの葬礼のようすについて、『藤樹先生行状』には、次のように記録されている。

訃音ヲ聞ク処ノ同志悉ク集リテ、文公家礼ニ因テ喪事ヲ修ム。備前大守少将源光政、イマダ先生ニ面諭セズトイヘドモ、其学ヲ信ズルニ因テ、臣熊沢氏ヲ遣シテ賻ヲ贈ル。門人、棺槨ヲ営ミテ某ノ日、小川ノ邑ノ北ノ地ニ葬ムル。悲哀涕泣シテ其父母ニ喪スルガ如シ。

（『全集』第五冊、六〇頁）

遺骸は、おそらく藤樹の屋敷地内に仮埋葬して、そのあと小川村の北端にある玉林寺の山門前に、「藤樹先生墓」と刻まれた花崗岩製の《墓碣》と、棺をおさめるための石製の《槨》と、それをおおった土饅頭の墳墓が完成したときに、あらためて遺骸をうつして埋葬せられたのである。なお、『書院紀事』によると、備前岡山藩主池田光政（一六〇九―八二）は、家臣の熊沢蕃山を使者に差しむけて「賻儀白銀百枚」を、そのさい蕃山自身も「賻儀白銀廿枚」を遺族に手渡している。そして、この大金をもって、かかる正式な《儒葬》の墳墓を造営したのである。というのは、郷党の有力門人であった安原、中村、岡田、岩佐、松下、吉村、早藤などがすぐさま寄り合って葬儀の方法について相談をかさね、「遠近門葉へ訃音し、石槨を命し畢て儒法の礼を以て葬る、石碑ハ京都書家三方三右衛門書せり」（竹下喜久男編『藤樹書院文献調査報告書』安曇川町、一九九三年、五頁）というような記録があり、かかる大金の具体的な使途について協議がなされたわけである。

また、埋葬地である「宅兆」は、小川村の天台宗玉林寺山門前の境外地を卜した。この墓所の位置を選定するにあたっては、朱子・呂祖謙編『近思録』巻九にあるような思想にもとづいているのであろう。この宅兆説もまた程伊川によるものである。（数字は筆者）

その宅兆を卜するは、その地の美悪を卜するなり。地美なれば則ちその神霊安らかに、その子孫盛んなり。……惟だ五患は慎しまざるを得ず。須らく①異日に道路とならず、②城郭とならず、③溝地とならず、④貴勢の奪う所とならず、⑤耕犂の及ぶ所とならざら使むべし。

（『近思録』下、たちばな出版、一九九六年、五四頁）

未来永劫にわたって墓所改変の起こらない安定した土地こそが、死者の魂魄を安んずるにふさわしい宅兆という『礼記』等にみられる伝統的考え方にほかならない。じじつ、「藤樹先生墓所」のばあいも、三七〇年余をへた現在、国史跡の指定をうけているほどに当初のすがたのまま保存されている。遺骸をおさめた「棺」と、その周囲を石材で加工されたいわゆる「石槨」による二重構造の土饅頭型墳墓の儒葬は、滋賀県下にあってはいうまでもなく唯一のものである。なお、「槨」とは、木棺の腐朽を保護するための《うわひつぎ》のことであって、このような「棺槨」による埋葬方法は、すでに『論語』先進篇にみることができる。孔子にとっては最愛の弟子であった顔回が、わかくして死去したとき、その父顔路が師の孔子が用いている車を材料にして「槨」をつくりたいと願い出たところ、自分の息子孔鯉が死んだときでさえも「槨」を作らなかった、と孔子は答えて断ったのである。それほどに、「槨」はその当時において高価な《うわひつぎ》であったといえよう。

三　藤樹書院の神主

藤樹の死去から一四〇年ほど過ぎた天明五年（一七八五）十月八日、京都の医師橘南谿（一七五三―一八〇五）が東遊の旅の途次、藤樹書院を参詣し白銀を献じた。その見聞の一部始終や藤樹にまつわる逸話について、橘は自著『東遊記』巻四、「藤樹先生」の項に記載している。そのうち神主に言及した箇所だけを拾いだすと、

余、講堂を拝見し、神主をも拝し度由乞えば、〔志村〕周助奥に入り礼服を着して、講堂の鍵を手に持ち、「いざ来たり給え」と引連れて行く。扨、講堂を開きたるに、堂はかやぶきにて、間数四間あり。……押入の内に深衣を着せる絵像あり。釈菜の時の図と云う。其前に厨子あり。其内に神主あり。上箱に、「先生姓中江、諱原、字惟命、号頤軒、称藤樹先生、慶安元年戊子八月廿五日卒、葬邑東北玉林寺」の三十八字あり。箱の内に神主常法のごとし。

（『東西遊記』東洋文庫、平凡社、一九九四年、六四～六五頁）

とあり、藤樹以外の家族の神主も、おなじ正面奥の押入

れの棚上にならべて安置されていたわけであるが、橘はことさら藤樹の神主にのみ注意をはらっていたことがうかがえる。

　さて、現在藤樹書院に安置されている神主は、全部で十三基をかぞえる。その大きさは一定していないが、形状はほぼおなじである。ただし、前述伊川式とは異なる、いわば一枚板の《身》としてつくられた神主が一基だけある。それぞれ神主に墨書された題署を次に列記する。このうち江戸末期に書かれた『書院紀事』（藤樹書院蔵）には、十基の神主が図化されている。それを明示するために、各氏名の下に◎印をつけた。また、陥中の題署には、便宜上読点をふし、新字体の漢字をもちいた。

〔A1〕中江藤樹　◎　※高さ一尺、幅三寸

　前身の粉面「藤樹先生神位」

　主身の陥中「中江与右衛門、……（不詳）……、字惟命、大宗神主」→粉面剥離のため不読。

　※外箱「先生姓中江、諱原、字惟命、号顧軒、称藤樹先生、慶安元年戊子八月二十五日卒、葬邑東北玉琳寺」

中江藤樹神主〔A1〕

藤樹死去に際して作られたもの。分解した状態で、陥中の文字は剥離している。組立式。

向かって左が祖父中江吉長の神主、右が祖母甫東夫人の神主、いずれも藤樹の手筆によるものである。

向かって左が父中江吉次の神主、右が母市の神主。父の神主は藤樹の手筆によるもの。

〔A2〕**中江藤樹** ◎

前身の粉面「顕考惟命府君神主」

主身の陥中「与右衛門公、姓中江、諱原、字惟命、大宗神主」

〔A3〕**中江藤樹**

前身の粉面「贈正四位中江与右衛門神位」

主身の裏面「明治四十年十月二十三日御贈位宣下」

※伊川式でなく一枚板である。

〔B〕**祖父吉長** ◎

前身の粉面「顕曽祖考吉長府君神主」

主身の陥中「故徳左衛門公、諱松、字吉長、中江氏、大宗始祖神主」

〔C〕**祖母甫東** ◎

前身の粉面「顕曽祖妣吉長甫東夫人神主」

主身の陥中「故東夫人、諱　、中江氏、大宗始祖神主」

〔D〕**父吉次** ◎

前身の粉面「顕祖考吉次府君神主」

主身の陥中「故徳右衛門公、諱丞、字吉次、中江氏、小宗始祖神主」

〔E〕**母市** ◎

前身の粉面「顕祖妣北川氏孺人神主」

主身陥中の右側面「故栄松夫人、諱市、北川氏、中江氏、小宗始祖神主」

主身の陥中「歳八十八、以寛文五年乙巳十二月二十二日卒」

〔F〕**夫人久** ◎

前身の粉面「顕妣惟命公夫人高橋氏神主」

主身の陥中「中江惟命公夫人、名久、高橋氏、神主」

〔G〕**長男太右衛門** ◎

前身の粉面「顕兄太右衛門府君神主」

主身陥中の右側面「寛永十九年壬午十一月廿三日、生於江州高島郡小川村」

主身の陥中「故中江氏、仮名太右衛門、諱虎助、字宜伯、神主」

主身陥中の左側面「寛文四年甲辰五月十一日、卒於前備州三野郡岡山城下」

〔H〕**次男藤之丞** ◎

前身の粉面「顕兄藤之丞府君神主」

主身陥中の右側面「以正保三年丙戌正月二十五日、

生於江州高島郡小川村」
主身の陥中「故藤之丞、氏中江、諱仲樹、神主」
主身陥中の左側面「寛文五年正月廿三日、卒於城州愛宕郡京師、歳二十」

〔I〕**後妻婦理**
身の表面「別所氏婦理女神主」
身の裏面「(題署なし)」
※伊川式でなく位牌のごとき一枚板である。

〔J1〕**三男弥三郎** ◎ ※高さ七寸、幅二寸
前身の粉面「常省先生神主」
主身の陥中「中江弥三郎、季重、神主」
※外箱「先生、姓中江、諱弥、字季重、称常省先生、近江国高島郡小川邑人、考諱原、字惟命、称藤樹先生、妣別所氏、慶安戊子七月四日生、宝永己丑六月二十三日卒、年六十二、葬邑東北玉琳寺先塋之側、娶長谷川氏、生二男一女」

〔J2〕**三男弥三郎**
前身の粉面「顕考季重府君神主」「孝子藤助奉祀」
主身の陥中「(未確認)」
※『書院日記』享保十年(一七二五)二月廿五日の条に、「右之同志来会、両先生時祭、常省先生神主新成奉二納祠堂一、講衛霊篇」とあって、この神主は〔J1〕でなく〔J2〕に該当する。なぜなら、「孝子」中江藤助は、当時対馬藩の学校奉行であり、享保十八年(一七三三)六月十日、享年六十歳にて死去していることから知り得るのである(『全集』第五冊、二三六頁)。

以上、全部で十三基をかぞえる神主をつうじて、ここで四点ばかり事実関係を整理しておく必要がある。

第一点。〔B〕〔C〕〔D〕の神主三基は、藤樹自身が大洲在藩時代に作られたものである。それには三つの理由がかんがえられる。まず、祖父吉長は藤樹十五歳のときに、祖母甫東は藤樹十四歳のときに、父吉次は藤樹十八歳のときにそれぞれ死去しており、したがって岡田氏本『年譜』の記事からしても、藤樹は二十歳以降、この三人の《忌辰祭》を行っていたものと思われること。次に、陥中の題署は、いずれも「故○○諱○○字○○姓○○神主」というように、『文公家礼』の書法にもとづいてきちっと書かれていること。次に、前身の粉面と陥中両方の文字の書体を照合すると、いずれも同一人物の筆跡で

あって、これはすなわち藤樹の手筆にほぼ間違いがないこと。この三基でとくに注意すべき点は、たとえば前身の題署の「祖」字のつくりの「且」が「旦」になり、陥中の題署のおなじ「祖」のつくりもまた「旦」になっている。現存する藤樹の書跡のなかには、このような独特の異体字をもちいたものもみることがある。また、〔B〕の陥中の「徳左衛門」における「左」字の「工」は「ヒ」になっているが、これによく似た書跡の一例として、教育綱領「藤樹規」(『全集』第一冊、一三五頁コロタイプ図版)がある。さらに注意すべきは、『文公家礼』には前身の粉面の左下にちいさく「孝子某奉祀」とあるが、これには三基ともほんらい書かれるべき「孝子惟命奉祀」という墨書がみられない。藤樹は、あえて書かなかったのであろう。その理由として、自身孝子にあらず、という謙遜の態度があったのかも知れないが、いずれにせよ、今となればすべて推測の域を出ない。

ところで、藤樹の門人小川庄治郎の末裔にあたる小川喜代蔵(一八六九—一九三七)は、つとに『藤樹先生全集』全五冊の編さんにもたずさわった篤学の士であるが、小川は〔D〕〔E〕の神主について、

先生の御両親を祖考・祖妣など書いてあるのは、儒式に於きましては、その祀る人が異なる毎に書きかへるからでありまして、これによつて先生の御令息がお祀りになつた神主であることが判明致します。

(『藤樹先生—遺跡と遺品』藤樹頌徳会、一九三四年、六頁)

ということで、藤樹の三男弥三郎の作った神主であると考察されている。文字上からすると、たしかにそのとおりなのであるが、〔B〕〔C〕の陥中の題署が「大宗始祖」に、〔D〕〔E〕のそれが「小宗始祖」とあるので、藤樹は祖父母を儒法で祭祀するにさいして、あえて《中江家の始祖》と位置づけて「曽祖考」「曽祖妣」とし、それにつづく父母ゆえに「祖考」「祖妣」と題署したものと推測されるのである。もっとも、〔E〕の場合は、藤樹の没後に作られたものであることはいうまでもない。なによりも、〔B〕〔C〕〔D〕の文字が藤樹若年の筆跡であることには相違ないので、小川の御令息説に同意することはむつかしい。ともかく、藤樹二十七歳の冬、老母の侍養を理由に大洲藩(正しくは新谷藩)を致仕したとき、家童がたずさえた荷物のなかに、藤樹手沢の蔵書とともにこの神主三基もふくまれていたのである。

第二点。〔A2〕〔E〕〔F〕〔G〕〔H〕の神主五基は、藤樹の三男で、唯一の直系遺族となった弥三郎が、京都から小川村にもどった最晩年の数年間、忌辰祭を執行するにさいして、あらためて作られたものと思われる。というのは、前述『書院紀事』には全部で十基の神主図が掲載されており、そのうちの八基の神主図の冒頭に、「以下先廟神主、常省先生ナサル、也」（前掲『報告書』二四頁）と附記しているのは、この意味にほかならない。また、粉面の左下には、前述のように細字で「孝子某奉祀」と書かねばならないが、それがみられない。弥三郎は、十一歳以降、備前岡山藩や対馬藩、あるいは京都や江戸などで生活を余儀なく送って郷里をほとんど留守にしていたこと、さらには父藤樹みずから作られた神主〔B〕〔C〕〔D〕にもそれが書かれていないこともあって、《孝子》には程遠いという信条から遠慮したものであろう。ただ、そういう理由かはわからぬが、その当該部分に胡粉を上塗りしたような形跡もあるので、さいしょは「孝子弥三郎奉祀」と書いたけれども、すぐに消してしまったとも推測できよう。

第三点。三基ある藤樹の神主のうち、〔A1〕はやはり葬礼のときに作られたものとみなされる。この神主については、小川は次のような見解をくわえている。

> 唯今祠堂の正中に祀つてある藤樹先生の神主は「藤樹先生神位」となつて居ります。これは神主は永久的の場合で神位は一時的の場合でありますから、こゝに神位と書いてあるのは、或る時代に門人または、門人の子孫などが祭典をなど行つた場合に「顕考惟命府君神主」では適当でないから、一時的に「藤樹先生神位」にして、お祀りしたのが、そのまゝになつたものと考へられます。
>
> （前掲『藤樹先生─遺跡と遺品』六頁）

小川は、「神位は一時的」という見方をしているが、それに該当する門人の子孫などがおこなった儒祭とはいかなるものか、判然としない。さらに、藤樹書院の歴史において、そもそも「藤樹先生神位」を作らねばならないような特別な儒祭があったとは考えられず、やはり《仮埋葬》のときのいちばん大事な神主とみるのが妥当である。

このことは、〔J1〕の神主にもあてはまり、次のような記述からも弥三郎死去のとき、藤樹とほぼおなじ儒式の《葬礼》が執り行われ、そのさいに作られたものと推測し得るのである。ただし、現状の墳墓をみるかぎり木棺だけのもので、石槨をもちいた形跡はないように思われる。弥三郎の儒葬にかんしては『書院紀事』に、

長病故勝手も不如意に成、安原節斎氏の世話にて京地を仕舞、宝永己丑五月、古郷小川へ帰、六月廿三日六十二歳にて没故せらる、近処の同志相集り文公家礼の法を以て玉琳寺先塋の側に葬る、其後門人岡田季誠諸方同志中へ相談し、石碑を建立し常省先生墓と記す、（前掲『報告書』三二頁）

とあり、現在、棚上の中央に置かれた〔A2〕は、〔F〕とともにおなじ厨子のなかに収められ、しかも粉面の題署に「孝子某奉祀」がみられないという点からすると、やはり最晩年の弥三郎が作ったことは既述のとおりである。

第四点。とりわけ問題になるのは、『文公家礼』の伊川式に似せて、その方式をまったく無視した〔A3〕の神主である。これは明治四十年（一九〇七）の中江藤樹の贈位にさいして新たに作られた神主であって、もちろん江戸時代の神主ではない。「儒祭トハ儒礼ヲ以テ其祖先等ヲ祭ルヲ云フ、……祭日ハ春夏秋冬ノ仲月ヲ用ヰ、或ハ家事ノ繁閑ニ依リテ、春分秋分ノ二日ニノミ行フコトアリ、又忌日祭アリ」（『古事類苑』礼部式二、吉川弘文館、一九七九年、一三二八頁）という宗教的色彩のじつに濃いものであるから、神主の本義から逸脱したことになるわけである。

じじつその時期、藤樹書院司書の職にあった小川は、あまりこころよく思わず、高島郡長あてにしたためた異議申し立ての草稿が、小川家文書（現在、近江聖人中江藤樹記念館に寄託）に残されている。しかし、それが実際に提出されたか否かは知るすべもないが、ともかく文面は藤樹書院の歴史を踏まえて、新調予定の神主はその本質から逸脱しているという小川の主張であり、憂慮であったことがうかがえる。すこし長い引用になるが、その内容は次のとおりである。（筆者、句読点）

謹啓　側かに拝承致候へハ、今回、藤樹先生贈位奉告祭御奉行ニ際し、神位新ニ御作りなされ祠堂ニ御安置遊される由、誠ニ千慮之御一失と深く遺憾ニ存候。依而無礼を顧みず、敢て一書を呈し候。抑神位ハ申すまでもなく、祠堂唯一無上の尊体にして、神

聖犯すべからざること、神社の御神体ニ異ならずと存候。……現今祠堂之奉祀せる神位は、何時頃ニ安置されしものなるや明かならず候へども、恐くは享保五年以前なりしことは、略々想像せられ申候。果して然らば、京都学派の勃興ニ際し、京・江戸・勢・奥・備の学者盛ニ礼拝せるも、この神位ニ候。伊藤東涯其他、異流の学者が先生の徳を慕ひ来りて拝したるも、この神位ニ候。佐藤一斎・大塩中斎など、王学再興之碩儒来りて拝したるもこの神位ニ候。上下二百余年、祭祀怠りなかりしも、この神位ニ候はずや。斯ゝる由緒深き神位の厳然として安置せられしニ、殊更御新調なされる事ハ如何ニ御座候はんと恐察仕り、贈位の天恩は固より謝すべく、先生の遺徳は発揮ニ努むべしといへども、神位新製の一事ニ至りては、却而先生の神威を汚し、士民崇敬の念をして、薄からしめざるやを危み申候。不肖、愚直黙秘するに恐れず、敢て微衷を披瀝致し、閣下明察希くは御採用あらんことを、伏して懇願仕候。恐惶謹言

結果として小川の主張は取りいれられず、高島郡役所によって〔A3〕の神主を新調し、贈位奉告祭が執行されることになった。そのときの経過概要は、『高島郡誌』(高島郡教育会、一九二七年)に記載されている。

(明治)四十年十月廿三日、藤樹に贈位ありたるを以て、十二月六日書院に於て、裔孫対州中江勝に位記を伝達す。同四十一年、郡民一同の協賛を以て書院に於て、六月二十三日藤樹先生贈位奉告祭、翌二十四日常省二百年祭を挙行す。祭典儒式。青柳村長図司鹿次郎を祭主とし、助奠、助事、知炊兼進盥等常の如し。　(八二七〜八二八頁)

この神主〔A3〕は、つとに〔A1〕とともに扉を閉めたまま厨子に安置されてきたので、明治四十一年(一九〇八)以後において参拝の人の目に触れることはほとんどなかった。藤樹書院としては、ある意味において、小川の反骨的精神がこのようなかたちで承継したといえなくもない。

四　書院以外の藤樹神主

藤樹の神主は、既述藤樹書院の三基以外に、すくなくともかつて三基作られ、それぞれに奉祀されていたこと

が、諸資料から知り得るのである。

(イ) 備前八木山の藤樹神主

兵庫県境にちかい岡山県備前市八木山の、四周山林にかこまれた鏡石神社[3]の境内の一角に、《神主堂》とよぶちいさな祠堂[4]があって、その内部の棚上に全部で四基の神主が安置されている。そのうちの一基が、前身の粉面の中央に「藤樹先生神主」、左下隅に「門人奉祀」と小さく題署せられた伊川式の神主である。また、棚上の右端にも、ほぼおなじおおきさの伊川式神主があって、それには粉面の中央に「顕考守久府君神主」、粉面の左下隅に「孝子熊沢二奉祀」と題署せられていて、しかも両神主の文字は謹直な楷書体でまったく酷似している。同一人物による揮毫であることから、これはまちがいなく熊沢二郎八、すなわち熊沢蕃山(一六一九—九一)の制作によるものである。

なぜ藤樹の神主が、このような備前国の東端の神社境内に祀られていたのであろうか。岡山藩主池田光政(一六〇九—八二)の嘉言等をまとめた『有斐録』に、藩主は家臣の蕃山をつうじて、徳行の儒者藤樹の心学にふかく傾倒せられていたので、藤樹の死去をうけて「神主を西之丸に設給ふ」(『史籍雑纂』二、国書刊行会、一九一一年、三二三頁)とあることと、光政の死去にともなって藤樹の神主は、西の丸から八木山にある池田家ゆかりの神社に移された、という伝承もあることから、ようするに、光政が蕃山に命じて藤樹の神主を作らせて、それを西の丸に奉安してみずから《忌辰祭》を行っていたが、光政の死去をうけて次期藩主綱政の命によって鏡石神社に移されたといえるであろう。『全集』編さんの過程において、この鏡石神社の《神主堂》を現地調査した小川喜代蔵は、そのときの感懐を次のようにしるしている。

編者、昭和二年一月廿八日、社掌八木安太郎氏の案内にて参拝し親しく拝観することを得たり。神龕並櫝すべて純然たる儒式にして藤樹書院祠堂に奉祀せるものと些の異同あるを見ず。こゝに於て芳烈公のその昔を思出でて無限の感に打たれたりき。

(『全集』第五冊、二四六頁)

なお、蕃山の養父熊沢守久の神主については、あるいは蕃山の岡山藩致仕をして備前を離れたのち、山城や大和を転々としていたある時期に、先師藤樹の神主を奉安している鏡石神社の《神主堂》に安置することを岡山藩に願い出て、実現したのではなかろうか。

（ロ）京都学館の藤樹神主

蕃山とならび称される高弟のひとりで、なかんずく「藤樹心学」の日常底に重きをおいた奥州仙台出身の淵岡山（一六一七―八七）は、藤樹没後、他の門人たちとは袂をわかって「岡源右衛門」と名をあらためて、ながく洛中に身をひそめていた。そして、ある事情のほとぼりが冷めた延宝二年（一六七四）、岡山は西陣の葭屋町徳屋町にあった豊後臼杵藩五万石（藩主稲葉景通）の屋敷地が売りにでていたのを十五貫三百目で買いもとめて、そこに年来の志願としていた講舎《京都学館》を開設した。その場所は、現在の堀川通にめんした晴明神社の境内あたりと推定されている。会津北方の『北川親懿翁雑記思案録抄』に、

藤樹先生之祠堂を建、書院を奥に、居間を書院に、中を会所に被レ成、御祠堂へは表裏縁伝に往来致候由。此学館は岡山先生聖学為二基本一、年来御願被レ為レ建、藤樹之道後世綿々として永久ならん事を欲し給ひ、諸生を集めて学脈を教示し給ふ。……岡山先生御在世之内に、藤樹之学筋廿四ヶ国へ渡り候由。

（木村光徳『日本陽明学派の研究』明徳出版社、一九八六年、六一八頁）

とあるように、学館は先師藤樹の神主を奉安する「祠堂」と、講釈場の「会所」および住居の三つの建物から構成していたことがわかる。ここの藤樹神主が、どのような題署であったかまでは知り得ないものの、八木山の例から推測すると、おそらく淵岡山自筆の「藤樹先生神主」「門人奉祀」であったにちがいない。そうして、創設からおよそ百十年余をへた天明八年（一七八八）正月三十一日、禁裏や二条城にも飛び火しての京都大火のために、京都学館も類焼し、土蔵だけが災禍をまぬがれた。そのような状況を知らされた会津北方の同志が、学館主淵良蔵にあてた書簡のなかに、

御祠堂并御居宅御類焼之趣被二仰聞一、命分とは乍レ申、扨々皆々一同気之毒に奉レ存候。併先師之神主は御供奉被レ成二御立退一、御家上御怪我も無二御座一候由、此上之御義大慶仕候。依ては当時土蔵相残候に付、是へ仮屋御立継住居被レ成候由、嘸御不自由可レ被レ成

と奉レ祭候。（前掲『日本陽明学派の研究』五九五頁）

とあって、さいわいにも藤樹神主の焼失はまぬがれたことがわかる。しかしながら、そのごの学館の再建は、会津北方同志の熱意もむなしく資金不足のために、ついに実現には至らなかった。それゆえ、学館の藤樹神主の行方は今となってはまったく不明で、歴代館主であった淵岡山の末裔が保管している可能性もかんがえられるが、あるいは会津北方の地に移されたことも、可能性としてはあるであろう。

（八）伊予大洲の藤樹神主

江戸中期の著名な陽明学者三輪執斎（一六六九—一七四四）は、江戸下谷に私塾明倫堂をひらいたが、そのさい同志の企画で、「藤樹先生祠堂ヲ建申度之由」があって、その資金もすこしは集まったときに、三輪がにわかに京都へおもむくことになった。それを中心となって推進する者がいなくなったために、祠堂建設計画が頓挫したことを、『書院紀事』所収の某氏書簡のなかにみることができる（前掲『報告書』二〇頁）。

それから執斎の死去にともない、高弟の川田雄琴（一六八四—一七六二）は、延享四年（一七四七）に江戸の明倫堂を閉鎖して、伊予国（愛媛県）大洲藩へ移すことにした。これは、つとに大洲藩主加藤泰温が師の三輪執斎を藩儒に迎えたいという要請を聞知していたこと、またこの年は、ちょうど《藤樹先師没後一百年》にあたることから、雄琴はその歴史的えにしをふかく感じて、藩校「止善書院明倫堂」の教授として大洲藩におもむくのである。そして同年八月二十五日、新築早々の祠堂において、雄琴は「藤樹先生を祭るの文」を表白する。その文中に、

恭しく惟うに、先生の卒、今を距つこと一百年なり。而して今日適たま其の忌日に値う。是より先、先侯既に祠堂を建てるの命有り。而して邇くは堂宇新たに成る。嗣侯亦た継述の孝有り。今日、神霊を此の堂に安んじ、臣川田深をして之を祭らしめ、臣永田某に命じて代わって是に拝せしむ。（『全集』第五冊、三五九頁）

とあるように、この「神霊」がすなわち藤樹神主であって、おそらく雄琴は、大洲へ下向する途次、藤樹書院をおとずれて藤樹神主を拝し、それを参考にして作った伊

川式の神主を奉安したものと推測される。ところが、半世紀後の寛政十一年（一七九九）七月二十一日、大洲城下において大規模火災が起こり、大洲城の二重櫓一所、侍屋敷をはじめ町家類焼八百軒以上が焼け、そうして大手門南の止善書院明倫堂も類焼した。しかしながら、藩主泰済の厳命もあって藩校の再建はすこぶる進捗し、翌年九月二日には、はやくも再興をみることができた。それ以後、藩校は「明倫堂」と改称せられたという（『大洲市誌』大洲市誌編纂会、一九七二年、六八二〜六八三頁）。おそらく、祠堂と講舎とを併合したような一棟の建物だったように思われる。ただ、明治初年の廃藩ののち、ここに奉安されていた藤樹神主が、どのような行方をたどったかは、その記録がないためにまったくわからない。

五　結び

五経のひとつ『礼記』檀弓上篇に、「喪は三日にして殯す。……三月にして葬る」（『国訳漢文大成』経子史部四、国民文庫刊行会、一九二〇年、四八頁）とあって、この記述にしたがうと、藤樹死去の三日後に、その遺骸を棺におさめて、土を浅く掘って仮埋葬したものとかんがえられる。その仮埋葬の場所は、既述のごとくおそらく生家と講舎の建っている屋敷地内の一隅といえるであろう。そして、九十日以内をもって《墓碣》と《石槨》の製作を石工に発注し、そのあいだに《宅兆》を卜して村の北端、玉林寺の山門前にさだめて、その年の冬に儒式の本葬が執り行われたものと思われる。既述のような葬礼にさいして、遠近の同志や郷党の人たちが、まるで自分の親を失ったかのように泣き悲しんだ（『藤樹先生行状』『全集』第五冊、六〇頁）というのは、まさしくこの本葬のときにほかならない。なおもって注意すべきは、「藤樹先生墓」ときざまれた《墓碣》[5]と、伊川式の神主（A1）との形状を比較すると、全体的にすこぶる酷似しており、こうした点にも儒祭の一貫性・統一性・合理性を看取することができるのである。

　最後に、藤樹書院以外にも、伊川式の神主はすくなくとも小川村（滋賀県高島市安曇川町上小川）の民家に五基、近隣の東万木村（同市安曇川町青柳）の民家に四基、南船木村（同市安曇川町南船木）の民家に四基、五番領村（同市安曇川町五番領）の民家に九基、合計二十二基をかぞえ、そのほとんどは江戸前期のものであることが、

『全集』第五冊所収の「門弟子並研究者伝」に明記されている。それらの所在で共通するのは、いずれも中江藤樹の謦咳にせっした門人の居宅であって、かれらは武士や村三役、郷士など、地域の有力者でもあった。本稿では、そのうちの神主二基のみ紹介すると、藤樹書院のすぐ南となりに屋敷のあった志村忠左衛門吉久（一六七九没）の神主は、

前身の粉面「顕祖考吉久府君神主」

主身の陥中「故志村忠左衛門、諱吉久、神主」

であり、東万木村の朽木藩士岡田八郎右衛門仲実（一六七〇没）の父の神主は、

前身の粉面「顕考道了光信府君神主」「孝子岡田猪奉祀」

主身の陥中「故又右衛門尉、岡田氏、号道了、諱若、字光信、神主」

であって、いずれも藤樹書院とおなじ伊川式を踏襲していることがわかる。この「岡田猪」とは岡田仲実のことであり、その妻は熊沢蕃山の妹野尻美津であった。また、五番領村の中村所左衛門仲直（一六六二没）も、藤樹の謦咳にせっした門人のひとりであったが、ことに「中村氏は明治十七、八年頃に至るまで儒式を以て祭祀を行ひしものなり」（『全集』第五冊、三一八～三一九頁）とあって、以上のように藤樹没後、すくなくとも十七世紀の末ごろまで、藤樹の遺徳をかいしての儒教の影響力が、地下水のごとく浸潤していたことを、これら神主の存在から知り得るのである。

注

（1）藤樹書院における九月二十五日の儒式祭典は、幕末から明治にかけての一時期、途絶えていたものと思われる。というのは、明治三十年（一八九七）の「藤樹先生二百五十年祭」の忌辰祭を執行するにさいして、京都下御霊神社の出雲路興通社司から、その祭式のこまかな作法や設営のしかた等のアドバイスをうけていた記録が残されている。このときの祭式が、現在続いている儒式祭典である。

（2）高瀬武次郎の視察時期にほどちかい頃に撮影されたものと思われる王陽明坐像の写真が、三田村泰助『明と清』（世界の歴史一四、河出書房新社、一九九〇年）の一七三頁に掲載されている。訪中団は、残念ながらこの坐像をみることはできなかった。

（3）鏡石神社の由来について、『岡山県の地名』（日本歴史地名大系、平凡社、一九八八年）には、次のように書かれている。

八木山の御影堂に鎮座する。主神は火星照命、旧村社。神主八木家に伝わる寛文一〇年（一六七〇）の鏡石神社遷宮祝詞によると、明暦年中（一六五五〜五八）池田光政が熊沢蕃山に命じ、古くからあった鏡石明神を祖父池田輝政の神像を相殿神とする新しい神社として再建したという。「吉備温故秘録」は祭神を鏡石とし、これについて「岩の面方二間計、光り有りて物の影をうつす事鏡のごとき所一尺五六寸なり、中古故有りて少しはくもるといへども、今に光り明らかなり」と記す。これが本来の鏡石明神であろう。（三八四頁）

（4）筆者は、令和元年（二〇一九）十一月十七日、備前市の郷土史家竹内良雄先生のご配慮を得て《神主堂》の内部をあらためて調査することができた。その後、竹内氏は鏡石神社のカラー印刷のパンフレットを制作され、そこに藤樹の神主以下写真入りでくわしく紹介されており、貴重な啓蒙資料をつくられた。

（5）「藤樹先生墓」とほぼおなじ形状・規模・題署書体の墓碣が、高島市安曇川町青柳の浄土寺境内にみることができる。それには「中村重節墓」ときざまれており、おそらく重節は、藤樹の書簡から、もとは大洲藩士であったことがうかがえる。師と同様に致仕して浪人となり、そして藤樹書院へやって来て門人となったのであろう。藤樹没後もなお藤樹書院にとどまり、ついに異郷の地でその生涯を終えたものと思われる。その墓碣の所在から、おそらく朽木藩士岡田仲実の庇護を得て起居していたのであろう。残念ながら、墓碣の背後にあった土饅頭の墳墓は、すでに失われている。また、岡山市平井の広大な墓地群には、「中川謙叔墓」ときざまれた墓碣がみられる。その形状・規模・題署の書体、いずれも「中村重節墓」と酷似している。それとともに、墓碣の背後にあったであろう土饅頭の墳墓もまた、すでに失われている。

中江藤樹の門流形成

はしがき

中江藤樹（一六〇八―四八）門下における高足の門人といえば、熊沢蕃山（一六一九―九一）と淵岡山（一六二七―八六）のふたりを挙げることができる。このことは、古典的名著ともいうべき井上哲次郎の『新訂日本陽明学派之哲学』（冨山房百科文庫、一九三八年）に、かかる人名までは明記していないものの、

藤樹の学派は、藤樹死後次第に二派に分かれたり。或るものは自反慎独の工夫に力を用ひ、個人的倫理の実行を主とせり。然るに或るものは其学び得たる所を国家に応用し、公共的倫理の実行を主とせり。即ち省察派と事功派、是れなり。（一一四頁）

とあり、前者の「省察派」の継承者といえば淵岡山であり、後者の「事功派」の継承者といえば、いうまでもなく熊沢蕃山にほかならない。それゆえ、井上の著書は、つづいて「第二章、淵岡山」「第三章、熊沢蕃山」という項目を起こして、とりわけ蕃山の記述は詳細をきわめている。また、それに関連していうと、源了圓は、「藤樹の死後、その学問は熊沢蕃山を中心とする事功派と、淵岡山を中心とする慎独派の二つに分かれた」（『徳川思想小史』中公新書、一九七三年、五〇頁）というように述べている。ところが、『集義和書』巻一三には、蕃山みずから、

心友問。先生は、先師中江氏の言を用ひずして、自らの是をたて給へる、高慢也、と申者あり。（『陽明学派』上巻、春陽堂、一九三五年、二九五頁）

として、その当時の世間のきびしい風評を告白している。さらに、蕃山の主著『集義外書』巻二においても、

来書略。人の申候は、貴老は江西に学給へども、江西の学にあらずと。いかゞ。其故御座候哉。（『陽明学派』中巻、春陽堂、一九三五年、二二五頁）

とあって、蕃山自身は藤樹の門人であることをあえて避けて、自身の学説を前面に押し出していた形跡がうかがわせる。それがために、おなじ藤樹の門人であった大洲藩士清水十兵衛季格（のちに西川季格と名乗る）などは、以前からそのような蕃山の著作や風聞にたいして、にがにがしく思っていたので、ついに蕃山没後ではあるが、『集義和書顕非』を江都の書肆から上梓して、

> 彼少しく此和書等を云ひ述るも、皆先師の徳化なり。先師に学ばざれば、一言も述ることならんや。嗚呼集義和書の中、集義に非ずして背義たる事少なからず。（前掲『陽明学派』上巻、四四四頁）

と、先師の恩を忘れてしまったのか、というような痛烈な蕃山批判を浴びせたのである。

もっとも、西川季格は、淵岡山の《省察派》に属して[1]いたわけではないが、がいして心情的には《省察派》にちかい思想の持ち主であったように思われる。いずれにせよ、こうした思想の微妙な対立状態が、すでに藤樹在世の蕃山と岡山とのあいだに萌芽していたのか否か。それとも、藤樹没後になって感情的なミゾが生まれたのか。筆者は、結論的にいうと、ふたりの当事者同士にはなんら対立感情はなかったと推断しているが、本稿ではこれまであまり論及することのなかった部分にも、若干のヒカリをあててみたいと思う。

一　蕃山の入門

熊沢蕃山（一六一九―九一）は、父野尻一利と母熊沢亀女との長子として京都五条の稲荷に生まれ、八歳のとき、水戸の外祖父熊沢守久の養子となり、十六歳のとき、縁族の推薦を得て備前岡山藩主池田光政に仕えた。しかし、二十歳のとき、藩主の許可を得ずに行動したことで、藩に迷惑をかけたとして致仕した。浪人となった蕃山は、家族とともに祖母の故郷である近江国蒲生郡桐原村（滋賀県近江八幡市中小森町）の伊庭氏をたよって、寄寓することになった。この浪人時代の蕃山の消息、ことに中江藤樹との出会いの前後について、自身の著『集義外書』巻六のなかで、次のように回顧している。

> 無用の事に精神を労し、病気に成て後、二十二歳の時、初て四書の文字読を習ぬ。集注に仍て四書を学びき。廿四の七月高島に行て、中江氏に逢て、うたがはしき事をとふ。帰て又九月に高島に行て、来年

の四月まで居て、孝経・大学・中庸を学びき。それより後は父たる者（＝野尻一利）仕へを求めんがために江戸に行ければ、東江州の人遠き城屋敷に、母幷に妹どものみありければ、京都にも西江州にも行ことかなはず。家きはめて貧にて、独学する事五年なりき。（前掲『陽明学派』中巻、三二三頁）

伊庭氏は、中世以来、土塁と堀とで囲まれた方形館(2)に住んでいた在地の豪族であったが、江戸時代になると武士的身分のみとめられた《郷士》となったので、比較的、経済的にはゆたかであったにちがいない。それゆえに、伊庭氏にはおそらく《寛永版》の漢籍などの教養書を京都の書肆にて購求し、所持していたものと思われる。学問の必要をかんじた蕃山は、伊庭氏蔵書の『四書集注』を借覧して、重要と思われる文章を謄写しながら、ともかく独学自修をおこなっていた。けれども、文字上の訓詁はそれなりに理解できても、その深意、あるいはその疑問とするところは、どうしてもだれかの師について解決しなければならなかった。それで、蕃山は、生活の合間をぬって京都におもむいたものの、なかなか自分の意とする儒者には巡り合えなかった。ところが、偶然にも宿屋で、西江州の僻村に徳教の儒者がいるという泊り客の話を耳にはさみ、すぐさま小川村を訪い、入門を乞うたわけである。そのときの一部始終について、岡田氏本『藤樹先生年譜』寛永十八年（一六四一）、藤樹三十四歳の条にみることができる。

冬、熊沢伯経、来テ業ヲ受ク。秋、始テ来テ、人ヲシテ謁ヲ請フ。先生、其志ノ真偽ヲ知ズ。故ニ固クコレヲ辞ス。左、請テ已ズ。先生、書ヲ以テコレヲ辞ス。其詞曰〔以下空白〕。左、尚請テ曰、「タトヒ教ニ与ラズトイフトモ、如何ゾ一タビ拝謁スルコトヲ許サヾル」ト。其情甚ダ愁テ涙ヲ滴ニ至ル。先生、其情状ヲ聞知シテ、コレヲ憐ミ、謁スルコトヲ許ス。尚、業ヲ受ルコトヲ許サズ。強テ帰シム。冬、又来テ、固ク請テ已ズ。是ニ於テ終ニ業ヲ授ク。

（『中江藤樹』日本思想大系、岩波書店、一九七四年、二九八頁）

世間の儒者と称する連中の実態は、《口耳の学》であり、儒学は「温飽を求むるの術」（『全集』第一冊、一三二頁）と化していることに、藤樹は批判的であった。浪人の蕃山が入門を乞うたときも、あるいは温飽をもとめるためにやって来たものと受け止め、あえて接遇をしなかった。しかしながら、門人の報告から次第に真意がわかって入門を認めたが、経済的な蕃山家族の状況を考慮して、七か月ほどのいわば短期遊学者として許可したのである。それで、藤樹は、このひとりの浪人のためにさまざまな経書のうちでも、もっとも重んじている『孝経』『大学』『中庸』の三書をもちいて儒学の真訣を説きしめした。蕃山は、それによって「大に心法の力を得たり」（前掲『陽明学派』中巻、三二四頁）と悦びをしるしている。そして、結果的に、この七か月以後にあって、ふたたび藤樹と蕃山とがあいまみえる機会はついに訪れなかったので、以後の蕃山の生き方と思想を方向づけたこの七か月は、すこぶる重要な時間であったといえよう。六十一歳のときの著書『集義外書』のなかで蕃山は、師藤樹の人柄やその学問について、次のように回顧している。

中江氏は生付て気質に君子の風あり。徳業を備へたる所ある人なりき。学は未熟にて、異学のつひえもありき。五年命のびたらましかば、学も至所に至べき所ありしなり。中江氏存生の時は、予を始として皆粗学の者どもなれば、ゆるさるべき者一人もなかりしに、中江氏の名によつて、江西の学者の、名の実に過たること十百倍なれば、つひえもまた大なり。

（前掲『陽明学派』中巻、三二四頁）

この文中における「学は未熟」というのは、そのころの藤樹の学問は、発展途中にあったと、蕃山の眼にはそのように映ったということであろう。また、「異学」とは、藤樹は、毎日清晨に、門人たちと孔子像ならびに道統伝（軸装）に向かって『孝経』と『感応篇』を拝誦していたわけであるが[3]、このいわゆる道教の経典ともいうべき『太上感応篇』をさして異学と呼んだものと思われる。周知のとおり、これは善書のひとつであって、われわれの実際生活における倫理道徳、ことに《戒め》をごく簡明に説いたものである。たとえば、「宜しく人の凶を憫むべく、人の善を楽しむべく、人の急を済ふべく、人の危きを救ふべし。人の得たるを見ることは、己の得たるが如くせよ。人の失へるを見ることは、己の失へるが如くせよ」（『道教聖典』世界聖典全集、世界文庫刊行会、一九二三年、二頁）等々、善悪の具体的で分かりやすい内容となっており、なにも道教の教理を門人にしめすためのものではなかった。藤樹の老婆心切な手立てが、蕃山の眼からすれば、そのときには儒学から遊離した「異学のついえ」とみえたのかも知れない。

蕃山は、二十歳から二十七歳の正保二年（一六四五）のときにふたたび備前岡山藩主池田光政に仕えるまでの約八年間、その浪人生活の貧窮は、じつに骨髄に徹するほどのものであった。仕官のために江戸へ行った父一利に代わって一家をささえていたのであるが、そのなかにあって、書物を読むことだけが蕃山の唯一のたのしみとした。したがって、この極貧生活の体験と江西遊学とによって、蕃山は精神的にも思想的にも飛躍脱皮し、人生のおおきな転機となったことはいうまでもない。遊学のあと桐原にもどった蕃山は、勉学からまた、しばらく遠ざかったかというと、決してそうではなかった。そのことは、藤樹との書簡のやりとりをつうじて、さらなる教説の不明な点を藤樹に問い、それの回答の書簡が蕃山あてに送られてきて、学問を深めていくという仕方である。寛永二十年（一六四三）春、二十五歳のときの蕃山にあてた藤樹の書簡には、「中和の心法」を実践するにさいしての要点を、次のように説明している（口絵・図4）。

> かりそめにも、中和の心法御失念なき様に、御体認御尤に存候。何にても、好格套を心に守り候も倚にて御座候。無レ意無レ必無レ固無レ我の中和の本体にて御座候。
>
> （『全集』第二冊、五五〇～五五一頁）

藤樹は、意識的に「こうだ」と決めた、型のはまったものを心にまもることもかたよりであるというわけである。さらにまた、九月四日付の蕃山にあてた書簡には、次のような一文がみられる。

> 今程、其地ニ志学の方十四五輩も御座候旨、奇特ナル御事と存候。汚俗之中にて左様之志は嘿止がたき儀御座候条、少心法の位がつてん参候ほどは、御とりたて御尤ニ奉レ存候。其上些御違例之旨緩々と御養生をも被レ成がてらに、大学の講日数久くかゝりこまやかに可レ被レ遊候。初学の者には文義ヲバ大略に講じ、主意と日用心法の引合とをいかにも耳ちかく、こまやかなるがよく候はんと奉レ存候。
>
> （『全集』第二冊、五五三～五五四頁）

この書簡がいつ書かれたものかは、にわかに判断しがたいが、書簡の最後には、「先可二申上一を柿一籠六十五被二贈下一候。当地珍敷物にて別而賞味忝奉レ存候。其元緩々と御仕廻被レ成御越待中候」（『全集』第二冊、五五三

〜五五四頁）というお礼状も書き添えているので、浪人生活に終止符をうって、岡山藩に再出仕した後のものであることはいうまでもない。となれば、「今程、其地ニ志学の方十四五輩も御座候旨」とあるのは、岡山藩において十四、五人の同僚が「日用心法」の儒学に関心をしめした、という意味になる。

二　蕃山の初期思想

正保二年（一六四五）、京極高通の仲介を得て、ふたたび備前岡山藩に出仕することになった蕃山は、四書などの経書をいっさい読誦することなく、ただひたすら自身の「日用心法」を修練すること三年あまりおこなっていたところ、親しい同僚がそのわけをたずねるので、《聖人》にいたる学問の必要性をおおいに力説すると、儒学にこころざす同僚仲間がさいしょ五、六人できた。しかし、なかには蕃山の考えや行動に批判的な者や中傷する藩士もあって、しまいには蕃山を岡山藩から追放しようという不穏な動きまで出てきたために、ついに藩主池田光政の耳にまでとどくことになった。それで、藩主は、

其是非を格しきかれき。これ世に名をしらるゝの初、主人志の出来たるはしなりき。其時は良知の旨に専なりき。（前掲『陽明学派』中巻、二二五頁）

とあって、ここにおいて王陽明の首唱した「良知」の心学が池田光政に認識され、ようやく広く世に知られるきっかけになったわけである。その心学が「己れを修めて人を治むる」うえで有効であることを熟知した光政は、蕃山の進言もあって江西の藤樹書院にいた中川権左衛門、加世八兵衛、中村亦之允、山脇左右衛門、そして藤樹の長子中江太右衛門らを岡山にまねき、慶安四年（一六五一）の夏、かれらはしばらくの間、いわば食客として城下の「花畠」に家屋敷をあたえて住まわせた。

そこで、蕃山を中心に講習討論、切磋琢磨を旨とした心学グループ「花園会」が結成されるが、すでに蕃山が主体となって寛永末年に藩校の前身として設置された花畠教場に掲げられた学則「花園会約」は、蕃山の撰文といわれているので、岡山藩の藩士のための教育環境は、蕃山によって進められていたことがわかる（谷口澄夫『池田光政』吉川弘文館、一九六一年、四七〜四八頁）。全部で九条からなる「花園会約」の第一条中に、

夫レ武士は民を育む守護なれば、守護の徳なくては

不レ可レ叶。其徳の心に有を仁義と云、天下の事業に見るゝを文武と云。故に明にして慈悲あるは文徳也。明にして勇強なるは武徳也。良知明かなれば此徳素より我に備れり。是故に今諸子会約、致二良知一を以て宗とす。

（牛尾春夫『熊沢蕃山』明徳出版社、一九七八年、三四六頁）

とあって、陽明学の命題「良知を致す」が会約の根本であることを明示している。ただし、藤樹のばあいは、それをあえて「良知に致る」と訓んで、わが方寸にそなわった「良知」を明らかにすることとした。さらに、第二条の全文は、

毎日清旦に盥櫛し、衣服を整て、聖経賢伝を熟読すべし。文才拙き者は、或は孝経・四書の経文を読、或は先学著述の仮名書をよみ、触発・栽培・印証の三益を求て、心を冊子上に放在する事なかれ。

（前掲『熊沢蕃山』三四七頁）

とあり、かつて藤樹がさだめた学則「学舎坐右の戒め」の第三条とほぼ酷似しているが、わけても書肆にて入手できる仮名書きの『翁問答』刊本（慶安二年本、同三年本、同四年本）を、テキストにくわえている点に、蕃山独自の発想が確認できる。ようするに、前述の「日用心法」の修練方法を明示しているのである。

さて、「花園会約」を掲示した翌年、三十二歳の蕃山は、仮名書きの『大和西銘』を上梓した。この刊本は、全体的には藤樹の『鑑草』の思想を承継したようなおもむきのある作品になっているのが、特徴といえよう。なお、藩主光政自筆の写本『大和西銘』（『増訂蕃山全集』第五冊、名著出版、一九七八年、図版）が現存しているので、おそらく蕃山は上梓するに先立って、まずは藩主に自身の写本を提示したものと思われる。古代中国の有名な逸話をもとに書かれた『大和西銘』の根幹となる記述を摘出すると、次のとおりである。

〔a〕此心に天より君をくだして一身の主としたまふ。これをもろこしのひぢりは明徳となづけたまひ、天竺のしやかは仏といひたまへり。

（前掲『増訂蕃山全集』第五冊、一一七頁）

〔b〕かくおなじく天地の気をわけて此身とし、ひとしく天地の心をわけて心とすれば、世の中にあるとあらゆる人は、みな我同胞の兄弟なり。

（前掲『増訂蕃山全集』第五冊、一一七頁）

〔c〕しやばそのまゝ寂光の土となり、草木までも成仏の国となりにけり。これひとへに重花一心の神道光明なり。大舜の君と申たてまつるは、この重花の御事なり。（前掲『増訂蕃山全集』第五冊、一二七頁）

〔d〕されば不孝は生死りんゑの悪業にして、孝行は出離生死の心行なり。（前掲『増訂蕃山全集』第五冊、一三一頁）

まず、〔a〕儒学の明徳と仏教の仏との並記は、『鑑草』の「明徳仏性」という藤樹の発明した成語をそのまま継承したもので、名は異なっても本質的には同体であって、一人ひとり天より賦与せられた「主」であるという。〔b〕人間の根源をたどっていくと、それは天地に浮遊するガス状の「気」から生生化育したので、われわれの心はすなわち天地の心でもある。となれば、世の中のすべての人間は、みな血をわけた兄弟にほかならない。これは、まったく『翁問答』をそのまま写しとった思想といえる。〔c〕伝説上の五帝のひとり舜（＝重華）が、無名の青年時代、生命がけで暗愚の両親に孝養のまことを尽くした。そのうわさを耳にした堯は、かれに帝位を禅譲する、という逸話を蕃山が取りあげた。蕃山は、ことさら仏教語を多用し結語としている。〔d〕これは『大和西銘』の結語にあたる記述である。かつて藤樹は、『孝経』を十三経などの経書のなかでも、最上位におもんじたことは周知のとおり。その「孝・不孝」という語を、蕃山は仏教用語で説明したわけである。不孝は、生死輪廻の悪業であり、孝行は煩悩を去って悟りの世界にはいることである、と。儒学のことばを仏教のことばでもって解説しているので、蕃山の思想形成における初期思想の試行錯誤が、このようなところからもみることができる。

しかし反面において、《陽儒陰仏》といった陰口をささやかれたのも事実である。そのこととは別に、蕃山は、近世思想史のなかで、まったく朱子学者林羅山などと同列の《排仏論者》として、ひとくくりに評価されているが、蕃山の主張は、感情的な仏教排斥ということでなく、たとえば国土荒廃ことに山林の伐採の一因をなしている大規模な堂塔伽藍の建立や、寺檀制度にともなって生じた僧侶の堕落など、その批判は現実の仏教界に向けられたものであったことを忘れてはならない。

三　淵岡山の入門

淵岡山（一六一七—八六）が奥州仙台の出身であることは、晩年、すなわち岡山が亡くなる三年前の天和三年（一六八三）に、亡母の墓参をも兼ねて、京都から門人数名とともに会津、北方（福島県喜多方市）、仙台方面の遊説の旅に出たこと、そしてその仙台においては三十名ほどの門人が松島遊覧に同道したことからも知り得る。

さて、岡山が藤樹に入門したのは、川田氏本『藤樹先生年譜』によると、正保元年（一六四四）、藤樹三十七歳のときで、既述のとおり蕃山の入門から三年後のことである。

> 冬、淵岡山、始めて来って謁ゆ。退いて人に語って曰く、「先生は、独り徳容の敬すべきに非ず。聡明才智も亦た企及すべからざる者有り」と。先生、之を聞き歎いて曰く、「吾、常に聡明才智を以て人に加えることを恐れ、務めて之を韜蔵す。猶お時に発露有るを免れず。彼の吾を美する所以の者は、即ち吾の自ら恥じる所以なり」と。
>
> （『全集』第五冊、三六〜三七頁）

これによって、藤樹にはじめて人をかいして謁見したときの、岡山の感激と畏怖との交錯した心境のようすをうかがえるが、それよりも問題は仙台出身の岡山が、いかなる経緯をへて、江西の僻村へやって来たかという点である。それで、会津北方の岡山門流の長老格であった北川恕三が、寛政十三年（一八〇一）にしるした書状に、

> 岡山先生は初淵四郎右衛門と申、御旗本一尾伊織殿と申にみやつかひ被ㇾ成候処、近江に一尾子之知行所有ㇾ之、是へ折々被ㇾ下候て、藤樹先生之御事を被二聞及一、中川権左衛門を以先師へ御対顔被ㇾ成候由。
>
> （木村光徳『日本陽明学派の研究』
> 明徳出版社、一九八六年、五九五頁）

とあり、岡山は江戸の旗本一尾通尚（通称伊織、一五九九—一六八九）に仕えていて、役儀の関係で所領地のある近江を往復するうちに、そこではじめて藤樹の学問とその人となりを聞くにおよんだ。一尾伊織の所領は一千石で、蒲生郡の竹村・古河村・西宿村に分布し、いわゆる飛び地のような状態であった。それは、寛永十一年（一六三四）に父通春から家督を引き継いだものである。前述の三村は、現在の滋賀県近江八幡市竹町・古川町・西宿町に該

当しており、ちょうどこの田園地帯の三村に囲まれたなかに、極貧の浪人生活をおくっていた蕃山の家族が身を寄せていた伊庭氏館（いわゆる中世城館のなごり）があった。蕃山は、七か月におよぶ小川村での遊学を終えるやいなや、すぐさま地域の郷士、庄屋などをあつめて藤樹の《心学》を草の根的に講習討論していたとき、岡山もそのうわさを聞きおよんで聴聞したところ、すこぶる共鳴するものがあった。

なお、前述北川恕三の書状のなかに、岡山の入門にさいして中川権左衛門が仲介したようにしるされているが、これには根拠がなくおそらく意図的な誤りであって、正しくは蕃山のしたためた紹介状を持参して、藤樹に面会したはずであり、もとより岡山と中川権左衛門とは面識などはまったくなかった。北川恕三は、あえて蕃山の名を出したくなかったのではなかろうか。附言すると、会津北方地方の同志は、伝統的におそらく蕃山に批判的であったにちがいない。

近江での役儀を終えて江戸にもどると、岡山は主人の一尾伊織にたいして藤樹の《心学》を熱心に説明した。これによって、伊織もまた《心学》につよい関心をいだくようになり、伊織みずから藤樹に書簡をしたためて、以前から疑問とするところを尋ねるのであった。正保四年（一六四七）春、藤樹四十歳のとき、伊織にあてた書簡に、

于レ旦于レ昏、討習講論、感興及ニ御噂一。於ニ其地一熊沢岡村二子御面談、摩励之益御座候旨、幸甚々々。就レ中熊沢子同志中之巨擘に御座候まゝ、指南御望御尤に奉レ存候。当地講習之趣付ニ与源兵衛方寸一。故更に不レ労ニ管城公一。恐惶再拝。

（『全集』第二冊、五三〇頁）

とあるように、おそらく伊織は、江戸青山の新屋敷に、参勤にて江戸在府中の備前岡山藩の熊沢蕃山と大洲藩士岡村伯忠をまねき、終日、《心学》について熱心に討論をおこなっているうわさを淵岡山から聞きおよび、そしてはやくも貴殿に「摩励の益」があったということで、藤樹の悦びのようすがこの文面からよくうかがえる。また、書簡には、藤樹がわかき蕃山をして「同志中の巨擘（＝親指、頭目）」とたかく評価しており、その蕃山による教授を貴殿が望んでおられることは、もっともなことである。それと、小川村における講習の動きについては、

源兵衛こと淵岡山の心に付与しているので、詳しく書くにおよばないという内容である。なお、文中の「管城公」とは、いわゆる毛筆のこと。

旗本の一尾伊織は、わかきころ戦国武将細川忠興こと細川三斎から、千利休のながれを汲む茶道の奥旨をうけたひとりであり、のちに《三斎流一尾派》という、あらたな近世武家茶道の一流派を創始したほどの人物であった。その一尾伊織と藤樹との書簡でのやりとり、および一尾伊織と蕃山とが心学について面談討論していたことは注目されてよい。

四　藤樹没後の岡山の動向

藤樹没後、門人たちはなおも藤樹書院の正面に祀られた先師の《神主》のまえで、講習討論をつづけたのであるが、しばらくすると京都所司代からの圧力によるのか、あるいは大溝藩主分部嘉治自身の幕府にたいする目を意識しはじめたのか、かれらに藤樹書院からの「退去命令」が出された。そのために、先師の三年の《喪》が明けるやいなや、中川権左衛門、加世八兵衛、中村亦之允などの有力門人、および先師の長子太右衛門らは、蕃山からの呼びかけもあって備前岡山藩へと移り住んだ。その退去にあたって、加世八兵衛の撰した「祠堂ヲ退クノ文」のなかで、「日々に心学を講じ、民に道を教えて苦しみを除き、楽しみをあたえているのに、ああ国主（＝大溝藩主分部嘉治）は、どうして迷われたのであろうか」というような、やるせない心情を吐露している。ところが、淵岡山は、なにか心にふかく期するものがあって、かれらとは別行動を取り、ひとり京都に居をさだめた。

> 夫より岡山と申所に住居被ㇾ成候に付、諸生岡山先生と称し候由。其頃備前之熊沢了海聊之義有ㇾ之、公儀より厳敷御糺有ㇾ之砌、熊沢氏は先師之門人にて先生も御親しき人故、御延引被ㇾ成、……一向御拘り無ㇾ之事故、於二京都一、葭屋町において大名之抱屋敷を買求、書院を建、御祠堂を御建立被ㇾ成候由。
> （前掲『日本陽明学派の研究』五九五頁）

この文章から、蕃山が岡山藩を致仕したのちの、蕃山の思想にたいする幕府のきびしい視線が注がれていたため、岡山はしばらくの間、目立った行動をひかえていた、という背景がうかがえるが、ここで三点ばかり指摘しておきたい。

第一点目。淵岡山（岡源右衛門とも称した）は、はじめ洛中の「岡山」に住んでいたわけであるが、この岡山がどこであったのか、これまで詳細は明らかでない。『全集』編集主任加藤盛一は、双ヶ岡説と船岡山説との二説を提起しているが、結局はそれを裏付ける資料がないので、「然れども此は単に想像に過ぎざれば今何れとも定め難し」（『全集』第五冊、六九六頁）と結んでいる。ところで、京都における岡山のさいしょの有力門人のひとりに斎藤玄佐がいて、『北川子示教録』の藤樹先師学脈図によると、斎藤は「今宮之社人」とある。この今宮とは、現在の京都市北区紫野に所在し、やすらい祭で知られた今宮神社ことであり、そのすぐ南には有名な「船岡山」がある。また、岡山が「猪日に今宮大神宮へ社参する」という記録もあって、岡山はおそらく当初、船岡山近辺に住んでいた可能性が高い。それゆえ、門人たちが船岡山の岡山をとって、「岡山先生」と尊称したのであろう。この点は、中江与右衛門が住居にフジの老大樹が生えていたことから、いつ頃とはなしに門人たちが「藤樹先生」と尊称したことと、ほぼおなじこと。

第二点目。備前岡山藩主池田光政の庇護のもとで、めざましい実績をあげた蕃山について、牛尾春夫は次のように述べている。「蕃山の学が藩政の実地に刮目すべき業績を挙げたのは、……良知にもとづく平等観と仁政概念による民本思想によってであった。藤樹学の本質のこのような政治学的原理化は、中央集権を法的規制の強化によって推進する官儒林羅山の猛反対をうける運命にあった」（『熊沢蕃山』明徳出版社、一九七八年、二九五頁）

江戸幕府からすれば、蕃山は現行体制に批判的な危険思想家とみられていたことは、いうまでもない。それゆえ、前述のごとくおなじ藤門にまなんだ岡山にあっては、心学普及活動を目立つことなく、自嘲気味にせざるを得ない状況にあったものと思われる。

第三点目。延宝二年（一六七四）、京都堀川通にめんした、西陣葭屋町の豊後臼杵藩主稲葉右京亮五万石の屋敷が売りに出されたので、岡山はただちに五貫三百目で買いとった。しかし、岡山の手元には銀子が不足していたため、京・大坂の門人らが合力して処置をおこなった。この屋敷地に岡山は、

藤樹先生之祠堂を建、書院を奥に、居間を書院に、中を会所に被レ成、御祠堂へは表裏縁伝に往来致候

由。

　　　　　　　　（前掲『日本陽明学派の研究』六一八頁）

というように順次整備をおこない、そののち、

此学館は岡山先生聖学為二基本一、年来御願被レ為レ建、藤樹之道後世綿々として永久ならん事欲し給ひ、諸生を集めて学脈を教示し給ふ。……岡山先生御在世之内に、藤樹之学筋廿四ヶ国へ渡り候由。

　　　　　　　　（前掲『日本陽明学派の研究』六一八頁）

とあるように、ここにいわば藤樹書院の全国版ともいうべき「京都学館」[4]の実現をみたのである。藤樹没後、雌伏二六年のあいだ、岡山にとってはまことに感慨無量のものがあったであろう。江戸時代前期における文化の中心は、江戸でなくやはり禁裏の所在する京都であったので、「扇子のかなめのごとくし、諸国より同志門人、京師に至りて教論を乞ふ、先師之学も岡山先生に因て海内に広まる」（前掲『日本陽明学派の研究』五九四頁）ということで、にわかに活況をていした。

なお附言すべきは、天明八年（一七八八）正月三十日、禁裏をはじめ二条城にも延焼した京都大火のために、京都学館の建物のうち土蔵のみを残して焼失してしまった。[5]しかしながら、さいわいにも祠堂に祀られていた藤樹ならびに岡山の神主（＝儒式の位牌）は持ち出して、災禍をまぬかれた。それで各地の同志、とりわけ会津北方の同志がいちはやく再建のための浄財を募ったものの、ついに実現するまでには至らなかった。京都学館は、およそ一一〇年の歴史に幕をおろし、それとともに京・大坂を中心とした淵岡山門流の講学活動も次第に下火となった。ただ、会津北方の同志のみが、明治初年まで廃絶することなく連綿として「道統」をつたえた。

岡山の功績として、看過できないものに「紙本著色中江藤樹画像」の制作がある。このことについて『藤夫子行状聞伝』に、

元来、京葭屋町岡山子為二信仰一母堂栄松公へ談ジテ、御容体ヲ吟味而狩野某、画三枚書セ一幅ハ尊信ノ為土蔵ニオサメ置キ、二幅ハ門弟之内エ送ラル。

　　　　　　　　　　　（『全集』第五冊、一〇六頁）

とあり、現在の藤樹書院には、制作時期のことなる数種の中江藤樹画像を保存しているが、前述の資料からすると、この淵岡山が藤樹没後において、すぐさま母堂と相談のうえ京都の狩野派の絵師に依頼したもので、もっとも信憑性のたかい忠実に描かれた画像といえる。岡山は、

そのときおなじ画像を三幅つくり、一幅は藤樹書院に奉納し、一幅は自身の手もとにおいたが、もう一幅を岡山がどのように処置したかは、まったくわからない。江戸時代つうじて藤樹の忌辰祭には、かならずこの画像をかかげたのである。岡山の手もとの画像は、将来において、京都学館の祠堂に藤樹の神主とともに、奉安するためのものであった。岡山の京都学館構想は、すでにこの先師藤樹の画像を制作することを発起した時点にまでさかのぼるのであろう。

五　岡山の教学思想

淵岡山には、まとまった自身の著作というのはないが、その門人たちが岡山没後に編集した書簡類や言行をまとめた『岡山先生示教録』（全七巻、追加一巻）があって、これによってほぼ岡山の教学思想の全容をうかがうことができる。ここでは、それの特徴ともいうべき「冥加説」と「理知義・不理知義説」の二点にしぼって取りあげてみる。

まず「冥加説」について。『示教録』巻五に、次のような逸話を載せている。岡山がまだ旗本一尾伊織に仕えていたとき、役儀上の急用ができて、小川村からただちに江戸へ行かねばならなくなった。そのさい、先生は自分にたいして、「まず伊勢に参宮してから、江戸へくだるように」といわれた。この意図は、たぶん冥加を思われてのことにちがいない、と。もちろん、ここでの対話で藤樹が冥加という語を述べたわけでなく、岡山の受けとめた理解として冥加といったまでのことである。その点で、冥加思想は岡山のなかで、早くから醸成されていたものかも知れない。

以下は、すべて岡山が延宝二年（一六七四）に開設した京都学館を主会場とした定期的講筵、あるいは巡講を本格的にはじめてからの話である。会津北方（福島県喜多方市）から岡山の心学をおさめるために、矢部惣四郎(6)という青年が、ひとり京都学館へやって来て、他の門人とともに起居をともにしながら、熱心に講習討論をかさねた。

あるとき、惣四郎が高弟のひとり富松祐庵（京都の人）にたいして、毎朝おこなっている祠堂参拝での信仰心についてたずねた。

三月廿日、矢部氏、祐庵ニ疑問ス、祐庵是ヲ先生ニ達テ曰、「御祠堂へ参拝シテ信仰ノ不レ起事イカ、」、先生曰、「奢リナリ、今日飢寒ニモ不レ及何ノ苦労ナケレハ、何ノ事カク事ナシ、其上君子ニ至ラント思フ志ナケレハ、神明ヲ信仰シテ祈求ムヘキ事無レ是筈也、身安ク心楽ミヌル事ハ、其道ノ祖天神地祇ノ冥加ニアラスヤ、カク信仰ナクテハ冥加ノツクヘキ事也」、（前掲『日本陽明学派の研究』三四二頁）

延宝五年（一六七七）の春、惣四郎は、まだ自身の心にすっきりするものがなかったのか、神明を信仰する心について、こんどは師の岡山に直接たずねた。

矢部氏問、「某、神明ヲ信スル心不レ厚、或ハ朝ニ起出テ、孝経・感応篇ヲ読ト雖モ、サシテ信仰ノ心不レ起ハ如何ナル故ニヤ」、師ノ云、「常人ノ情、身ニ切ナル事アレハ、必神明ノ加護ヲ仰キ奉レリ、身当下順ナレハ神明之事モヲノスカラ疎ニ思ヒナシテ、不レ知不レ識傲ノ地ニ居レリ、今大道ニ志アリテ、イカニシテカ我惑ヲ明ラメ、君子ノ域ニ至ラント思フ、誠ノ願ヒアラハ、日々ニ神明ノ応護ヲ希ヒ奉ルヘシ、況今日順ニシテ思フ事ナシト雖、明日イカナル横逆ノ至ランヲ不レ知ヲヤ」、（前掲『日本陽明学派の研究』三七三頁）

祠堂にまつる藤樹先師の神主のまえに端座しても、信仰心の起こらないのは自身に「奢り」の心があるからで、それはとりもなおさず何の苦労も生活の不自由もなく、しかも君子をめざす志がないゆえである。ただいま惣四郎自身が、心配事もなく安楽にいられるのは、そもそも天神地祇の加護のおかげではないか。そのように《謙徳》の心を致さなければ、いずれそなた自身の冥加は尽きてしまうことになる、と岡山はきびしく警告する。そのばあい、岡山はまた、

冥加ハ無心に集ル、私知にかぎる時は冥加なし、縦事集ルとても浮へる雲のことし、却而堤の水破れて平地を損るが如し、（前掲『日本陽明学派の研究』三三四頁）

と述べているように、冥加は《無心》ゆえにあつまるのであって、とにもかくにも無心であることが大原則となる。それゆえ、神明のご加護ということも意識のうえに登らせてはならず、損得的に意識すればすべてが消え去ってしまうというわけである。また、われわれの日常生活にあって、だれもが経験することを取りあげて、

我か非をよそより見られいやかるはまどひなり、われも不レ知非を見られたるは、其者大きなる幸ひなり、冥加あれはなりとおもふべし、

（前掲『日本陽明学派の研究』三九三頁）

と述べている。つまり、自分の犯したあやまちを他人からみられて、いやだと思うのは迷いというものである。本人の気づかないあやまちを注意されるのは、その人にとってはおおきな幸運なのであって冥加があればこそ、と思うことである。なお、惣四郎は、わかくして病没するのであるが、岡山門下の《顔回》とも称せられたほどの人物であり、会津北方の同学たちは、「全国各地に使いして君命（藩主のことか）に恥じない者は、会津の惣四郎である」（前掲『日本陽明学派の研究』五九一頁）とまで、かれをたかく評価していたのである。

ところで、岡山の冥加説の思想的根拠は、なににもとづいて力説したのか。この点で参考になるのが、惣四郎が毎朝、『孝経』『感応篇』を他の門人といっしょに拝誦していたうちの『感応篇』に、それを解明するカギとなるものがある。岡山は、次のように述べている。

感応篇曰。夫心起二於善一。善雖レ未レ為。而吉神已随レ之。或心起二於悪一。悪雖レ未レ為。而凶神已随レ之。ト有リ、以レ是思フニ或今日より手跡をスキ候へば、四方より名筆ども集り、或歌ヲスケハ歌書ども集り、善悪ともに皆如レ斯、今日一念起求る事大切也、是則吉神凶神之随処なり、

（前掲『日本陽明学派の研究』三三四頁）

この『感応篇』とは、既述したように正式には『太上感応篇』といい、中国南宋の時代につくられ庶民のあいだで盛行したという、わずか二千字あまりの《善書》である。岡山は、これの結語ともいうべき「夫れ心、善に起こらば、善未だ為さずと雖も、吉神すでに之に随う。或いは心、悪に起こらば、悪未だ為さずと雖も、凶神すでに之に随う」を引用して、善行・悪行の原泉は、すでに自身に内在している善心・悪心にあるということで、いかにわれわれの日常における心のありようが大切であるかを明らかにしている。藤樹のめざした学問が、《心学》といわれ「心法の受用」にある所以にほかならない。そして、『孝経』『感応篇』の拝誦は、岡山によって始められたのではなく、すでに藤樹が藤樹書院において日々実践していたので、それをただ継承したことになる。

　さて、「理知義・不理知義説」について、岡山のこの語の使用例を『岡山先生示教録』巻一から列記すると、次のとおりである。

〔a〕学問の工夫、品々有といへとも、大方は文句にか丶わり却而実地に取入かたきものかと存候、只理知義といふ和語に而、明徳之意味を心得たるか能御座候、理知義なる者の心は、先物毎正しく落付おとなしく人にさきた丶す、少もおごる心なき故に、人にへりくたり万民を子のことくにおもふ心相なり、

（前掲『日本陽明学派の研究』三二九頁）

〔b〕不理知義なる者は、上つらはかり道理に叶様なれとも、何事も頼少く、一として物を打まかする事ならさる物也、此理知義・不理知義は天然生付なれは、人力之不レ及所也、然共学問をして内に恥る心切なれは、生付斗にての理知義よりハすくる丶所也、

（前掲『日本陽明学派の研究』三二九頁）

〔c〕君子明々徳之位を理知義成ル者の位一般也、……理知義なる者の左右一旦誤る事有といへども、本来不レ忍処有りて、誠の意味を欺事あたはず、故理知義なる者不レ苦して明明徳の位に至る也、

（前掲『日本陽明学派の研究』三三一頁）

　四書のひとつである『大学』三綱領の冒頭は、周知のとおり「大学の道は、明徳を明らかにするに在り」云々ではじまる。ようするに、上古の先王の時代における大学の道は、自身の明徳を明らかにすることに最大の目的をおいていたが、その明徳とはなにかというと、朱子の『大学章句』によれば、「明徳なるものは、人の天に得て、虚霊不昧、以て衆理を具して万事に応ずる所のものなり」（島田虔次『大学・中庸』中国古典選、朝日新聞社、一九六七年、二五頁）として、すこぶる難解な学術用語を駆使して説いているわけである。

　そもそも、江戸時代前期において、「明徳」という学術漢語をはたしてどれくらいの人が聞知し、それがどういう意味であるのかを知り得た日本人は、ほとんど皆無にちかく、ほんのわずかな中世以来の公家衆、臨済僧および新興の俗儒ぐらいが、知るところであったのではないか。そこで岡山は、その当時の武士や一般庶民にもすぐに「明徳」の意味を理解できるためには、かれらの日常生活のなかで、たとえば「あの青年はなかなか律儀な人間だ」と語られるように、普通にだれもがつかってい

る「理知義（＝律儀）」を、明徳に置き換えることが有効な手立てとかんがえた。つまり、『大学』の三綱領は、俗儒の好むような「訓詁の学」の典型なものでなく、理知義な人間の育成にあったといえるであろう。まさしく、京都学館や巡講でのゆたかな講釈体験から生まれた岡山独自の工夫であり、歴史的視点からみれば、儒学の《日本化》《庶民化》という、ひとつの試みといえなくもない。

なお、藤樹の著述のなかで、この「理知義」という語の使用例をしらべると、唯一、短篇の『陰隲』における竇禹鈞の陰徳話のなかに一か所みることができる。現代語訳で要約すると、次のようになる。

――薊州の竇禹鈞は、生まれつき情け深く、あるとき、家の下男が銭をぬすんで逃げてしまったけれど、残された家族を責めることなく、しかも下男のおかした罪も問わなかった。また、道でひろった大金を、翌日、ふたたびその場所に立って、落とし主に無事返してあげた。そのほか、かずかずの陰徳を実践した。さらには、親しい友人のなかに、貧乏で生活の維持がままならない人がいれば、かならずその子弟のうち、理知義にして才覚のある者をえらんで指図し、本銀を貸して商売をさせて、ふつうの生活ができるように助成してあげた。……

（『鑑草』岩波文庫、一九三九年、三一四頁）

藤樹は、中国明代の善書から適切な逸話をひろいあげ、それに自身の評論をくわえて一冊の善書『陰隲』を著わしたのであるが、その本文中に、「理知義」というだれもが知る和語を、部分使用していたことが注目される。いずれにせよ、岡山の「理知義・不理知義説」は、やはり藤樹の著作からの啓発によるものである、といっても間違いはなかろう。

六　結び

淵岡山には、みずから執筆した著書というのは残されていないが、門人たちがおそらく岡山没後に編集したと思われる『岡山先生示教録』によって、岡山思想の全貌をだいたい把握することができる。近江小川村をはなれて京都学館をひらいた岡山のこころざしとは、

先師ノ道、我一代ニ不ﾚ成ハ二代ナリトモ三代ニナリトモ、五十年百年ノ後ニナリトモ興起シ、天下家

ゴト和順ニ成候様ニ所レ希也、是先師ノ志願ナレハ也、

（前掲『日本陽明学派の研究』三二一頁）

ということなので、先師の説かれた日常底の「孔門伝授の心法」いわゆる心学を、何代にもわたって全国津々浦々にひろめることを念願として、全精力を傾注したものと思われる。伊勢の津藩の門流が著わした『席上一珍』一巻のなかに、

先師、曾テ小川ノ邑ノ神明(7)ニ詣シテ、「天下太平、大道興隆、時和年豊、民安物阜、家皆孝子、国皆忠臣」ト願ヒ玉ヒデ、更ニ門戸ヲ立ルニ意ナシ、只世界中ノ人ノ善ニ向ヲ志願トセリ。故ニ海内此ノ学ヲ伝ルモノ、此心ヲ受テ、孔孟ノ道ヲ信シテ、程朱陽明皆吾道ノ先覚ナリトイヘリ。

（前掲『日本陽明学派の研究』四九八頁）

というように、いわば地球全体が争いのない、ゆたかで和楽に満ちた社会の実現こそが、先師の志願であったことも明らかにしている。ただし、岡山のばあいは、

凡大道ヲ自得セント欲スル人ハ、先身心ヲ浄シ神明ノ加護ヲ第一ニ仰ヘシ、冥加ニヨラスシテ、大功ヲ立タタメシナシ、

（前掲『日本陽明学派の研究』三七五頁）

と説いているごとく、大道（＝孔孟の道）に包摂されている《宗教性》《霊性》という色彩部分を前面に押しだし力説しているのが、岡山思想の特徴といえるであろう。このことは、岡山門流の会津北方の同志が「清座」と称した草の根座談会のはじまる冒頭に、かならず藤樹自筆木版刷りの一本の巻子本となっている『孝経』『太上感応篇』を拝戴、読誦して、そのあと男と女と子どもの三組にわかれての講話の学統が、二百年ちかく続いたという歴史が、なによりも物語っている（金谷治「会津藤樹学の性格」『文化』第二二巻第四号、東北大学文学部、一九五八年）。

いっぽうの蕃山にあっては、晩年に著わした『大学惑問』のなかで一例をあげると、

武士、農を別れてよりこのかた、身病気に手足弱く成ぬ。心ばかりはいさむとも、敵にもあはで疲るべく、病死すべし。其上若党・小者共も一年居にて主をおもはず。是は軍用の損なり。平生も農兵ならざれば、風俗あしく成て長久ならず。農兵の昔に返すべきは此時なり。

(『熊沢蕃山』日本思想大系、岩波書店、一九七一年、四四三頁)

というように、現行の身分制度の欠陥を指摘し、武士と農民とは中世以来の「農兵制度」にもどすべきとして、幕藩体制を根底から否定するような、舌鋒するどい政治批判をおこなったために、幕命により下総の古河藩に幽閉の身となり、ついにその地で波乱にみちた七十三年の人生を閉じるなど、生涯にわたってほとんど妥協をゆるさない孤高の儒者であり、まことの仁者でもあった。それは、儒教の目的である「修己治人」のうち「人を治むる」に重点をおいて、古代中国の堯や舜、周の文王・武王・周公の政治を理想したのである。それにたいして、岡山のばあいは、意識的に「己れを修める」という倫理道徳に重点をおいたので、蕃山・岡山の言行あわせて藤樹の首唱した《心学》の全体大用といえるであろう。

このふたりの路線のちがいは、かれらの性格や人生観から起因していることは間違いない。それゆえ、井上哲次郎が、蕃山を《事功派》とし、岡山を《省察派》としたのはまことに正鵠を得た学説であるが、それによって蕃山と岡山とが、あたかも犬猿の仲にあったというふうな受け止め方をしてしまうと、史実から逸脱しまうことになる。というのは、蕃山自身が陽明学者でもなく朱子学者でもなく、また「拙者には弟子と申者は一人もなく候。師に成べき芸一としてなき故にて候」(前掲『陽明学派』上巻、三九頁)と述べて、意図して学団をつくらなかったのは、おそらく自身のもつ急進思想のために、先師藤樹の周辺にまで災いがおよぶことを危惧しての言論であったように推測される。それと、藤樹没後における蕃山の動向で忘れてならない陰徳として、小川村にひとり住む藤樹の老母の生活、ならびに藤樹書院の維持のために、毎年、いくばくかの経済的支援を内密裡につづけていたことがある。これなどは、もちろん西川季格の知るところではない。なんといっても、極貧の浪人時代にあって、亡師藤樹からうけた無上の《学恩》にむくいるための、蕃山の素志にほかならない。おそらく蕃山は、いかなる環境にあっても、亡師藤樹の温顔をかたときも忘れたことはなかったにちがいない。

注

(1) 『全集』第五冊所収「門弟子並研究者伝」の西川季格には、下記のように書かれている。「西川季格は伊予大洲加藤侯の臣なり。初め清水季格と称す。寛永二十年小川村に来りて藤樹先生に師事す。或は云ふ、初め先生の大洲を去るや季格思慕して止まず。乃ち侯に告げて禄を致して来り従ふと。未だ孰れか是なるを知らず」（二八六〜二八七頁）

（2）つい先年まで、鬱蒼とした竹やぶにおおわれた伊庭氏の方形館跡に、滋賀県知事堀田義次郎揮毫の「蕃山先生勉学処」碑が建てられていた。近年の宅地開発によってその周囲はおおきく変貌した。竹やぶのなかに土塁の一部や井戸跡が残存していて、往時のおもかげをとどめていたように思う。

（3）『藤樹先生事状』には、下記のような記事を載せている。「毎日清晨、香を焚き天拝し、孝経及び感応篇を持誦す。晩年に及び黙誦して声を発せず。おもえらく声を発するときは則ち〔以下不詳〕」（『全集』第五冊、七二頁）

（4）京都学館の所在地は、衣笠安喜の説によると「葭屋町元誓願寺下ル徳屋町」（『京都の歴史』五、京都市、一九七二年、四三六頁）としている。現況の晴明神社付近とされているが、残念ながら絵図史料にもとづく確実な比定までには至っていない。

（5）天明八年正月三十日の京都大火のようすについて、随筆『翁草』巻一三八にみることができる。「天明八戊申春正月晦日、京都の大火は本朝累世の旧記にもいまだかゝる事を録せずとかや。抑正月二十九日夜亥刻頃より、子丑の風起り、丑の刻に至り殊に烈く、寅の下刻より寅卯に風替り吹程に、人馬倒るゝ計なりしが、……是より中筋の火と一同に焼登り、西陣を焼、北は紫野今宮御旅野はづれ迄焼抜け、……」（『日本随筆大成』第三期二三、吉川弘文館、一九七八年、一〇一〜一〇三頁）

（6）いわゆる会津藤樹学の濫觴は、次のごとくである。延宝年間、会津若松の医者であり、また「異体同功の人」でもあった大河原養伯と荒井真庵とが、諏訪神社に祈願したのち、「実学の良師」をもとめて京都へやって来た。そのときに、京都学館にて講筵する淵岡山に謁して「良知の微妙」を学ぶことができた。帰郷後、京都のありさまを会津北方の矢部惣四郎にかたると、矢部もまたすぐに淵岡山に謁するために京都へやって来た、というわけである。（『喜多方市史』一〇、福島県喜多方市、二〇〇三年、六三五頁）

（7）小川村には、「日吉神社」が鎮座する。いわゆる戦前の社格でいうところの村社である。藤樹はおそらくこの日吉神社において祈願したということになる。

中江藤樹・熊沢蕃山・泉 仲愛

はじめに

琵琶湖の西にあります滋賀県高島市安曇川町という所から参りました。京都から湖西線で一時間ぐらいの所でして、遠くには竹生島を見ることができます。備前岡山藩主池田光政公が、仏教的に申しますと発願し建立されましたこの閑谷学校におきまして、また歴史的にもたいへん名高いこの閑谷学校におきまして、私のような不勉強な者がお話できますことはまことに光栄の至りでございます。仕事冥利に尽きるというのはこういうことかと思います。どうぞよろしくお願い申し上げます。

じつは私、この閑谷学校を訪れましたのは、今回で五回目か六回目かと思います。初めてこちらに参りましたのは昭和五十九年（一九八四）でございました。今からちょうど二十一年前になりますけれども、国道二号線からバスに乗りまして、せまい山道のぐねぐねした道を走って走って、いつ着くのかなあというような気持で乗っておりまして、そしてパッと目の前の視界が広がりまして、われわれの乗っておりますバスの真正面にあざやかな朱色の屋根瓦が見えました。他所で見たこともない何とも素晴らしい建物だなという、そのときの深い印象がございます。今は、このように道路整備、観光整備がなされましたので、あの二十一年前の当時の印象がある意味では一番の印象、私にとっては強烈な印象として残っておるのでございます。

私は、この閑谷学校のことを思うにつけまして、中国の古い書物に『詩経』というのがございますけれども、そのなかに「甘棠」という詩がございます。「甘棠」というのは木の名前でありますけれども、その「甘棠」という詩を、いつも私はこの閑谷学校と連想するのであります。孔子が、いつも夢にまで見たというあの周公旦という王様がございますけれども、その周公旦と相ならんで召公奭という王様がおられました。その国の東半分と西半分をそれぞれ二人が治めていたという、その召公奭が自分の治めている領土の南方を巡視された時、ある村を訪れました。多くの家臣を従えての巡視でありますので、小さな村に入って何日もそこにおりますと、村人たちはやっぱり生業において非常に支障をきたすであろうと王様は思いまして、村には入らずにその郊外にありまする「甘棠」という、そのこんもりとした一本の大樹の下に陣を敷きまして、そこで王様は村人からの訴えなど、いろいろ村のことを聞かれてそれらを処置するという、そういうことを何日かされました。そして王様はその村を離れて都へ帰られました。村人たちはその召公奭という王様は村人にとって仁愛の政治をなされた方だということで、王様を慕ってその某棠の木をいつまでも大切に残したという、そういう話でございます。

そういう「召公奭の憩いし甘棠の木」「召公奭の宿りし甘棠の木」ということで、それを「翦ることなかれ、伐ることなかれ」とうたっている詩であります。まさしくこの閑谷学校も、藩主池田光政公の建てられた、そういう由緒ある建物でありますから、「壊すことなかれ、壊すことなかれ」ということで、この三百三十年のあいだ、岡山県民の心が一つとなって今日まで、閑谷学校を残されたのではないかと思うわけであります。この閑谷学校には光政公の心が、すべての建物の中にしっかりと残されておられるということを、甘棠の話からいつも私は感じるわけでございます。

一　中江藤樹の生涯

さて、本日は「中江藤樹・熊沢蕃山・泉仲愛」というテーマでお手元の資料を用意いたしました。けれども蕃山先生とか仲愛先生につきましては、本日お越しの先生方のほうがよくご存じだろうと思いますので、私は主として藤樹先生につきましてお話申し上げてみたいと思っております。いずれにしましても、藤樹先生のもとで学ばれた蕃山先生、仲愛先生でありますので、併せてすこしく取り上げてみたいと思ったわけでございます。

（注）講話の中でもちいた「先生」および「公」の語は煩多を避けるため以下省略する。

レジメの冒頭に線で囲ったところがございます。中江藤樹、江戸幕府が開かれてわずか五年後の慶長十三年

（一六〇八）に生まれまして四十一歳という若さで亡くなっております。今でいうところの満の四十であります。そして伊予大洲藩士と書いてあります。藤樹はご承知のとおり近江聖人でございますから、近江に生まれた人であります。近江に生まれた人でありながら、伊予大洲藩士とは、これがまず一つの疑問になろうかと思いますので、簡単に申し上げたいと思います。

藤樹は、近江の国の高島郡小川村というところの農家の長男として生まれました。お父さんはいわゆる百姓でありまず。ところがお祖父さんは、伯耆の国、現在の鳥取県米子市にあった米子藩の加藤貞泰に仕える百石取りの侍でありました。藤樹が九歳のときにそのお祖父さんが小川村へ帰ってこられて、孫の藤樹を侍として育てたいと両親を説得するわけであります。本来ですと、藤樹のお父さんが継いで侍になるのがふつうでありますけれども、お父さんはいわゆる戦というのでしょうか、そういうものが好きでなかった。ということから、農業一本でやってこられた。お祖父さんの方は、槍の名手として武勲をたてて、百石の家禄をもらっておりましたので、そういう家禄をみすみす無くすのはもったいないということで、孫の藤樹を跡継ぎにして家禄を継がせようと両親を説得したわけです。両親はお祖父さんの懇望ですから、「やむなし」ということでしぶしぶ承諾しまして、それで藤樹は九歳の年にお祖父さんに連れられて米子に移り住んだのであります。

一年ほどして、藤樹十歳の年に、今度は愛媛県の大洲という土地へ移り住みます。いわゆる藩主の領地替え、転封がございまして、家臣ともども全員が大洲へ移り住んだわけです。藤樹は十五歳の年に元服いたしますが、この元服した年に七十五歳のお祖父さんは亡くなります。元服しましたので、お祖父さんの家禄をうけ継いで、一人前の大洲藩士となり大洲藩で生活をおくることになるのです。そして十九歳で「郡奉行」になります。この十九歳というのは早かったのか遅かったのか私は知りませんが、まあ大洲藩では抜擢されたという言い伝えがあります。

二十二歳のときと、二十五歳のときの二度ほど、藤樹は故郷の小川村へ帰ってこられます。お暇をもらって里帰りをされたのです。特に二十五歳のとき、その頃はお父さんもすでに亡くなっておりまして、お母さんも病気がちでありましたので、「お母さん一人で大変でしょうから、一緒に大洲に住みませんか」というふうに言われたのですが、お母さんは「そんな遠い知らない土地はかなわない」と断ったということで、藤樹はまた、大洲で一人生活をおくるわけです。

しかし、いつまでもお母さんを一人住まいさせておくわけにもいかず心配でしたので、二十七歳の春、家老に辞職を願い出るわけです。それと先生自身も二十五歳のころから、喘息を患っておりまして頑健ではなかった。なかなか公務に耐えがたい体でもありましたので、辞職を願い出たわけであります。ところが、簡単に「はいそうですか」というようにはいかないわけですから、とうとう二十七歳の冬に藩主の許可を得ることなく、大洲藩を出奔して帰郷するのです。

脱藩というと、これはいわゆる法令違反ですから、藩から追手をかけまして、見つけ出して切腹もしくは打首、すなわち「死罪」ということになります。先生は、当然覚悟のうえで脱藩しましたが、お母さんの目の前で切腹となりますと、これはかえって親不孝というものですから、京都の友人宅に逗留いたしまして、ここで藩のお咎めを待ちました。しかし先生はなにも悪いことをして脱藩したのではなく、老母に孝養を尽くしたいその一心で脱藩したわけですから、結果的に藩からのお咎めがないとわかりましたので、その年の十二月末にやっと小川村へ帰ってきました。これで老母と水入らずに過ごしたのですが、浪人という不遇の生活ですから給料もなにもありません。二十八歳から四十一歳までの約十四年間、清貧生活のなかにあって熊沢蕃山や泉仲愛など、有能な武士身分の門人には「儒学」を教説し、それとともに郷党の人々には「人としての道」を善導したのであります。藤樹は、近江の僻村において以上のような後半生を送られたのであります。

二　己れを修める

ところで中江藤樹（一六〇八―四八）については、いずれの辞書にも「江戸時代前期の儒学者。わが国陽明学の開祖。死後近江聖人と呼ばれた」などというように書かれておりますが、この儒学とか儒教、これはいったいどういうものなのか。これがわからないと中江藤樹という歴史人物がみえてこないと思いますので、そのへんのことを含めましてレジメに沿ってお話申し上げたいと存じます。

儒教、儒学は昔から「孔孟の学」とも呼んでおりました。「孔」とは孔子、「孟」とは孟子であります。今から約二千五百年に生まれた孔子、その孔子から百年後に生まれた孟子、この二人によって説かれたものを儒学、儒教と称し、そして「孔孟の学」のテキストは何かと申しますと、俗にひっくるめて「四書五経」と呼んでおりますが、これをずっと読みますと、一生かかっても読解できませんけれども、まあ昔から、四書五経の教えのエッセンスというのは、「修己治人」「己れを修めて人を治むる」という、わずか四文字でおさまると言われております。

「己れを修める」というのは、自分自身のなかに具わっている徳を美しい鏡のように磨くという道徳行為です。そしてその徳を磨いた人が「人を治める」というのは、これは政治行為であります。つまり、人を治めるためには権力をもって人を一定の方向へ有無を言わさずに導くわけですから、人の上に立って政治をおこなおうとするならば、まずなによりも「己れを修める」こと、自分の徳をしっかりと磨いたのちに政治にたずさわるべきである、と。これが「修己治人」、「孔孟の学」のいちばんの眼目ということになります。たとえば、『論語』の孔子のことばのなかに、

古えの学者は己れの為にし、今の学者は人の為にす。

(岩波文庫)

とあります。孔子は最初にも申しましたが、今から約二千五百年前の人でありますけれども、それよりもっと古い時代の学者、学者というのは大学の教授とかそういう専門分野の人ではなくて、いわゆる生涯学習をなされている方ですね。そういう人たちは「己れのため」自分のためにし、今の学者、孔子の時代の人たちは「人の為にす」と、こう書いてあります。

どうも昔の人は、ちょっと利己主義に走っている。その点、今の学者はやっぱり偉い、だから「人の為にす」と。これが大事なことだと、そのように思うわけですけれども、昔からの解釈は、これは逆であります。いにしえの学者が「己れの為にす」というのは、自分に具わった徳を磨いて、そして自身の日常の言葉づかいや行いをりっぱにするために学問を修めた。それにたいして、今

の学者が「人の為にす」というのは、世間に自分を売り込むために学問をしていると指摘したわけであります。一種の堕落というのでしょうか、そういう学問する人の堕落を孔子は説いているんですね。なによりも己れのためにすることがいちばん大事だということを、ここで説かれてのであります。

次に取り上げたのは、四書のひとつ『孟子』にあります有名な孟子のことばです。

学問の道は他なし、其の放心を求むるのみ。

（岩波文庫）

「ほかなし」と読んでもよいのでしょが、昔から「たなし」と言っております。「其の放心を求むるのみ」と書いていますが、学問というのはただひとつしかないのだと。その放たれた心を求めるのだと。「放たれた心」というのは、仁の心であり義の心、それらは生まれながらにしてわれわれに具わっている本心、本来保持している心のことであります。それがいつの間にか忘れていると いうわけです。それをふたたび取りもどすのが学問の道であるということですね。この孟子のことばも、孔子のことばと本質的におなじことを述べているのであります。

次に明代の大儒王陽明の有名なことばとして二つだけ挙げておきました。順番から行きますと、朱子になるわけでありますが、本日は藤樹がメインですので陽明学ということで王陽明を取りあげてみました。『伝習録』にこんなことばがあります。

蓋し四書五経は、この心体を説くに過ぎず。

（岩波文庫）

そもそも聖人の説かれた四書五経という膨大な書物というものは、ただわれわれ一人ひとりの心の本体を説いているに過ぎないんだと、こういうふうに王陽明が言っているわけであります。こういうふうに端的に言えるというのは、王陽明が非常な確信をもっていたからだろうと思います。王陽明という儒学者は、今から五百年前の人でありまして、わが国ではちょうど応仁の乱、そういう頃に活躍した人でありますけれども、しごく簡単なことばで喝破しております。

もうひとつ、これはよく知られていることばでありまして、たぶん皆さんもよくご存じだろうと思います。これは門人にあてた書簡にあることばです。

山中の賊を破るは易く、心中の賊を破るは難し。

（『王文成公全書』）

こちらにじゅうぶんな武器さえあれば、山中の賊を打ち破ることは簡単なことであります。けれども「心中の賊」、われわれの心のなかに巣食っている賊というものを取り除くのは、これはなかなか難しいですよ、とこういうのですね。「心中の賊」について王陽明は「人欲」ということばで言っています。人間だれしもが持っている利欲、欲念。その人欲にたいして本当の心は、それは「天理」だというんですね。天から賦与された徳、それが天理。その天理をみんなは忘れている、と指摘しているわけです。

　このような孔子、孟子、王陽明のことばに共通している思想と言いますと、これは「心学」といえるかと思います。王陽明自身は、はっきりと自分の学問は「心学」だと申しております。天から与えられた心を磨き、そして育てる学ということになります。

三　藤樹の教説

　中国のそういう学問をうけまして、藤樹はどういうふうなことばを発しているのかが次の資料です。全部で六篇をレジメに載せておきましたが、おもには藤樹の代表的著書であります『翁問答』から摘出いたしました。

　それ学問は心のけがれをきよめ、身のおこなひをよくするを本実とす。文字なき大むかしにはもとよりよむべき書物なければ、只聖人の言行を手本としてがくもんせしなり。

（岩波文庫）

まず、「学問は心のけがれをきよめ、身のおこなひをよくするを本実とす」とあります。学問というのは、われわれの心の表面に識らず知らずのうちに着いた汚れ、美しい鏡がいつの間にか汚れてくるように、ホコリなどが鏡の表面に付着してくるわけですから、いつもそれを取りのぞいて元の美しい鏡にしなければなりません。学問もまた、それと同じことであって、ただ難解な本を読んでそれを一生懸命しらべ、おぼえるのが本来の学問の目的ではない、ということをここで言っているのであります。「文字なき大むかしには」、文字というのは漢字ですね。漢字が発明される以前の中国の大むかしは、「もとよりよむべき書物なければ」、そりゃそうですね。漢字がないのですから当然書物などもありません。「ただ聖人の言行を手本としてがくもんせしなり」と、こう書いてあります。聖人というのは、たとえば三皇五帝、夏の禹王、殷の湯王などといった歴史的人物をさしているのですけれども、そのような聖人の放ったことばやおこない、それを手本として人々は学問をしたんだというのです。だから机のうえだけの学問は本当の学問ではないと、こういうふうに述べています。

次に、学問にも真贋があるという前提にたって、こう述べております。

にせの学問は博学のほまれを専とし、まされる人をねたみおのれが名をたかくせんとのみ、高満の心をまなことし、孝行にも忠節にも心がけず、只ひたすらに記誦詞章の芸ばかりをつとむる故に、おほくするほど心だて行儀あしくなれり。聖賢より下の生れつきに高満の邪心なき人はなし。天下の悪逆・無道をなし、或はきちがい、或は異相になる人、みな此満心のなすわざなり。（岩波文庫）

たいへんきびしいことを藤樹は言っております。「にせの学問は博学のほまれを専らとし」ですね。広く「あの人はなかなかの博学だ」とか、「よく知っているな」とか、そういうことを世間の人から評判されることで喜びを感じ、そのためにひとたび自分より優れた成績のある人が現われるとねたんだり、またいっぽうでは自分の名声を売らんがために、「高満の心をまなことし」としている。あいつはなかなか高満ちきな人間や、などとよく言いますが、あの高満ですね。そういう高満の心におおわれますと、人にたいする思いやりとか、人にたいする慈しみということをひとつも心がけずに、「ただひたすらに記誦詞章の芸ばかりをつとむる故に」とあります。記誦詞章というのは、これが先ほど申しました机上の学問のことであります。べつのことば言いますと、「口耳の学」ということばで『翁問答』に書かれています。こんな学問ばかりしていますと、かえってその人の「心だて」や「行儀」が悪くなるというのであります。「聖賢より下の生まれつきに高満の邪心なき人はなし」と。聖人や賢人、孔子や孟子といったりっぱな人より下の生まれつき、まあわれわれのような凡人は、みな「高満の邪心」を持っているのだというのであります。「天下の悪逆・無道をなし、或はきちがい、或は異相になる人、みな此満心のなすわざなり」と。この「満心」というのは後で申しますけれども、普通はりっしんべんの「慢」の漢字を使っていますけれども、藤樹はあえてこの「満つる」「満月」の「満」という漢字を使っております。

そして、『大学蒙注』には次のことばが書かれています。

学問の道は他無し、明徳を明かにするのみ。

（『全集』第二冊所収）

学問の道はただひとつ、それはわれわれの方寸に具わっている「明徳」を明らかにすることだと。『孟子』の有名なフレーズであります「学問の道は他無し」をそのまま援用したかたちで、藤樹のばあいは明徳を明らかにするのみとしたわけです。この「明」という漢字は、月と太陽とで構成されていますので、明徳はそれほどに輝かしい最高の徳であるというふうに理解できます。その明徳を磨き、育てるという解釈になるわけです。ご承知のとおり「明徳を明らかにする」は、四書の『大学』の冒頭にあることばでして、学問はまさしく自身の明徳を明らかにするものであると、ここではっきり述べているのです。

その次の文章は『明徳図説』にあることばでして、『持敬図説』とともに藤樹先生としては三十一歳のときの、いわば初期の作品にあたるものであります。

明徳は人の本心、天の人に与えし所以にして、人の得て以て万物より霊なる所のものなり。

（『全集』第一冊所収）

明徳というのは、すべての人間に具わっている本来性の心だというのであります。それは「天の人に与えし所以」とありますので、われわれがこの世に生を享けると同時に、天からわれわれすべての人間にひとしく与えられたものであって、「人の得て以て万物より霊なる所のものなり」と。つまり、天は万物を生み出す根源ですので、人間も動物も、樹木も草木も全部でありますが、そのなかで人間だけには天の心とおなじ「明徳」を与えられたというのです。ふつう「天」と申しますと、目に見える広大な大空をイメージしますが、五経のうちの『書経』や『詩経』を読みますと、「上帝」とか「皇いなる上帝」といったことばが出てまいります。これも「上帝」と書かれていますと、いわゆる中国の皇帝、エンペラーを想像しますが、この天という広大な宇宙は一分一秒の狂いもなく永久に動いており、時には心胆がちぢみあがるほどの風雷も起こることから、素朴な古代の人々はそれを主宰している者がきっと天上にいるはずだと想像いたしまして、それで「偉大なる上帝」と呼んだのであります。それはともかくも、上帝はすべてを生み出す万物の父母だと、こういうふうに言って、それをたんに「天」とわれわれは言っているのであります。

この明徳についてもうすこし述べてみたいと思います。この皆さんご承知の孟子の「性善の説」がございます。「性」という漢字のりっしんべんは「心」でありまして、すなわち性とは「生まれながらの心」ですので、人間がオギャーと生まれると同時に具わっている心、それが「善」であると孟子はいうのです。その「善」をべつのことばで言いますと「明徳」であるということになるわけです。天がわれわれ人間だけに与えられた心、本当の心だということであります。あの人は徳があるとか、この人はなかなかの人徳の具わった人だ、などとよく申しますが、この「徳」という漢字のもともと古い漢字の形は、と言いますと、直進の「直」とその下に「心」と書いてありまして、これがもともとの「悳（トク）」という漢字であります。そういうことから藤樹は、徳を「なおき心」というふうに読んでいます。「なおき心」とは、「まっすぐに正しい心」ということです。まっすぐに正しい心を持っている人が、すなわち「徳のある人」ということになります。それをのちのちの学者が「明徳」という成語に表現して普及し、それがのちになって『礼記』のなかの一篇に載せられ、さらには四書の『大学』という独立の書物として登場し、いちだんと世間に大きく広まったということになろうかと思います。

さて、藤樹は門人からさまざまな質問を受けます。そうした質問をもとにしてのちに一冊の問答形式の書物にまとめたのが『翁問答』でありまして、藤樹三十三、四歳の作品とされております。そのなかに次のような答問がございます。

体充問曰、国大名あるひはその家老たる人の第一にあしき疵はいづれにておはしまし候や。師の曰、私の一字なり。私なる人はかならず気随なり、気随なる人は必人の異見をきゝいれず、世のそしりをかへりみず、……

（岩波文庫）

体充というのは、架空上の門人の名前でありまして、その体充が先生に質問したのです。国大名と申しますのは外様大名とか譜代大名を指しているのでありますが、その国大名ならびにそれぞれの藩の家老にとって、いちばん悪い欠点は何ですかと先生に問うたわけです。「師の曰」、これは藤樹の発言ということになりますね。それは「私の一字なり。私なる人はかならず気随なり」と。

自分の考え方にこだわる心がおもてに出てくる人は気ままだということです。それがゆえに、部下からのいろいろな異見、自分の考えとちがった意見ですが、それに対して素直に聞き入れようとはしない、いろんな建言も無視してしまうというのです。そして、世間のうわさでこう言っていると知り得ても、まるで知らん顔をするというのですね。そのようなことが国大名ならびに藩の家老のいちばんの欠点だというのです。この私におおわれた心、宋代の大儒朱子は『論語集注』のなかで意のことを「私意」と表現しています。それがゆえに、『大学』の「意を誠にする」は、良い意味での意ではなくて、わたくし心の意という意味になるわけであります。誠意主義。山田方谷先生は、この誠意ということばをすこぶる大切にされたということですが、「意」はわたくし心の意味でして、良い意味の「意」ではないのであります。その良くないわたくし心を誠実にすることが大事だというのです。

次の文章もおなじく『翁問答』にあるものです。

体充問曰、諸侯・卿大夫の第一に守りおこなひてよき事はいかゞ。師の曰、謙の一字なり。我くらゐたかきにおごり自満する魔心の根をたちすて、義理の本心をあきらかにして、かりそめにも人をあなどりかろしめず、慈悲ふかく万民をあはれみ、諸士に無礼をなさず、……

（岩波文庫）

「諸侯」と申しますのは、たとえば古代中国の周王朝の時代において、天子である周の王様から領地の所有をみとめられた地方の君主でありますので、日本的には先ほどの江戸時代の大名に相当いたします。したがって、「卿大夫」と申しますのは、藩の家老ということになるかと思います。その諸侯ならびに卿大夫としていちばん大事なものは何ですかと聞いたところ、先生はただひとこと「謙の一字である」と、こう言いました。そして、自分の位が高いということにおごり、「自満する魔心」の根を取り除いて、「義理の本心」、義理の本心というのはやはり明徳の心ですね。そのすべての人がひとしく具わっている明徳を明らかにして、ほんの少しでも人をバカにしたり軽んじたりせずに、いつくしみの心でもって領民をあわれみ、そしてまたあまたの家臣にたいして無礼な言行をせず、そばに仕える家老や出頭人の諫言をよく聞き入れ、とこういうんですね。つまりは、「謙」の心が諸侯や卿大夫の一番だいじなものであるとこういうふうになります。「謙」という漢字には、謙虚とか謙譲などという成語がよく使われておりますように、「いやあ、私にはとてもとても適いません」というへりくだった態度であります。その反対のことばでありますは、「われこそが、われこそが」という人を蹴落とすごとき態度でありますね。だから『書経』という書物のなかに有名な「満は損を招き、謙は益を受く」とありますように、「満心」のある人は長い目でみれば結局においで損をこおむるわけであります。すべて失ってしまうんです。人も財産もなにもかもです。われわれの心がけるべきは、謙虚な生き方が世間的には損にみえるけれども最後にはだいじなもの、ほんとうの心の「財」を得ることができると。これが四十一年という藤樹の生涯を貫いた人生哲学であったように思います。

次に、藤樹の学問研究がどのような基本的理念で臨まれたかということを『藤樹先生行状』から紹介いたします。

先生、博ク先儒ノ説ヲ講求シテ、精微ヲ極メズト云コトナシ。然レドモ、其異同ヲ心ニヲカズ。故ニ身終ルマデ一言先覚ノ得失ニ及バズ。或ハ世儒ノ語トイヘドモ、是ヲ読デ佳ナル者ヲヤ反復シ、必ズ諸生ヲシテ記セシム。要スルニ、修徳ノ筌蹄ヲ求メテ其他ヲ問ハザル者ノ如シ。（『全集』第五冊所収）

藤樹は、たしかに十三経をはじめ広く先儒の説、つまり漢唐の学者、さらには宋明の学者にいたるまでひとわたりの学説を、もちろん精力的に研究されました。「然レドモ、其異同ヲ心ニヲカズ」と。異同というのは、たとえば一つの語句を解釈するのにA学者はこう言っている、それにたいしてB学者は批判をくわえてこう言っている、Aの説は良いけれどBの説はこの点が間違っているなどと、あたかも重箱の隅をほじくるようなこまかな研究の実状ですね。そんな訓詁のレベルにこだわった学問研究を、藤樹はされなかったというのであります。それゆえに、生涯にわたって先儒の学説を批判しなかった。朱子の説はダメで、王陽明の良知説は最高であるとか、そのような発言を先生は門人にたいしてもなされなかったというのであります。「或ハ世儒ノ語トイヘドモ」、世儒というのは世間一般の学者と思いますが、そのような今でいうジャーナリストの言論であっても、良ければそのことばを書き留めておくことを門人に指導された。そしてそういうものを自分のものにしていく。要するに、自身の徳、明徳を修めるための手段というか目的にしていたということで、それで明徳を修めるための「筌蹄」と表現しております。「筌」はウケと言いまして、竹でつくった魚をとる道具であります。「蹄」はウサギを捕獲するための罠であります。どちらも獲物をとるための道具でありまして、つまり先覚の学問などは藤樹にいたしますと、それは自分の徳をみがくための道具にほかならないのです。この一点に学問の目的をしっかりと置いていますので、それ以外のことはいっさい問わない。それゆえに、藤樹は先覚の学説にたいしてどうのこうのというような批判をなされなかった、と門人たちが回想して、それがのちに文章化し集成したのが『藤樹先生行状』であったように推測できます。

四　蕃山と仲愛の入門

それでは、次に熊沢蕃山（一六一九―九一）のことに触れておきたいと思います。蕃山の教えにつきましては、私はそんなに詳しく知りませんので、ここでは蕃山が藤樹の門をたたくいきさつについて、『藤樹先生年譜』をつうじてご紹介いたしたいと思います。

寛永十有八年辛巳。先生三十四歳。

冬、熊沢伯継、来テ業ヲ受ク。秋、始テ来テ人ヲシテ謁ヲ請フ。先生、其志ノ真偽ヲ知ズ。故ニ固クコレヲ辞ス。左、請テ已ズ。先生、書ヲ以テコレヲ辞ス。其詞曰、〔闕〕。左、尚請テ曰、タトヒ教ニ与ラズトイフトモ、如何ゾ一タビ拝謁スルコトヲ許サヾルト。其情甚ダ愁テ涙ヲ滴ルニ至ル。先生、其情状ヲ聞知シテコレヲ憐ミ謁スルコトヲ許ス。尚業ヲ受ルコトヲ許サズ。強テ帰ラシム。冬、又来テ固ク請テ已ズ。是ニ於テ終ニ業ヲ授ク。

（『全集』第五冊所収）

中江藤樹三十四歳、熊沢蕃山二十三歳のときのことであります。その年の七月に、蕃山が近江の僻村であります小川村へやってまいりして入門を請うわけでありますが、藤樹はことわります。それであらためて蕃山は、この『年譜』には冬となっておりますが、秋九月にふたたび小川村をおとずれまして、蕃山の熱意、求道心につよく感じるものがあったのでしょうか、入門を許可いたします。さいしょ蕃山がだれの紹介状を持って来られたかについては、現在のところよくわかりません。このころの蕃山は、ちょうど琵琶湖の対岸の現在の近江八幡市の桐原という寒村で浪人生活を家族とともに送っておりまして、毎日、「ゆりご雑炊」と申しますからニワトリなどにあたえるような屑米の雑炊ばかりを主食としていて、もう何年もお茶の味やお酒の味を忘れたなどと、蕃山の著書に書かれております。それほどに失職した武士というのは、極貧の生活を強いられることになるわけであります。

そうしたきびしい浪人生活に甘んじていた蕃山ではありましたが、次第に学問を修めることの必要をつよく感じまして、桐原村の郷士から朱子の『四書集注』を借りて独学自修するわけですけれども、どうしてもわからないところが出てきます。そうした疑問を解決するために、仕事の合間をぬっては時おり京都に往くわけです。京都には「町儒者」と呼ばれる訓詁専門の儒者がいましたので、ともかくこれぞと思う儒者を尋ねるわけでありますが、心から納得できる儒者には巡り会えずにいました。そういうおり、たまたま京の宿屋の泊り客のなかに、近江の河原市宿の馬方が、自分の無くした大金二百両をわざわざ泊っている宿屋まで届けてくれた、という飛脚の体験談を涙しながら語っているところをそっと聞きまして、「村民にこういう廉直な生き方を教えている人物こそ本当の儒者にちがいない」と思いまして、蕃山はとりいそいで近江の小川村に藤樹を尋ねたというのでありま す。小判二百両と申しますと、現在の価格に置き換えますとざっと二千万円ちかくになるのではないかと思います。たいへんな大金であります。ともかく、このような正直馬方の美談が、すなわち蕃山が入門にいたる直接的なきっかけでありました。「先生、其志ノ真偽ヲ知ズ」ということで、入門を断ったわけです。「左、請テ已ズ」左というのは左七郎を略したもので、蕃山のなまえです。それでも先生の門人となって学びたいとお願いするのですが、藤樹はなにか書きものをしたためて、それをそばに仕える門人を介して渡します。したがって、直接的に面会などはしていないわけです。それで蕃山は、「たとえ教えを受けられずとも、せめて拝謁だけでも」と涙を流しながらお願いしました。そこではじめて、座敷に上がらせて会うことを許したのです。藤樹の住居はそんなりっぱなものではありませんし、俗にいうところの田の字の四間程度の部屋ぐらいしかなかったように思います。それでもまだ、門人となることを許さずに、しいて家に帰らしたということであります。

それからふたたび、蕃山は秋九月にやってまいりまして、ここでようやく入門が適いました。翌年の四月までのわずか七か月ほどでありましたが、経済的にもおそらくこれが限度だったのかも知れません。藤樹は、この蕃山ひとりのために『孝経』『大学』『中庸』の三書のみをテキストにして、おそらく儒道の真訣ともいうべき「心法」をあますところなく伝授し、たがいに切磋琢磨したものと思われます。

熊沢蕃山は、皆さんご承知のとおり、やはりなんと言っても江戸時代随一の経世学者であり思想家でありまして、そのような歴史人物を輩出する要因が、藤樹とのわずか七か月ほどの勉学のなかにあったということができると思います。そしてそれ以後において、蕃山と藤樹とがふたたび相まみえて勉学する機会は一度もありませんでした。あとは書簡のやりとりをつうじて藤樹に教えをもとめるということでして、今でいう通信教育のようなことをなされておりました。後半生の十四年間、近江の僻村にその生涯をとじた藤樹が、かくも歴史にその名を残されたというのは、これはある意味では、門人となった蕃山の功績であると申しても過言ではありません。巷間よく言われるように、教育する者にとって、自身の学力以上の成績を残すほどの学生を育てることがいかに大切であるかを、この藤樹と蕃山との事例からよく知ることができるように思います。

次の資料は、わずか一行だけですが、泉仲愛（一六二三―一七〇二）の入門にかんする記事でありまして、これも『藤樹先生年譜』に載せております。

正保元年甲申。先生三十七歳。

秋八月、岩田長来テ業ヲ受ク。（『全集』第五冊所収）

岩田とは泉仲愛の旧姓であります。もちろん蕃山の実弟でありますけれども、十四歳のときに平戸藩に出仕しまして、そののち岩田治左衛門家の養子となり、そして義父死去ののち家禄二百石の平戸藩士となって、藩主松浦鎮信に仕えていたというわけであります。そしておそらく実兄蕃山からつよい勧誘がありましたので、平戸藩を致仕して浪人となり藤樹のもとに学ぶことになった、という経緯であったと思われます。ときに仲愛二十二歳の入門でありました。

五　池田光政の教学思想

その次の資料は『有斐録』であります。江戸中期の寛延年間、備前岡山藩の三村永忠の著わしたものでして、主として岡山藩主池田光政（一六〇九―八二）の嘉言・善行などを集録せられたものでありますが、藤樹およびその門流のこともすこしく触れられておりますので、ご参考になるかと思います。

江州小川の邑中江与右衛門、藤樹先生と号す。王氏の学にして、道徳甚尊し。公御尊敬被レ遊、常に御文書を以て御議論有。江戸御往来には、大津の辺へ出て見へ給ひ、或は御旅館へ御招有て、御饗応御閑話等有。先生没後、神主を西之丸に設給ふ。賢を尊ひ士をしたしみ給ふ事是のみならす、先生の長子太右衛門備前へ招き、御客並の御会釈にて甚重し。敏達才芸有しに、廿二歳にして病死せり。仲子弥三郎禄四百石、綱政公之御時、病の故を以て致仕して、江西に帰る。先生高弟中川権左衛門、熊沢次郎八、泉八右衛門、加世八兵衛等、甚御信用遊はさる。

（『史籍雑纂』第二所収）

中江与右衛門とあります。じつは中江藤樹というのは、のちのちの学者が言ったことでありまして、書簡には「中江与右衛門」、著作には「中江原」、正式には元服をもって「中江与右衛門惟命」と名乗りました。先生の住居のそばにひときわ大きなフジの老樹が生えていまして、そのことから門人たちはだれいうとなく「藤樹先生」と呼ぶようになったわけであります。そして、光政とはつねに書簡をつうじてご議論をなされたとありますが、今日、光政から出された書簡とか、あるいは藤樹から光政にしたためられた書簡などは、残念ながらいっさい残っておりません。少なくとも『藤樹先生全集』には載せられてはおりません。「江戸御往来には、大津の辺へ出て見へ給ひ」とありますので、これは参勤交代のことでして、その途次、東海道の大津の宿で藩主がお泊りになったとき、藤樹を本陣にお招きしておそらく学問上のご議論をなされた、ということが記されております。このことについては、たとえば有名な『池田光政日記』をはじめとして、他に書かれた資料がありませんので信憑性に乏しいのですが、考えてみますと元大洲藩士であって現今は大溝藩領に住む浪人という立場からいたしますと、おもてに出てしまうことを憚られたといえるかも知れません。もしかしたら、藤樹は極秘裏のうちに、門人の中川権左衛門をつれて大津の宿に往かれた可能性はあったようにも思います。舟を利用しますと、丸一日あれば往復できる距離でありますので、その辺のことをすこしく私も調べてみました。

まず言えることは、正保二年（一六四五）六月に蕃山はふたたび岡山藩に仕えます。そして翌年の正保三年（一六四六）五月、このとき光政は江戸から帰国されていますので、この年はもちろん藤樹と謁見していません。その次の正保四年（一六四七）二月、蕃山は近習として三百石を拝領することになりまして、ここで正式に岡山藩士となったということなのでしょう。それで翌月の三月に光政は江戸へ参勤に出られます。この往きのときに、蕃山の熱心な進言があって、もしかしたら東海道の大津の宿の本陣に、藤樹を招かれたのではないかと推測できます。そうして翌慶安元年（一六四八）五月に、光政は江戸参勤が終わって帰国の途につきます。そのときもまた光政は大津の宿に泊ります。したがって、この往復の二度の可能性ですね。ところが、藤樹はご承知のとおり、長年の持病であります喘息がさらにこうじて、慶安元年（一六四八）八月二十五日に亡くなりますので、そんな亡くなる三か月前に大津まで出向くことのできるような身体ではとても無かったように思います。それゆえ、光政と藤樹との会見がもし実際に行われたという仮定で考察いたしますと、正保四年（一六四七）三月しか考えられないというわけであります。それとともに、その会見の場に蕃山が同席されていたことはいうまでもありません。そういう意味で、『有斐録』のこの記事はまったくの作り話であったとは言えないのであります。(1)

続けます。「先生没後、神主を西之丸に設給ふ」とあります。「神主」と申しますのは、儒教式の位牌のことです。その藤樹の神主をわざわざ岡山城の西の丸に祀られたということであります。この神主は蕃山が製作されまして、それは今もなお備前市八木山の鏡石神社境内の神主堂に祀られております。

予定の時間がだいぶ迫っておりますので、すこし走りまして『有斐録』に載せてあります光政の「習心説」をご紹介したいと思います。

習といふ事、人々能可㆓心得㆒事也。百姓はぬかはしかの類を食して、しかと米なとは不㆑食ものと習におもふ也。百姓も人なれは、人の食物を食するは尤不㆑珍事也。然を牛馬の如く存なす習心より、少よろしけれは、牛馬に替り人かましき事をとかめそしるも、又是よりおこると見へたり。人間を禽獣のことく存なす事、習といひなから、天罰のかれ難かるへし。可㆓恐慎㆒事也。

（『史籍雑纂』第二所収）

いわゆる陽明学の思想はべつにして、はたして岩波版『藤樹先生全集』の第一冊、第二冊に載せられた藤樹の思想が岡山藩内に着実に広まったのであろうかということが、私は以前から関心を持っておりました。それでまずは『有斐録』を読んでいきますと、藩主光政の言説のなかに確かにあって、それを家臣の骨の髄まで染みこむがごとく、はっきりと教導しているということがわかりました。そのひとつが最初に取り上げました「習心説」であります。サムライの普段の観念として、農民・百姓というのはヌカしか食わない、白い米は食べないのだという、そんなふうに彼らをもともとから決めつけているというのですね。百姓も人間なれば、人が食べているものを食べたいと思うのは当然のことである。それなのに百姓をまるで家畜の牛馬同然に、まるで彼らを禽獣のごとく思っている「習心」から起因しているものだと、光政はきびしく叱責しています。この「習心」ということばはどういうことかと言いますと、われわれの心のなかに容易に取りのぞきがたい習癖、俗にいうクセでありまして、それを「習心」と言いますので、学習する心という良い意味のことばではありません。そういういわば狭隘な固定観念を取り除かねばならないと光政は説いているわけであります。この「習心」におおわれたその結果、聖人の心の具わったわれわれでありながら、ただの凡人・凡夫と化してしまうことになるのです。藤樹の学問が心学と称される根拠のひとつがこの「習心説」であります。

次に光政の「満心説」を紹介いたしますが、この『有斐録』にはほぼ同じ意味として、立心偏の「慢心」という漢字をもちいている箇所がありますが、これももともとは「満心」であったと思われますが、それはともかくしまして、次のような文章であります。

諸役人之過を正し候に、当分能受候而も、間に満心、是心ふかく其印無レ之候者、二応三応も議論仕、横目之申所理に落候て茂、直り不レ申候はヽ、又異見之手たてをかへ、或は品により、始より異見之申様も可レ有レ之、随分善に入候様に尽し見可レ申候。其上にて替事無レ之候者、可二申上一候事。
（『史籍雑纂』第二所収）

役人の識らず知らずのうちに犯した過ちを指摘すると、当面の間は守ろうとするけれども、時間がたつといつの間にか彼らに「満心」が出てきて二回も三回も議論しなければならず、なかなか直らないものである、というような内容であります。藤樹の著作をいちべつしますと、立心偏の「慢心」はひとつもありません。すべて三水偏の満ちるの「満心」を使っております。これは、『書経』のなかに「満は損を招き、謙は益を受く。これ乃ち天の道なり」（大禹謨）という人間社会における不変の大原則から来ているものと思います。従いまして、『翁問答』にもこの「満心」の語があちこちに出てまいりますので、たぶん光政も藤樹没後において慶安刊本の『翁問答』を読まれたものと思われます。

それでは次に光政の「自反説」であります。

又（御言に）曰、唯今御長久なる御代にて候故、用に立者なしと人々いふ。然れ共唯今にても用に立つ様に可レ成は、人々の覚悟次第と思ひ候。……惣して如二昨日一悪しき所を見て、我仕候はヽ如レ此してなとヽ心掛るは尤なり。君子の道を行ひ給ふも同し、人のあしき所を見聞給ひて、己か身に省み責給ふ也。然る時は日々に改まるへし。（『史籍雑纂』第二所収）

現今は天下泰平の世の中ゆえに、ことに武士にあっては用にたつ者はいないなどと世間の人々はいうけれども、世の中の用にたつか否かは人々の覚悟次第であると思われる。ようは、人の欠点を見たり聞いたりして自分の身に反省をいたすことであり、そうすれば日々に君子の道に近づくことができるのであると。藤樹は、著作のなかで「自反慎独」という成語をさかんに使われております。以上のように、光政の藩士教育というのはまさしく藤樹心学のいちばん根幹となすところを用いられたということがわかります。

ところで、承応三年（一六五四）七月、岡山藩内の旭川が異常な大雨のために氾濫して、一五六人におよぶ死者、さらには数千軒におよぶ家屋が流されるという甚大な被害が出ました。その翌年の正月二十七日、光政公はその災害復旧にあたる家臣の実状をみて、厳しく申し下します。そのごく一部が次の資料であります。

当町末々又は山々乞食、殊外草臥申者有レ之由、町奉行も手不レ廻、飢人奉行も行不レ届者多候由、幾度被二仰付一候而も、慈心少き者は行不レ届と思召候故、銀子五貫目、中江虎之介方被レ下、皆其救漏候者共をすくひ候様に被二仰付一。（『史籍雑纂』第二所収）

住む家が水に流されて塗炭の寝食となってしまい、まるで乞食同然のような領民が相当数におよびました。その被害のおおきさに町奉行も手がまわらず、飢人奉行さえも行き届かないという状況でしたので、それでも光政が領民の救済をかれらに指示したのでありましょう。けれども、「慈心少なき者は行き届かずと思し召し候」と、いくら光政が家臣に言っても、人をいつくしむ心の乏しい人間はダメだと述べているわけです。いくら高い地位にある藩士であっても、苦難にあえぐ人を目の当たりにみても、慈悲の心がなければ、それはあたかも「馬の耳に念仏」だと、こういうことであります。それで光政は、藤樹の長男であります中江太右衛門や門人の中川権左衛門など、藤樹の門人に銀子五貫目を渡されて、救済漏れの領民をこの金で救うように仰せつけられたのであります。このときの太右衛門は元服前の十四歳という若さでありまして、光政公はいかに太右衛門の人柄を評価されていたかがうかがえる記事であります。

六　仲愛の逸話

最後になりましたが、江戸中期の儒学者松崎尭臣（一六八二—一七五三）の著わした『窓のすさみ』という随筆集に載せられています蕃山の実弟、泉仲愛の逸話を読んでみたいと思います。松崎尭臣という儒学者は、京都の伊藤東涯や江戸の荻生徂徠などにまなんだ儒学者でありますが、のちには丹波篠山藩の家老にも就いております。

さて泉仲愛は、藩主光政のもとで岡山藩の学校総奉行という重職に就きます。今でいうところの岡山県の教育行政のトップとして、長きにわたって活躍された人物であります。ここに紹介しますのは逸話でありますから、史実かどうかははっきりわかりませんが、仲愛の藤樹からまなび得た心学の理念を現実の藩政のなかによく実現されているものと思います。〔文中の歴史的仮名遣いを現代仮名遣いに改める〕

備前の国の民、兄弟田をあらそい、年を経てやまず。光後には方人多くなりゆき、官人の旨にも従わず。光政朝臣（松平新太郎従四位少将）、「これは大備の政なればおろそかにならぬ事なり、泉八右衛門（了介弟）是を断ぜよ」と命ぜられ、泉は聖学に深く心ある人なりけるゆえとぞ。「何某、其職にあらずして、かかる事あずかり聞申さんようなく候」と度々辞しけれども、「思う旨有」とてゆるされざりければ、「さらば某が宅にて糺申さん」とて、兄弟を召寄、「方人の中事はとかくに聞じ」とて、ことごとく立させ、さて人を出していわせけるは、「今日は俄に急用出来せり、時移るべしうちとけて待居よ」とて、兄弟をばせばき一間に入置、終日出あわず。食物ねんごろに調してあたえ、酒をしいて酔しめ、「寒天なれば湯あみせよ」とて風呂を設て一ツに入けり。暮に及び又人を出して「こなたの事まだ終らず、更ぬ共今宵中に聞べし」とて、二人が中に火鉢一ツを置て、夜半に至るまで出あわず。兄弟のもの日中は物をもいわずして有しが、一間なる所に終日おもてをあわせて居りしかば、流石兄弟のよしみなれば、「寒きに近く寄て」と云しより、いつとなく居ざりより、火あたり居るより、竹馬の鞭のふりわけ髪なりししたしみを思い出候まま、おぼえずして親の世の事などふとかたり出ける程に、いつとなく慈しく慕しく覚えければ、兄が云よう、「つくづくおもうに、争の田だれかしかしいける故に、事つのりて訟に及びぬ。今よりは争をやめて、二人して作りなんや」と云に、弟は「今よりさあらば何の心はあらん」と云ける。「さらば此由を申て見ん」と云て、かくの如く存寄たるむねを云入ければ、八右衛門其仭出て、「二人が中所ことわりなり。めでたき事此上あらじ」とて、親の遺骸骨肉の去がたきことわり、彼等がしるようにこまごま説聞せしほどに、兄弟涙にむせび、打連て帰りしが、類稀なるばかりむつましき兄弟となりけりとぞ。必ず訟なからしめんとはかかる心にこそ。（『近古文芸温知叢書』第七編所収）

ひとわたり要約してみますと、次のようになります。備前の農民兄弟が、親ののこした田んぼの相続をめぐって争い、兄には兄の味方をする者、弟には弟の味方をする者もそれぞれ加担しあおったものですから、ついには役人の命令にも従おうとはしなかったのであります。ごくわずかな田んぼの相続争いに過ぎない一件でしたが、そのことを聞かれた光政は、このまま放置しておくことはならぬということで、いわゆる民事訴訟担当の奉行でなく、あえて学校奉行でありました仲愛に、この一件の解決を命ぜられたというわけでありました。仲愛は、それは専門外であることを理由に、藩主にお断り申し上げたのですが、「心に思うところがある」ということで聞き入れられませんでした。それで仲愛は、この農民兄弟を役所でなく自分の屋敷に呼びつけて、そうしてお客人をもてなす畳の部屋に案内させました。ふつうですと、テレビの時代劇に出てくる大岡越前守のように、おしらすの地べたか筵の上かは知りませんが、そこに坐らせてまるで罪人のような扱いで言い分を聞いたのち、頭ごなしにきびしい沙汰をするんでしょうが、仲愛はそうでなく、おそらく農民兄弟といえどもりっぱな人格を持った人間であるという信念にたって、兄弟げんかを無くしてしまおうと意図されたわけですね。

そして仲愛は、ただちに農民兄弟と面接することなく家臣をかいして、「ご主人は急用ができたので、しばらく待っているようにとの由」として、そのままにしておいたのです。昼になるとちゃんと食事をあたえ、さらに夕刻になるとまた食事とお酒も出してやり、さらには冬の時季であったのでしょうか、「風呂にも入るように」というように、まるで大切なお客人なみ待遇の扱いでありました。部屋の真ん中にはただ火鉢ひとつが置かれていて、そうして一日中部屋に居りますと、兄弟ふたりは喧嘩をしているものですから、おたがい顔を合わすことも話すこともいたしません。けれども、さすがは血のつながった兄弟のよしみで、「火鉢のそばに寄らんか」と言ったところ、いつとなくふたりは火鉢に居ざりよって火にあたりながら、兄弟がおさないころ竹馬に乗って無邪気に遊んでいたのを思い出し、また覚えず両親のいた頃のことも語り出して、ようやくふたりの心が氷解してきたのであります。

そこで、兄がこう言うのですね。「つくづく思うのは、争いの田んぼは誰かがけしかけたがゆえに、ことつのって訴えにおよんだもの。これからはふたり協力して米を作ろうではないか」と。それにたいして弟はこう言うのです。「兄さんがそういうのなら、もとより自分もおなじ気持ちです」と。そしてまた兄いわく、「このことを申し上げてみよう」と、お付きの家臣に申し上げたところ、すぐさま仲愛が部屋にやってきまして「ふたりの申すことはもっともなことである。めでたきこと、これ以上あらず」と言って、兄弟の身体は自分のものではなく、すべて両親からいただいたものであって、めいめいが自分勝手なことをなせば、それは親に不孝していることになるのである、などと兄弟によくわかるようにこまごま説き聞かせてあげたところ、兄弟は涙にむせび、打ち連なって家にもどったのであります。そうしてのちには、類いまれなるばかりの睦ましき兄弟となったということでありました(2)。

最後の文章は、『論語』に出てくる孔子のことばでありまして、「子の曰わく、訟えを聴くは、吾れ猶お人のごときなり。必らずや訟え無からしめんか」(顔淵)がその全文です。争いごとを聞いて解決にいたる判決をくだすことは、私もほかの裁判官とおなじようにできることである。そうではなく、争いごとの起こらないような静謐な世の中にしなければと願っていることが、彼らと異なるところである。このような孔子の思想は、まさしく光政の理想とした徳治主義の藩政のバックボーンとなるものでありまして、その具体的な実践としてあえて仲愛に託したということが言えるかと思います。ともに、『翁問答』には「臣下のよきもあしきも、国のみだるゝもおさまるも、畢竟主君のこゝろひとつにあり」(岩波文庫)とあって、光政は藤樹のことばをみごとに体現した江戸前期の藩主といえるかと思います。

七 結び

最後のまとめとして、二点だけ私の感想のようなものを申し上げみたいと思います。まず一点目は、宋代の儒学者程伊川のことばに「感有れば必ず応有り」(『近思録』巻一、岩波文庫)というのがあります。感とは感動、感激であります。心をゆり動かすできごとを体験したならば、その人はかならず応えるというのであります。教育の営みのいちばん大事な眼目はこれだと私は思っております。つまり、感動や感激があってこそはじめて、その人はなんらかの形で行動を起こしていくわけでありまして、しかも「必ず」と書いていますから例外はないというわけであります。感動のない授業を何回も何回も熱心に繰り返したとしても、それを聞かされた生徒は応えないということですね。ひるがえって藤樹にしましても、また蕃山、仲愛そして藩主光政にいたしましても、まさに真の教育者のすがたを、それこそほうふつとさせるものがあります。人を動かすということは、その根底に感動が不可欠だということになります。これがまず一点目であります。

もう一点は、これはまあ私の希望、私のこれからやってみたいことでありますけれども、この備前の農民兄弟の逸話は、以前、滋賀大学の附属図書館の旧教科書展(3)におきまして、明治時代の国語だったか修身の教科書だったか、そこはしっかり覚えていないのですが、載せられていた記憶があります。ようするに、文部省の発行した初等教科書に載っていたわけです。それを習った子どもたちは、泉仲愛のことも知ることになります。知っていると知らないとでは、ずいぶん違います。全部とは言えませんが、中江藤樹が旧教科書に載せられている件数を滋賀大学の付属図書館が調べたところ、そのパンフレットには五十以上列挙されておりました。いずれにしましても、藤樹、蕃山、仲愛そして藩主光政の選りすぐる事績を埋もれさせてしまうのではなく、次の世代に積極的に伝承していくべきではないかと私は思うわけであります。われわれの世代が意識してやっていかないと、将来において消えていくことになるように思います。人の生きかたを先人の逸話からまなぶところの原点が、本日お話いたしました中江藤樹、熊沢蕃山、泉仲愛そして岡山藩主池田光政にあるように思えてなりません。生意気なことばかり申しましたけれども、以上、私の取りとめのない話を終わらせていただきます。ご清聴有難うございました。

注

(1) 江戸末期の大坂の儒学者篠原元博の編んだ『湖学紀聞』

にも藩主光政と藤樹との面談のことが次のように書かれている。これには藩主の参勤の往復二回、大津駅にて面談したように書かれているが、筆者はその説を支持することは難しいと思っている。

「先生の道、諸侯能く知って之を師とする者、当時吉備烈公有り。先生、家居す。公、書を賜いて下問す。幾ど虚月無し。入覲して東下し大津駅に至る毎に、輒ち先生を駅館に延き、学を論じて旦に達す。西上の日亦た之の如し」(『全集』第五冊、三七七頁)

(2) 備前の農民兄弟の田地争いについては、それとまったく酷似した話が『北斉書』巻四六、循吏列伝の蘇瓊伝、おなじく『北史』巻八六、循吏列伝の蘇瓊伝にみることができる。おそらく藩主光政はかかる中国の正史を熟知したうえで、あえて泉仲愛にその解決を命ぜられたものと推測できる。文中の「天下に得難きは兄弟、求め易きは田地なり」は、まことに古今の名言といえよう。参考までにその列伝の関係箇所のみ左記する。

「有百姓乙普明兄弟争田、積年不断、各相援引、乃至百人。瓊召普明兄弟対衆人諭之曰、「天下難得者兄弟、易求者田地、仮令得地失兄弟心如何?」因而下涙、衆人莫不灑泣。普明弟兄叩頭乞外更思、分異十年、遂還同住」(『北斉書』巻四六、中華書局)

「有百姓乙普明、兄弟争田、積年不断、各相援拠、乃至百人。瓊召普明兄弟、対衆人諭之曰、「天下難得者兄弟、易求者田地。仮令得地失兄弟心、如何?」因而下涙、諸証人莫不灑泣。普明兄弟叩頭、乞外更思、分異十年、遂還同住」(『北史』巻八六、中華書局)

(3) ほぼ毎夏、滋賀大学附属図書館教育学部分館主催による「明治・大正・昭和戦前期 教科書展～修身・歴史教科書のあゆみ～」が実施されていた。中江藤樹のばあい、延べ八八回(種)におよんでいる。

〔付記〕 本稿は、平成十七年(二〇〇五)七月十日、第一七回閑谷学校文化講演会における「中江藤樹・熊沢蕃山・泉仲愛」である。その翌年五月発行の『閑谷学校研究』第一〇号(財団法人特別史跡旧閑谷学校顕彰保存会、二〇〇六)の八三頁から一〇〇頁にわたって収録していただいた。それをもとに今回、往時の不備などを加筆、補訂したのが本稿である。

岡田氏本『藤樹先生年譜』について

序

江戸中期の朽木藩士岡田季誠[1]の自筆写本『藤樹先生年譜』（以下、岡田氏本『年譜』と略称）は、藤樹書院所蔵資料のなかの『藤樹先生全書』[2]に収められており、現在は近江聖人中江藤樹記念館に委託保存されている。巷間よく知られている中江藤樹（一六〇八―四八）の人となりやその思想形成にかんしては、ほとんど岡田氏本『年譜』にもとづいているので、その視点からみれば、藤樹の書跡につぐ重要資料といえるであろう。

したがって、岩波書店版『藤樹先生全集』第五冊の巻頭には、この岡田氏本『年譜』を載せており、それにあわせて江戸末期の大溝藩儒川田剛の撰述にかかる川田氏本『年譜』および福島県喜多方地方に伝来した会津本『年譜』も収載しているが、その収載の仕方をみると、やはり岡田氏本の史料性を高く評価していることがうかがえる。この岡田氏本『年譜』の撰者について小川喜代蔵の解題によると、「先生に親炙し日夕其の高風を仰ぎたる人にあらざれば、焉ぞ能く此の如くなるを得んや。……三十九歳の時に筆を擱けることヽ共に先生在世の時、門人の手に成りしものなることを知るべし」（『全集』第五冊、一～二頁）とあり、さらに『全集』編さん主任加藤盛一の見解を援用して、藤樹四十歳、四十一歳の条は、「必ずや後人の追記に出でしものならん」（『全集』第五冊、二頁）ということをふまえると、岡田氏本『年譜』の三十九歳までの撰述者は、すなわち藤樹の謦咳にせっした有力門人ということになるであろう。かかる有力門人といえば、高弟の熊沢蕃山は除外するにしても、それ以外たとえば淵岡山、泉仲愛（蕃山の実弟）、中川謙叔、加世季弘などを想起できるけれども、手がかりとなるものは現在のところ見つかっていない。

さて、加藤もまた『年譜』撰述者について、「此の年譜は伝神の妙を極めて居り、必ず親炙の門人の作と認定すべき諸多の理由が存する」（『翁問答』岩波文庫、一九三六年、一九頁）として、親炙門人説を確信しているが、『中江藤樹』（日本思想大系、岩波書店、一九七四年）所収の岡田氏本『年譜』の校注者尾藤正英は、「岡田季誠の入手した年譜の原本は、正保三年までで完結していたに違いないのである」（四九八頁）という前提に立って、さらに次のような漠然とした説を立てている。

藤樹がある時期にまとめて自己の生涯を語ったのであったか、それとも門人らが多年の間に師から聞いていた話を整理して一書にまとめたものであったかは、判断しかねるが、ともかく正保三年にはまだ藤樹は健在であり、後者のケースであったとしても、いくらかは藤樹自身も本書の成立に関与するところがあったであろうと思われる。その意味では本書は、形式上は門人の著述であるけれども、内容上からは藤樹の自伝に近い性格をおびたものとみなすことが許されよう。（四九九頁）

つまり尾藤の説は、藤樹三十九歳までの『年譜』の撰述者について、それが藤樹自身によるものなのか、それとも門人の手になるものか判断しがたいので、両者をいわば折衷したような、しごくあいまいといわざるを得ない。いずれせよ、現在にいたるまで、岡田氏本『年譜』の撰述者がいかなる人物であったかは確定していないわけであるが、筆者は、すくなくとも親炙の門人でなく、藤樹みずからの撰述であると思っている。その主たる理由としては、三十三歳の条に記された《太虚一貫の道》という、藤樹発明の成語に注目しており、以下そこに焦点をあてて考察していくことにする。

一　一貫の道

まずは、問題の岡田氏本『年譜』寛永十七年（一六四〇）の条を知っていただくため、その全文を左に掲出する。なお、底本に句読点と、書名には『　』記号をふし、あわせて漢字は新字体に、異体字は通常の字体にあらためた。

十七年庚辰。先生三十三歳。
夏、『孝経』ヲ読テ愈味深長ナルコトヲ覚フ。コレヨリ毎朝拝誦ス。○今歳、『性理会通』ヲ読ミ、発明ニ感シテ毎月一日斉戒シ、太乙神ヲ祭ル。蓋シ古、天子ハ天ヲ祭、士庶人ハ天ヲ祭ルノ礼ナシ。此祭ヲ以テ士庶人、天ヲ祭ルノ事トス。是ヲ以テ此ヲ祭テ怠ラズ。後チ妻ノ喪ニ依テ止ム。喪終テモ亦病気ニ妨アルヲ以テ又祭ズ。

夏、『太乙神経』ヲ撰ラハントシテ稿半ニ及フ。病ヲ以テ終ニ成書ニ及ス。

秋、予陽ノ同志ノ求ニ依テ『翁問答』ヲ著ス。已ニシテ後其書、心ニカナワサル処多シ。故ニコレヲ改メント欲シテ、同志トイヘトモ博クコレヲ示サス。然レトモ癸未ノ春、梓人此ヲ盗ミ取テ板行ス。先生、此ヲ聞テ梓人ヲシテコレヲ破ラシム。此ヨリ後、改メ正ント欲ス。曰、上巻ハ孝経ニ触発シテ其意ヲ写シ書ス。故ニ其論穏当ナリ。下巻ハ世ヲ憤リ弊ヲ矯ム。是ヲ以テ其説、抑揚大過アルコトヲ免レス。故ニ先ツ下巻ヲ改ント欲スト。是ニ於テ数条ヲ改ム。疾ヲ以テ終ニ成ズ。

冬、『王龍渓語録』ヲ得タリ。始コレヲ読トキ其触発スルコトノ多キコトヲ悦フ。然レトモ其仏語ヲ間雑シ、禅学ニ近コトヲ恐ル。後、『陽明全集』ヲ得テコレヲ読ニ至テ、龍渓ノ禅学ニ近カラサルコトヲ知ル。且、仏語ヲ間雑スルノ世ヲ憫ムノ深コトヲ見ル。如何トナレハ聖人一貫ノ学、本太虚ヲ以テ準則トス。老仏ノ学、皆一貫ノ中ヲ離ス。唯精粗大小アルノミ。達人何ソ其言語ヲ忌ンヤ。且、当時仏ヲ学ノ徒多シ。是ヲ以テ其語ヲ間雑シテ其外ニセサルコトヲ示シ、皆大《ママ》虚一貫ノ道ヲ悟ラシメンコトヲ欲スルモノナリ。

藤樹の主著『翁問答』は、大洲藩の同志からの要請で起筆したのであるが、加藤盛一の説によるとそれは三十三、四歳の時という。ここで筆者が注目しているのは、執筆の真っただ中における三十三歳冬の条であって、解説をつけ加えて現代語訳すると、次のようになる。

冬、藤樹先生は、新渡の『王龍渓語録』を入手した。始めこれを読んだとき、〔心学の立場から〕その触発を受けることの多くあったことを悦んだ。しかしながら、文中には仏教用語が入り混じっているために、禅宗の教義に近いことが気にかかった。のちに、おなじく新渡の『陽明全集』を入手してこれを熟読するにいたって、陽明の高弟である王龍渓（一四九八―一五八三）の学説が、けっして禅宗の教義と関係していないことを知り得た。

そのうえ、仏教用語が入り混じるのは、世の中をあわれむ心の深いことと理解した。なぜならば、〔四書五経などに代表される〕経書に説かれた「聖人一貫の学」というのは、もとより太虚を規準にしているのであるから、老荘思想や仏教の教義もまた、この「聖人一貫の学」から離れることはない。ただ個々の教説における精粗や大小の違いが見られるに過ぎない。かれらが、どうして太虚というものを忌避することがあろうか。そのうえ当時は、ことに仏教に深い関心をもった人々がおおくいた。それゆえ、仏教用語が入り混じっても他意のないことであり、それらはすべて「太虚一貫の道」を人々にわからすために願ったものである。

この条に書かれた《太虚一貫の道》は、通行の「聖人一貫の学」と基本的におなじ意味合いであるが、あえて《太虚一貫の道》と表現したところに、藤樹の独創性を見出すことができる。このうち「一貫」という語は、たとえば孔子が曾子に語った有名なことば、「子曰く、参や、吾が道は一以て之を貫くと」(吉田賢抗『論語』明治書院、一九六〇年、九六頁)に起因していることは周知のとおり。吉田は、「孔子の説いた仁は諸徳の総名である」(九七頁)として、「孔子の教えは応病与薬で、人によって異なり、時に応じて変化があった。門人はその孔子の応接に遑なき答えの変化に理解し難いものがあったのであろう。以上の事情を考えてくると、曾子に向かって「吾道一以貫レ之」といった孔子の深慮が察せられる」(前掲『論語』九七頁)とあるように、あくまで門人にたいする心配りから発せられたことばといえよう。

いっぽうの「道」についても『論語』におおく散見する。たとえば、孔子が魯国を去って衛国に往く途中、儀の封人が孔子の門人にたいして語ったことば、「二三子、何ぞ喪ふことを患へんや。天下の道無きや久し。天将に夫子を以て木鐸と為さんとすと」(前掲『論語』八佾篇、八四頁)、あるいは「天下道有れば、則ち庶人議せず」(前掲『論語』季氏篇、三六六頁)というように、現今の為政者があるべき正しい政治を行わないために、社会全体がこうむる混乱のありさまをさして「道無し」と表現している。

ところが、藤樹の説く「道」とは、「人々固有ノモノニシテ、夫子ノ独得処ニ非ズ」(『全集』第二冊、八一頁)として、夫子(=孔子)ひとり獲得したものでなく、すべての人に具わっているものであるとし、さらに『翁問答』などにおいては、形而上の太虚が「道」の本体であることを明らかにしている。したがって、太虚に包含せられた、ありとあらゆる身近な日常生活の礼儀作法にいたるまで、すべて「道」というわけである。

〔a〕道は大虚《ママ》に充満して身をはなれざるものなれば、もとより平生日用の礼法も道なり。また非常の変に処する義も道なり。（『翁問答』岩波文庫、二〇五頁）

〔b〕道ハ大虚《ママ》ニ充満シテ離ルベカラザルモノナレドモ、人種々ノ限量ニ因テ道ヲ離ル。聖人ハ渾然トシテ意必ノ障礙ナキニ因テ、即チ道聖人、聖人即チ道ニシテ離ルベカラズ。（『全集』第二冊、一九四〇年、一三三頁）

〔c〕道ハ大虚《ママ》ニ充塞ストイヘドモ、元来人ノ方寸ニ具ル。只惑ニ因テ放心トナリテ道ヲ離ル。（『全集』第二冊、一七二頁）

〔d〕道ノ体段ハ太虚に充塞すといへども、自己執トコロノ欛柄ハ方寸隠微の上ニ御座候故ニ、……（「一尾子に答ふ書簡」『全集』第二冊、四三三頁）

このうちの〔b〕には、道すなわち聖人、聖人すなわち道であるとして、要するに『論語』に登場する孔子のように、意必固我（前掲『論語』子罕篇、一九八頁）、あるいは適莫（前掲『論語』里仁篇、九四頁）といった障礙のない言行が、すなわち「道」の具現ということになる。ところが、われわれ凡夫は、識らず知らずのうちに、自分の意見や主義にこだわるクセに汚染され、そこから抜け出せないために、「道」からとおく離れてしまうのである。なお、ここで注目すべきは障礙（＝煩悩）という仏教用語を、王龍渓と同様に、藤樹もあえて使っている点であろう。それはともかくとして、〔c〕には「道」は本来的に、われわれ一人ひとりの方寸（＝心）のなかに等しく具有している、と述べている点も前述のとおりである。

二　太虚とは何ぞや

そこで問題となるのが、およそ儒教に由来する語とは思えない「太虚」とは、いかなるものなのかということである。湯浅幸孫によると、「太虚という語は、がんらい『荘子』知北遊篇に見え、道を説いたものである」（『近思録』上、タチバナ文庫、一九九六年、八一頁）と明らかにしている。ところが、藤樹における太虚は、『翁問答』をはじめとする著作をいちべつする限り、『荘子』の解釈でなく宋儒張横渠(一〇二〇—七七)の気一元論(3)にもとづいた太虚であることがわかる。とはいうものの、当初はそうでなかったことが、藤樹三十一歳のいわば初期の作品である『明徳図説』にうかがえる。

明徳というは、本心の殊称なり。心というは、統体の総号、太極の異名、理気を合わせて性情を統ぶ。一身に主たりと雖も、而して其の実は天地有形の外に通じ、……

(『全集』第一冊、六七八頁)

『大学』の冒頭に説かれている「明徳」の異名として「太極」の語を使用し、それを朱子の理気二元論に立って解説するが、これは宋学の常道といえる。それから、わずか二年後の『翁問答』になると、次のように太極から太虚へとはっきり変わっている。

〔e〕わが身は父母にうけ、父母の身は天地にうけ、てんちは太虚にうけたるものなれば、本来わが身は太虚神明の、分身変化なるゆえに……。

(『翁問答』岩波文庫、五四頁)

〔f〕人間の生出こと父母のわざのごとくなれども、父母のわざになることにあらず。太虚皇上帝の命をうけて、天神地示の化育したまふところなり。

(『翁問答』岩波文庫、一八二〜一八三頁)

さらに、その後の藤樹の著『孝経啓蒙』にもこれとよく似た叙述がみられる。

身の本は父母なり。父母の本は之を推して始祖に至る。始祖の本は天地なり。天地の本は大虚《ママ》なり。

(『全集』第一冊、三二五頁)

さらにまた、親炙の門人の筆記によるものとされる『孝経講釈聞書』にも、ほぼ同じような叙述をみることができる。

元来、此身体髪膚ハ父母ノ身体髪膚、父母ノ身体髪膚ハ天地ノ身体髪膚、太虚ノ造化ニシテ無始無終、無量円神ノ分身也ト提撕驚覚ス。

(『全集』第二冊、二二四頁)

これらから総合すると、次のようにいえるであろう。わたしという一箇の人間の生命は、だれしも父母から誕生したことをもって始まったと思っているが、本質的にはそうでなく、いわば地球の「天地」が形成されるよりはるか以前のおおむかしに、もちろん人間という姿かたちは無いものの、わたしという一箇の生命がすでに太虚のなかに存在していた、というわけである。しかも、その人間の生命は、始まりもなければ終わりもない。そのような太虚について、藤樹は次のようにしごく簡潔に定義づけている。

太虚というは、天地未だ生ぜざるの本体、混沌の全体なり。天地、其の中に開闢す。而して太虚と異なるものは、唯だ其の形象のみ。

（『全集』第一冊、一二五〇頁）

このような、われわれの想像を絶する不可思議な太虚というものの実態について、湯浅は、「天地がまだ分れない前、この大宇宙には、無声無臭で、人間の感覚器官では捉えることのできない、ガス状の混沌とした気が充満していた」（前掲『近思録』上、一〇頁）とし、さらに張横渠の著作を根拠にしながら、湯浅は次のように解説している。

太虚は無形であるが、常に気が充満している。一切の有形のものは、気の聚散（集散）に随って変化する。気が集まると個物が形成され、気が散じると形は潰え、またもとの太虚の気に反る。……しかし、気は集散するが、生滅することはない。永遠の無始から永劫の無終へと、太虚に充てる気は不生不滅であり、集散変化の運動をくりかえしている。

（前掲『近思録』上、一二一頁）

すべてがガス状の「気」で覆われていた太虚とは、たとえば太陽系や銀河系よりももっと古い、まさしく「原始宇宙」と表現できよう。この太虚を構成する混沌のガス状の「気」のなかに、現在地球に住むすべての人間もまた、それぞれ原始宇宙における一箇の「気」として存在していたことになる。そうすると、藤樹が『翁問答』のなかで、「ばんみんはことごとく天地の子なれば、われも人も、人間のかたちあるほどのものは、みな兄弟なり」（七三頁）と明言しているように、地球上に住む現実の人間は、人種・言語・宗教などによってさまざまに異なるけれども、本質的に見れば、すべて太虚というひとつの原始宇宙からの生命体であるがゆえに、いわば血をわけた兄弟にほかならない。そうした兄弟同士でありながら、過去いくたびも悲惨な殺戮・戦争を繰り返したのが、人類の歴史ということになる。こうした原因がどこにあるかといえば、前述したように一人ひとりの凡人の心に起因する、と藤樹はいう。

万ツノ物、皆大本ヨリ生ルレハ、四ノ海ノ人、悉ク連ナレル枝ナリ。シカハアレト、人間世ノ習ヒ、意必固我ノ私ナキコトアタハスシテ、墻ニ鬩ク惑深ク、同胞ノ兄弟スラ顛連シテ、路人ニ均シケレハ、其他ハ云ヘキニモアラス。

(『藤樹先生遺墨帖』藤樹先生頌徳会、一九三九年、第二七番)

この文中の「大本」とは、いうまでもなく太虚にほかならない。この太虚から生まれたすべての人間は同胞兄弟の「連枝」であるが、それにもかかわらず意必固我の習癖に起因する迷いのために、だれもかれも「連枝」であることに気づかず、まるで赤の他人のような人間関係に堕してしまったのである、と。

ところで、藤樹はまた、「明明徳」などの経解、あるいは「孝」などの雑著において、太虚との関係にもふかく言及しており、注目すべき内容であるので左に列挙する。

○明明徳

明徳の全体は太虚に充塞す。是を以て方寸に具わると雖も、四海に光ち、神明に通じ、天下を平らかにし、国を治め、家を斉え、所として通ぜざるは無し。

(『全集』第一冊、一五頁)

○明徳

本と大《ママ》虚と体を同じくす。故に天地万物、尽く包て明徳の裏面に在り。聖人は明徳明らかなり。故に天地と其の徳を合わせ、日月と其の明を合わせ、鬼神と其の吉凶を合わす。学問の道は他無し。明徳を明らかにするのみ。

(『全集』第一冊、一七頁)

○慎独

太虚廖廓の皇いなる上帝は、太一元神の一つなり。厥の霊光、人生の月窟に稟受して、而して妙用一貫、倚る所無く、待つ所無く、思うこと無く、為すこと無く、活潑々地、独往独来する、之を独と謂う。いわゆる惟一・一徳・一貫・独楽、皆な是れなり。

(『全集』第一冊、三二頁)

○一貫

太虚三才、総て一貫す。此の中、自ら大上真楽あり。此を教えるを之れ真教と謂い、此を学ぶを之れ真学と謂う。或いは有無を以て異見を立て、或いは太虚三才を分かって真仮を論ず。此を之れ異端と謂う。異端は見識高くして、市井の俗腸より卓越せるが如しと雖も、究竟このかた其の道を違うるや均し。

（『全集』第一冊、三六～三七頁）

○為己為人

大虚《ママ》廖廓は、吾人の本体なり。故に天地万物、己れに非ざるは無し。是を以て己れの為にするは、天地神明の為に心を立て、万物一貫の己れを脩むるの謂いなり。

（『全集』第一冊、三四頁）

○孝

這箇は是れ儒家第一の心法なり。其の全体、大虚《ママ》に充塞し無破に通徹す。之を心に守って道心緝熙し、之を身に脩めて身脩まり、之を家に用いて家斉い、之を国天下に行いて国天下治まる。智愚、賢不肖、皆な受用すべし。

（『全集』第二冊、一二八頁）

○孝

大虚《ママ》の神明、是れ其の本体、聖人の妙用、是れ其の感通、厳父配天、是れ其の工程、中というは此を中する者なり。誠というは此を誠にする者なり。教えというは此を教ゆる者なり。学というは此を学ぶ者なり。もし此を以て主本と為さざれば、則ち或いは異端と為り、或いは俗学、或いは鄙夫なり。宜しく戒慎する所を知るべし。（『全集』第一冊、一二八頁）

○中

此は是れ神明不測の霊性、易にいわゆる艮背、寂然不動、感じて遂に天下の故に通ずる者なり。不偏不倚、過不及無きは、只だ是れ厥の景象のみ。本然の解に非ず。問う、此は是れ何処に在りや。答う、在らざる所無く、在る所無し。大本は太虚に在り、降って人心に在り。

（前掲『遺墨帖』第二〇番）

○易

太虚廖廓は神化の全体なり。もと名字無し。聖人、之を字して易と曰う。易に太極有り。是れ両儀を生ず。両儀、四象を生じ、四象、八卦を生ず。八卦、六十四卦を生じ、交易絪縕化育の運、数足り時至って先ず天を生じ、而してのち地を生じ、而してのち人を生じ、万物を生じ、而して生々窮まり無し。

（『全集』第一冊、二四五～二四六頁）

○大虚《ママ》・天地・人物

大虚《ママ》・天地・人物、一貫にして分殊のみ。譬えば一樹の根幹・花実・枝葉の分かれ有るが如し。大虚《ママ》は根柢なり。天地は幹なり。人は花実なり。万物は枝葉なり。是の故に人の其の仁を失って禽獣に入るは、猶お花の実を結ばず、実の仁有らずして、而して枝葉と其の枯落を同じくするがごとし

（『全集』第一冊、二四六頁）

以上の短篇ならびに既掲の『翁問答』などから総合すると、次のような結論を導き出すことができよう。混沌の原始宇宙ともいうべき太虚とは、すなわち『書経』『詩経』に出てくる「皇いなる上帝」であり、さらに「太一元神」であり、「天」であり、「道」であり、「易」であり、「明徳」であり、「慎独」であり、「孝」であり、「中」であり、「聖人」であり、そして「吾人（＝わが身、身体髪膚）」であるということになる。このように、ことばや呼び名はいろいろに異なるけれども、本質的に本体とそのはたらきはまったく異なることがない点からすると、これらは《異名同体》の概念でくくられ、ことごとく太虚に淵源をもつもの、と藤樹は理解したことがわかる。

その一例として、次のような解釈が可能であろう。「皇いなる上帝」は、瞬時たりとも生生化育して止まない、無始無終の広漠な「太虚」のはたらきを、地球上のすべての人間の誕生とともに、その一人ひとりの方寸に「明徳」という名で賦与せられたわけであり、その明徳を生涯のなかでじゅうぶんに発揮して、万物一体の心、「我モ人モ人間ノ形アルホドノ物、咸ク兄弟ナリ」（『全集』第二冊、二三八頁）の心の具わった人物こそが、孔子のように「聖人」と称されるのである、と。以上の内容から帰結していえることは、岡田氏本『年譜』三十三歳冬の条は、まったく藤樹自身の執筆によるものであって、いずれの親炙の門人といえども、ここまで「太虚一貫の道」の深意について理会し得たかははなはだ疑問であり、やはりなんといっても「太虚一貫の道」なる成語は、藤樹の発明と思わざるを得ない。ましてや江戸前期の、「口耳訓詁の学」や「記誦詞章」に終始しているような京師の儒者にあっては、「太虚一貫の道」など想像もつかない成語であったことはいうまでもない。

それでは、いかなる要因から、藤樹がこのような「太虚一貫の道」を発想することになったのであろうか。そのことを示唆する文章が、やはり『翁問答』にみられる。

元来、孝は太虚をもつて全体として、万劫をへても、

おはりなく始なし。孝のなき時なく、孝のなきものなし。全孝図には、太虚を孝の体段となして、てんちばんぶつを、そのうちの萌芽となせり。かくのごとく、広大無辺なる至徳なれば、万事万物のうちに、孝の道理そなはらざるはなし。

（『翁問答』岩波文庫、五三～五四頁）

ここに書かれている「全孝図」とは、明末の『孝経大全』所収の江元祚撰のそれのことであるが、その江元祚撰の解説書『全孝図説』によると、すべての事象や作用は「孝」の一字で包含することができるというわけである。と同時に、江元祚撰『伝経始末』の冒頭には、『孝経』は孔子が曾子と問答したのちに、孔子みずから作ったものである、と断定していること。もう一点は、おなじく江元祚撰『全孝心法』において、「此の身は但だ是れ父母の遺体にあらず。也た是れ天地の遺体なり。人は是れ太虚の遺体なり」を前提にして、世の中には親しく父母につかえることを知らない五等の人たち（＝みなし子、義理の子、父親のいない子、他家の跡をつぐ子、宦官）も、本来すでに太虚・天地の遺体であると知ったならば、われわれもまた君父・継父・継母の遺体でないとはいえないのである。

むかし、王祥はただひたすら継母に孝順を尽くして、あまたの霊感があった。王祥のように、そのあたえられた境遇にしたがって孝順を尽くせば、五等の人たちも、生みの親の膝下にあるのと同じであり、またいずれの処においてか、《本生の父母》に遇うことができるであろう、と。

藤樹は、おそらく三十二歳の頃に、この新渡の『孝経大全』を読む機会があって、とりわけかかる江元祚の著作におおいなる啓発をうけ、それが機縁となっていっきに『翁問答』の執筆に突き進んだものと推定される。[4] なお、藤樹書院宝物のひとつに、伊藤博文寄納の藤樹自筆『白文孝経』と『仮名書き孝経』（折本装のポケット版・各一冊）があるが、このうちの『白文孝経』を閲覧すると、『孝経』本文のまえに江元祚撰の「全孝図」『全孝図説』『全孝心法』および『誦経威儀』を謹写している。この『白文孝経』は、藤樹の手沢本として所持し、毎朝、門人たちとともに、あたかも仏典のごとくに拝誦したものであることからすると、藤樹の三十二歳以降の思想形成において、いかに明儒江元祚の影響をうけていたかが知り得るのである。

三　慢心でなく満心

岡田氏本『年譜』が、藤樹みずからの撰述であるという筆者の仮説を補強するもう一つの根拠として、『年譜』十四歳の条のうち、「○嘗テ寺ニ入テ手跡ヲ学ヒ、其暇ニ詩・聯句ヲ学フ。マヽ佳作アリ」に注目するのであるが、そのみじかい文章の行間ならびに文末の二か所にわたって、「イニ」のあとに文章がしるされている。「イニ」とは、尾藤の注にあるように「異本に」（前掲『中江藤樹』二八六頁）という意味の記号であって、さいしょの行間の「イニ」には、「於曹渓院天梁和尚ニ就テ」とあり、文末にある「イニ」には、

或人、和尚ニ謂テ曰、中江原キワメテ聡明、ナンソ話則ヲ参セシメサル、其未悟ルヘカラザルヲ以テカ。和尚曰、不然、我コレヲ示サハ速ニ会得スヘシ。然リトイヘトモ却テ満心ヲ生センカ、コノ故ニツイニ示サス。（『全集』第五冊、一一頁）

とあって、かかる異本と比較すると、底本との内容がずいぶん異なることがうかがえる。底本は、藤樹が寺の住職から手跡とともに漢詩や聯句を学んだというだけのものであるが、異本にいたっては、伊予大洲藩主加藤侯の菩提寺である臨済宗妙心寺派曹渓院の住職天梁玄昊（一五八六―一六三八）[5]から、手跡等はいうまでもないが、それとともに藤樹が坐禅実修していたことを文面から想像できる。しかしながら、天梁は思うところがあって、藤樹に参究のための話則（＝公案）[6]を授けなかったという。もっとも藤樹にすれば、天梁から臨済禅の要訣を聴く機会があったにちがいないし、また『景徳伝灯録』など、天梁所蔵の主たる禅籍を借用し読んでいたこともじゅうぶんかんがえられる。[7]それを裏付けるのが異本に書かれている「満心」という、だれもが目にする漢和辞典にも載せられていない成語である。「満心」が天梁の発したことばとはいえ、藤樹は『翁問答』において、この「満心」を自家薬籠中の物として全部で九回使用している。そのうちの二か所だけを掲出すると、

〔a〕天下の悪逆無道をなし、或はきちがひ、或は異相になる人、みな満心のなすわざなり。
（『翁問答』岩波文庫、一四三頁）

〔b〕人心のわたくしを種として、知あるもをろかな

るも、自満のこゝろなきはまれなり。この満心、明徳をくらまし、わざはひをまねくくせものにして、よろづのくるしびも又大かた是よりおこれり。

（『翁問答』岩波文庫、二四〇頁）

とあり、とりわけ〔a〕の「満心のなすわざ」は、「自満の邪心」「高満の邪心」（いずれも一四三頁）から起因しており、その意味合いにおいては通行の「慢心」の語にちかい。

さて、この「満心」については、いずれの経書にもみつけることができないが、筆者の管見では唯一、代表的禅籍の『臨済録』にあるだけである。それは、「十地の満心は猶お客作児の如く」云々という原文であるが、入矢義高の解説によると、臨済義玄が門下の修行者にむかって、最高の仏位に登った十地の修行達成者といっても奴隷も同然と述べたのであるが、これはいわば修行者の抱いている既成の仏教観、価値観を徹底的に取りのぞいて、白紙の頭にするための説法内容にほかならない（『臨済録』岩波文庫、一九八九年、四一頁）。藤樹にあっては、『臨済録』からなんらかの啓発を得て「満心」をもちいたことは充分予想し得るが、儒者の立場としては二つの経書を提示してその文献的根拠とすることができる。一つは、『易経』の「天道は盈つるを虧いて謙に益す」であり、もう一つは『書経』の「満は損を招き、謙は益を受く。これ乃ち天の道なり」である。「盈」はあふれ出るの意であるので「満」と同義語といえる。「満」も「謙」もいずれも人の心から顕現するのであるから、藤樹が「満心」と表現したのはしごく適切といえる。たとえば、伊予新谷藩家老佃叔一にあてた藤樹三十七歳のときの書簡に、

夫れ人心の病は、満より大なるは莫し。人の浮気躁念は千状万態、狂えるが如く酔えるが如く病めるが如し。悉く是れ満心祟りを為せり。

（『全集』第一冊、一八二頁）

とあり、《心法》をさまたげる要因としてこの「満心」をしめし、そのあと前述の『書経』を引用して根拠づけているのである。

いずれにせよ、儒学者が「満心」の成語をもちいたのは藤樹だけであり、これが岡田氏『年譜』に使用されている点からすると、「イ二」以下の文章もまた藤樹の撰述であるともかんがえられる。もしかしたら、もともと

は二か所の「イニ」がひとまとまりの条文であった可能性があり、それがなんらかの意図がはたらいて、後人によって天梁和尚・話則の文章を取りのぞかれたのではないかと推測できる。その意図とは、おそらくわかき藤樹が臨済禅の影響をつよくうけたという事実を、『年譜』から削除するということではなかったか。

ところで、岡田が苦心のすえ完成した『藤樹先生全書』を、さいしょ江戸に住んでいた藤樹の三男中江弥三郎常省（一六四八―一七〇九）に校閲と序文を依頼したところ、運悪くおりからの大火にて原稿をすべて焼失してしまった。岡田は、それから十数年を費やしてふたたび『藤樹先生全書』をつくりあげ、こんどは江戸の有名な陽明学者三輪執斎（一六六九―一七四四）に校閲と序文を依頼し、それでようやく完成したのが藤樹書院所蔵の『藤樹先生全書』であった。[8] その巻末に『年譜』を載せているわけであるが、そのさい三輪の寄稿した享保七年（一七二二）の国字序文のなかで、藤樹について次のように論評している。

先生江西に生れ、予州に長じ、又江西に帰りて母を養ふて終れり。其はじめ朱子を尊信して、心を集註に潜め、大全を合て是を暗誦す。然ども未心に得る処無きを以て、疑ひ止こと能はず。広く書肆をさぐりて、陽明全書の始て本邦ニ渡りぬるを得たり。詳覧熟読して、数年の疑惑尽く解釈す。こゝに於て聖門階梯の適路を陽明夫子致良知の学に得て、其教に従ふこと数年、超然として黙会し、其心伝を本邦百年の後に接せり。蓋先生徳崇く学正しうして、実に本邦道学の淵源たり。

（『全集』第五冊、三五六～三五七頁）

藤樹は、さいしょ朱子のいわゆる四書集注の修学にはじまり、そのご『陽明全書』を入手することで明儒王陽明の「致良知説」に邂逅し、おおいに啓発をうけて学問が進展した、といういわば純粋儒学の典型的な学者として三輪は評価していることがわかる。となると、三輪の立ち位置からすれば、わかき藤樹が天梁和尚から臨済禅をまなんだという『年譜』の記述を、おもてに出したくはなかったにちがいない。それゆえ、その部分を削除することは史実をゆがめてしまうことになるので、『年譜』に「イニ」の手法をもちいて付記し、藤樹はただ寺にて手跡などをまなんだというように書き換えたと推論できるのではなかろうか。じじつ、藤樹書院の所蔵資料のなかに『年譜』の異本と称されるものは、諸記録にみられない。

四　結び

以上、藤樹発明の「太虚一貫の道」、ならびに『臨済録』にあるとはいえ藤樹独自の経書的意味づけをした「満心」というふたつの成語をつうじて、すくなくとも岡田氏本『年譜』のうち三十八歳までの条は、藤樹自身の撰述であると推論してきた。

これ以外でもう一例をあげると、元和六年（一六二〇）藤樹十三歳の条である。その冒頭部分だけを左に掲出すると、

六年庚申。先生十三歳。
是年、夏五月、大ニ雨フリ五穀不実。百姓饑餓ニ及ントス。コレニ因テ、風早ノ民去テ他ニ行ント欲スルモノ衆シ。吉長公コレヲ聞テカタクコレヲト丶ム。郡ニ牢人アリ。其名ヲ須トト云。コノ者クルシマト云大賊ノ徒党ニシテ、形ヲ潜メ久シクコ丶ニ住居ス。今ノ時ニ及テ先退ントス。
（二丁ウ〜三丁オ）

とあり、すなわち天候不順の年、大洲藩の飛び地・風早郡（愛媛県松山市柳原ほか）の奉行であった祖父中江吉長（一六二二年没、享年七十五歳）が、徒党を組んで逃散しようとした村民たちを阻止するさい、その首謀者である須トと称する浪人の棟梁とその妻をやむなく殺害するという予期せぬ事件が起こった。祖父のそばに仕えていた藤樹少年にあっては、衝撃的な刃傷沙汰であったにちがいない。その『年譜』の記述がすこぶるリアルで詳しく書かれており、これなどはその場面の当事者でなければとても書き得ない内容であって、やはり藤樹自身の記録によるものを思わせる。ところが、川田氏本『年譜』藤樹十三歳の条は、岡田氏本から簡潔に引用した形跡がうかがえるが、会津本にいたってはまったくの無記載となっている。

いったい、人物年譜は、親炙の門弟子もしくは後進の学者によって撰述せられるものという概念があるように存するが、藤樹年譜のばあいは、そうした没後の将来的期待とは関係なしに、おそらく自身の備忘録として、三十八歳まで手元に書き溜めてあったものがすでにあって、『藤樹先生全書』編さんの過程でそれを巻末に収載した

のであろう。もっとも、岡田にしてみれば、三十九歳から四十一歳までの条を作成して完全な『年譜』に仕上げることなど、とうてい自信がなかったことは容易に想像がつく。

注

（1）岡田季誠の生没年は不詳。季誠の祖父仲実（一六七〇年没）は、朽木藩士で東万木村（現高島市安曇川町青柳）に住む藤樹の謦咳にせっした門人であり、その妻は熊沢蕃山の妹・野尻美津（一六六二年没、享年三十二歳）であった。仲実からすれば孫にあたる季誠は、そうした家系環境からつよい使命感にもえて『藤樹先生全書』の編さんを発起し、ひたすらその完成についやした人生といえる。

（2）藤樹書院には写本の『藤樹先生全書』が四種類あって、それぞれ整理本・未整理本・岡田氏別本・岡田氏一本と称している。このうち岡田氏一本以外は、すべて編者岡田季誠自筆写本であり、このうち岩波版『全集』が底本とした『藤樹先生年譜』は未整理本の「第八冊、巻之三十三、藤樹先生年譜（門人某編、某追記）」と書かれているものである。他の三種類の『藤樹先生全書』には『年譜』の記載はない（岡村繁編『藤樹書院蔵書分類目録』滋賀県安曇川町、一九八五年、二頁）。

（3）張横渠の《気一元論》と朱子の《理気二元論》との違いについて、金谷治は次のように簡潔に解説する。「張載が太虚の中での気としての栄生を考えたのに対しては、朱子はそれを仏教での輪廻の説に近いとして否定しました。気の聚散往来は永続するが、それは一度もとに帰った同じ気がまた伸びるというのではなくて、天地の化は生生無窮で絶えず新鮮だと考えたわけです。朱子においては、「聚散ということでは説明しきれない」理の存在が別に考えられていたのです」（『中国思想を考える』中公新書、一九九三年、一八六頁）ようするに、朱子の《理気二元論》は、仏教思想を徹底的に排除したところの純粋儒学に立脚していたといえよう。

（4）藤樹書院所蔵の『白文孝経』『仮名書き孝経』の二冊は、桐箱のおもてに「藤樹先生心画孝経／伊藤侯爵寄贈」と墨書されており、箱のなかにある帛紗には、もとは藤樹の門人であった大洲藩士瀧野藤右衛門が拝戴し、そののち瀧野家に代々伝わったものであると書かれている。明治期になって、それが伊藤博文の手に移り、伊藤はただちに藤樹書院に寄贈したわけである。いっぽう、このような経過とはべつに『白文孝経』は藤樹、『仮名書き孝経』は夫人の所持品として毎朝、拝誦せられたという伝承が藤樹書院に残されていて、その伝承説を支持して筆者は「手沢本」としたものである。

（5）天梁玄昊は、筑前芦屋（現福岡県遠賀郡芦屋町）の人である。『曹渓六祖伝』（写本）に、「藤樹□師ニ儒書ノ□ヲ受」（二字不読）という頭注が施されているのは注意されてよい。天梁は、大洲藩主加泰のもとめで戦国時代の兵書『六韜』を講じ、さらに四十二歳のときには臨済宗最大の妙心寺派大本山妙心寺の第一一六世住持に就いており、文字どおり学徳兼備の禅僧であったことが知られる（拙稿「羅山と藤樹の仏教態度」『花園大学大学院佛教學研究』第二号、同大学院仏教学研究会、二〇一五年、三九頁）。

（6）「公案に同じ。古人の説話が後世の則となったから、話則という」（中村元『広説佛教語大辞典』縮刷版、東京書籍、二〇一〇年、一七八四頁）

（7）藤樹の主著『鑑草』には禅籍からの引用が顕著である。『鑑草』巻四、教子報のなかに「人々の心の中に明徳と名づけたる無価の宝あり」（岩波文庫、一九三頁）の「無価の宝」は、『碧巌録』第六十二則の「無価之宝」「無価宝」であり、また『景徳伝灯録』巻三、菩提達磨章における有名な梁の武帝と達磨大師との問答については『鑑草』序文のなかで、「むかし梁の武帝達磨大師にとふていはく、我位につきてよりこのかた寺をつくり経を写し僧を度する事其数をしらず、いか程の功徳あるべきや。達磨こたへて、それはたゞ人天の小果有漏の因にして、影の形にしたがふがごとく、有といへ共真実にあらず、少も功徳なき事なり、たゞ浄知妙円の修行、功徳無上なりといへり」云々というように取り上げている。これ以外でも、門人に宛てた藤樹の書簡には、「習気」「放下」などの禅語が縦横に使用しているのが目を引く。

（8）三輪は、『藤樹先生全書』国字序の前年、すなわち享保六年（一七二一）にあらわした『抜本塞源論私抄』の序文にも、「吾江西の中江先師、遺経によりて其緒を接き、致良知の学を本邦百年の後に興起し、訓詁詞章の陋を改めり」（高瀬武次郎『三輪執斎』私家版、一九二四年、一〇五頁）とあるように、藤樹をわが国の陽明学の開祖と明確に位置づけていることがわかる。

補遺

拙稿「藤樹自筆謄写本『春秋左氏伝』の復原」を執筆しているさい、あらためて岡田氏本『年譜』を総覧してみると、すべて『春秋左氏伝』の書法を踏襲していることに気づかされた。すなわち、正保三年（一六四六）までの歴史記述が、「春」「夏」「秋」「冬」ごとにわけられ、そしてその冒頭にそれぞれの四季名をかならず書いて歴史記述がはじまる、という原則にもとづいている。たとえば、本稿に取りあげた寛永十七年（一六四〇）の条が参考になるであろう。春の歴史記述は書かれていないが、「夏、『孝経』ヲ読テ愈深長ナルコトヲ覚フ。……」「夏、『太乙神経』ヲ撰ラハントシテ稿半ニ及フ。……」「秋、予陽ノ同志ノ求ニ依テ『翁問答』ヲ著ス。……」「冬、『王龍渓語録』ヲ得タリ。……」となっている。以上のような岡田氏本『年譜』の叙述の手法からいえることは、『春秋左氏伝』の熟読玩味を抜きにしてはかんがえられない点であって、これも藤樹撰述を裏づける有力な根拠のひとつとして、追加できるものと思われる。

中江藤樹の禍福論

はしがき

江戸初期の儒学者中江藤樹の歴史的評価については、周知のとおり昭和二十年（一九四五）八月十五日を境にして、天地雲泥のごときおおきな差異を生じたことは巷間よく知られているところである。ことのほか《近江聖人》を前面に押し出して尊称せられた昭和二十年までの藤樹は、明治中期以降の文部省の国定修身教科書にいくたびも掲載せられた。そのうえに、明治末期、村井弦斎の青少年向き小説『近江聖人』（博文館刊）が、爆発的なベストセラーとなったことも手伝って、そこに登場する主人公の少年藤太郎が「あかぎれ」によくきく膏薬を、遠くはなれた近江の母のもとに届けるというストーリー(1)は、中江藤樹の知名度を不動のものとしたのである。それゆえ、いちやく全国的に知られる偉人のひとりに認知されるようになった。それが昭和二十年八月、第二次世界大戦終結後の公教育においては、せいぜい高等学校における日本史教科書の「儒学の諸学派」あるいは「儒学の興隆」といった項目のなかで、陽明学派の儒学者として熊沢蕃山とともに、中江藤樹の名を紹介している程度の内容となったわけである。

このようなわが国の国家体制の歴史的変革にともなって、中江藤樹像(2)もまたいちじるしい扱いをうけることになったが、それはなにも戦前・戦後の一時期だけに限られた問題ではなく、じつは戦後七〇年間にあっても丹念に追跡していくと、藤樹像ならびにその歴史的評価の微妙な変化をみて取ることができる。そのいくつかの記述事例を、次に紹介してみよう。まず、昭和三十三年（一九五八）刊の北島正元『江戸時代』（岩波新書）である。

日本陽明学の開祖といわれる中江藤樹も、陽明学の直輸入的な紹介者にすぎなかった。「良知」すなわち人間性の本体が人倫にあらわれたものが孝であるとする点に異色がある。かれは「近江聖人」とよばれ、心身を労して若死にするほど孝をはじめとする徳行をみずから実践することによって郷党の信望を集めた。

（六六頁）

この「陽明学の直輸入的な紹介者にすぎなかった」という北島の考察は、皮相的といわざるを得ない。一例をあげると、陽明学の命題のひとつである「致良知」について、これは『伝習録』にもあるように「良知を致す」と訓むわけであるが、藤樹のばあいはこれを意図して「良知に致る」と訓みかえて、独自の解釈をあたえた。藤樹における良知とは、すべての人間が生まれながらに等しく具有する明徳であって、昏鏡でなく明鏡であるとした。門人にあてた書簡のなかに、「一念良知に致るとき八、満腔子皆善なれば、敵対すべき悪なし」（『全集』第二冊、四〇八頁）というようにこの語をもちいている。

次に、昭和三十八年（一九六三）刊の石田一良編『日本思想史概論』（吉川弘文館）である。

中江藤樹は寛永一一（一六三四）年、伊予国大洲の加藤侯のもとで失敗して、故郷の近江国小川村に逃げ帰り、農民の教育に終始した。藤樹は近江聖人とはいわれても、刀を売って酒屋を始め、さらに金貸しをするなど、彼は階級的に無籍者である。

（一七八頁）

この「小川村に逃げ帰り」とあるが、藤樹の新谷藩致仕は、結果的に藩主の許可を得ることができなかったために脱藩というかたちになったわけであるが、信憑性のたかい岡田氏本『藤樹先生年譜』によれば、それまでに手続きを踏んでいることは間違いない。また、近江での浪人生活の実態についても「無籍者」という表現は、はたして正鵠を得たものであったかは検討をようするといえよう。

次に、昭和四十八年（一九七三）刊の源了圓『徳川思想小史』（中公新書）である。

彼の思想は、陽明の影響を受けつつ、陽明学のもつ行動性を失って、彼の関心はもっぱら内面的なものに向けられ、……外部社会との接触を絶った仕方で、自己の自由な精神の確立が求められる。おそらくこうした過程には、士の職から離れることによって体制から自由になるとともに、その反面治国平天下の道に参与する道を失った彼の境遇が反映しているで

あろう。（五〇頁）

前述の王陽明の「良知を致す」を藤樹は「良知に致る」とあえて訓みかえたのは、源の指摘する内面的なものに向けられたというのは、まさにそのとおりである。「致良知」以外の陽明学の命題である「知行合一」「心即理」などの成語そのものは、たしかに藤樹の著作にみることはない。だかしかし、源の後半部分に書かれている「治国平天下の道に参与する道を失った」という指摘はあたらない。たしかに藤樹自身は、藩政に参画する資格をうしなったことはもちろんであるが、たとえば大洲藩から分離独立した新谷藩のわかき家老佃叔一が、その役儀と家庭との二重苦を藤樹に吐露して、その解決のためにみずから小川村へやって来て心学をつうじての指導を請い、その後も書簡をかいして何度も藤樹から指導をうけている経過をみるとき、藤樹もまた間接的であったとしても、「治国平天下」に参与していることになるわけである。

次に、昭和四十九年（一九七四）刊の日本思想大系『中江藤樹』（岩波書店）所収の尾藤正英「中江藤樹の周辺」である。

藤樹が陽明学をどこまで正しく理解していたかは、しばらくおくとして、晩年の藤樹が少なくとも主観的に陽明学の信奉者であったことは、疑い余地がなく、その意味で藤樹が日本陽明学の始祖として位置づけられるのは、たしかに正当である。（四六四頁）

尾藤は、もちろんこれまでの研究論考を知悉したうえで、前三者とちがって前三者にみるような辛辣な主観的評価を主張することなく、ただ「日本陽明学の始祖」とだけ言及しているのは穏当な藤樹観といえよう。

次に、平成二十六年（二〇一四）刊の清水正之『日本思想全史』（ちくま新書）である。

三十七歳のとき、王陽明の思想に接し傾倒したと言われ、そのために日本の陽明学の祖とされる。晩年、孝の根底に、陽明のいう「良知」を置くようになる。もともとの心の修養をもととする藤樹の心学的傾向が、陽明学と共鳴したと言えるだろう。（二一七頁）

ここには尾藤と同様に、藤樹の生き方にたいする手きびしい記述などはまったく影をひそめているのが特徴といえよう。以上のような五人の藤樹にかんする記述をいちべつするとき、そこにはそのおりおりの著者自身の置かれた時代的背景が、それなりに反映しているように思われる。ことに昭和四十年代あたりまでの論評は、いわゆる戦前の全体主義の時代に適合した藤樹像にたいする反動としての拒否反応にちかいものを感じざるを得ないものがある。と同時に、全体をとおして俯瞰するとき、陽明学者中江藤樹というイメージのなかにことごとく包含されていて、これまでの研究者は、そうした繫縛のような前提のもとで中江藤樹を論じていることがうかがえる。このばあいも、岡田氏本『藤樹先生年譜』におおきく依拠しているのはいうまでもない[3]。

ただ筆者は、かかる陽明学の中江藤樹という視点ばかりに目をやってしまうと、結果的に藤樹思想の全体像がみえなくなってしまうと危惧するところである。ここに本稿で取りあげようとする禍福の問題、とくに『書経』に出典をもつ「福善禍淫」の不変の法則などは、藤樹の波乱に満ちた人生のなかでおおきな比重を占めているものである。また、藤樹思想の全体像のなかで重要な要素を占めていたようにも思われるので、以下、時系列的に藤樹の著作をつうじて、そのことをたどってみることにする。

一　原人論

新谷藩致仕以後の後半生の小川村生活において、三十一歳の夏に著わした『原人』が、藤樹の心学思想形成の実質的な第一歩となる作品であろう。一千字余の漢字からなる小論文であるが、藤樹の謦咳にせっした門人益田義則筆の同書の謄写本には『原人論』と書かれており、あるいはこの『原人論』がほんらいの題目であった可能性がたかいと思われる。それゆえ、本稿では『全集』第一冊所収の『原人』でなく、あえて『原人論』をもちいることにする。

それはともかく、《人間とは何ぞや》という永遠の命題にたいする答えを、藤樹独自の思索で説きしめしたのが『原人論』執筆の趣旨である。その『原人論』の内容をごくかいつまんでいうと、次のようになる。『詩経』や『書経』に出てくる「皇いなる上帝」たんに「上帝」とも称されるが、この目に見えない偉大なる上帝こそが、すなわち天地もふくめた万物の父母にほかならない。とりわけ万物の霊である人間には、「父の慈・子の孝・君の仁・臣の忠・兄の良・弟の弟・夫の義・婦の聴・長の恵・幼の順・朋友の信」(『全集』第一冊、一二九頁)などの五倫の道を順守することをもとめた。

そうして、身分の尊卑に関係なくすべての人間は、天のつとめがあって、それぞれにあたえられた天のつとめを生涯にわたって誠実に実行しているか否かを、「皇いなる上帝」は二十四時間つねに監察しているという。つまり、すべての人間に「皇いなる上帝」とおなじ天地の徳をひとしくあたえられているのであるから、それを日常生活のなかで発現していくことが人間の使命というものであって、「皇いなる上帝」はその人に誠心が具わっていれば、それをなおいっそう促進させるために、五つの幸福(=長寿・富裕・無病息災など)をもちい、その反対に禽獣のごとき言動をなせば、それをいましめるために六つの不幸(=短命・病気・貧困など)を、例外なくもちいるというのである。これは『書経』周書・洪範に出てくることばで、藤樹は『翁問答』のなかでとくに詳説している。こうした天と人間との密接不可分の本質的なありようを踏まえて、藤樹は、

人と禽獣との弁ち、其の機は一心の敬・不敬と五倫の遜・不遜、天事の脩・不脩とに在るのみ。

(『全集』第一冊、一三二頁)

として、世間一般を冷静にみわたすとき、俗儒もふくめて、いかに《禽獣の心》におおわれた人間の多いことを明らかに指摘しているのである。

二 霊符疑解

全部で九則からなる或問形式の小論文であり、題目を現代的に置きかえると「道教のおふだにかんする疑いを解く」ということになるが、この『霊符疑解』の著述時期については岡田氏本『藤樹先生年譜』に記載されていないためよくわからない。ただ、『霊符疑解』と関連する『大乙神経序』が「寛永十七年八月十三日」と明記しているので、藤樹三十三歳秋の執筆であることから、おそらくその年に相前後して著わされたものと推測できよう。つとに中国の民間信仰の道教は、禍福論とすこぶる濃密な関係を有しているので、藤樹もこの民衆道教の霊符について避けてはとおれない課題であったと思われる。本稿ではそのうちの最後の第九則のみを取りあげてみたい。

——ある人が問うた、「かんがえるに、鎮宅の符章(=

おふだ）の下の細かい字の説明は、ことごとく災いを消して幸福をうけることが書かれている。この符章をうければ、人々はみなその応報を得ることができるのか」と。

それにたいする藤樹の回答は、次のとおりである。

禍福・寿夭、皆な一定の命有って、人を以て変えるべからず。然れども正有り変有り。又た始生の初めに受くる者有り。生后の行いに由って受くる者有り。凡そ人は始生の命に随い、生后の行いに由って命を受けざる者鮮なし。若し能く誠敬を以て奉祀すれば、則ち生后の行いに由って禍命を受くる者無し。天定の禍福・寿夭、免れ易からず。然れども呉二、禍いを免れし等の事有れば、則ち能く奉祀の誠を尽くし内外十六景の累無し。則ち天定の禍災と雖も、亦た変消すべし。若し変消すること無ければ、必ず身后の幸い有り。顧だ七年の病を以て三年の艾を求む、其の功を百倍するに非ざれば、以て之を救うに足らず。其れ畏敬して励勤せざるべけんや。

（『全集』第一冊、一五〇〜一五一頁）

災いも幸福も、長生きも若死にも、すべて天から定められたものであって、人間の願望でそれを変えることはできない。しかしながら、正当もあれば変化もある。また、その天命を誕生のときに受ける者もあれば、誕生以後のおこないによって受ける者もある。そもそも人間は、誕生以後のさまざまなおこないによって、天命が定まるものである。もしよく誠実と敬虔とによって人に仕えるならば、誕生以後のおこないで災いを受ける者はいない。その一人ひとりにあって、天の定めた災いや幸福、長生きや若死には、簡単にまぬかれることはできない。しかしながら、呉二が災いからまぬかれたなどの好例もあるので、それゆえよく人に仕えるに誠実を尽くせば、内外十六景のような憂いはない。天の定めた災禍といえども、また変消することができるのである。もし変消できなければ、かならず子孫に幸いをもたらすことがあるので、畏れつつしんで励まずにはいられようか。

以上の文中において、天の定めた「禍福・寿夭」さえも「生后の行い」によってまぬかれた好き例として取りあげた呉二という人物については、藤樹の主著『翁問答』にも取りあげており、どのような人物であったのかもふくめて順次述べていくことにする。なおまた、災禍の応報を消すことができなかったとしても、「身后の幸い有り」としてその人の子孫に幸いを受けることがあるというのは、禍福いずれのばあいにあっても、人間の生命観からすれば注目すべき点である。

三　翁問答

おそらく前述『霊符疑解』の脱稿したのち、藤樹三十三、四歳の作とされる代表的著書『翁問答』が執筆された。その冒頭は、次のような文章から始まっている。われわれの心のなかに、「至徳要道」と言われる世界にふたつとない霊妙な宝が具わっている。この宝を心身ともにもちいることを重要な点とし、これを充分にもちいたならば、すべてにつうずるとした。それゆえこの宝を捨ててしまうと、人間の道だけでなく天地の道も立たなくなってしまうのである。ようするに、太虚・三才・宇宙・鬼神・造化・生死など、あらゆるはたらきは、ことごとくこの宝によって包括されている。孔子は、この宝をもとめ学ぶ鏡として『孝経』をつくられた。しかしながら、先秦時代以降、このことをよく学び得た人はまれであった。そういう長い歴史にあって、「至徳要道」なる霊宝をりっぱにもちいた人物として、藤樹は次の四人の人物を取りあげ、呉二もそのひとりにふくめている。

大舜は此たからを保合したまひて、庶人の中より、天子のくらゐにのぼり給ふ。文王はこのたからを保合し給ひて、天帝の左右にまします。董永はこのたからをまもりて、天の織女をつまとなし、呉二は此宝をまもりて、宿悪の天刑をまぬかれたり。古来霊験かたりつくしがたし。よくく信仰して受用すべきことなり。（岩波文庫、五〇～五一頁）

前のふたりのうち、大舜は伝説上の帝王であり、文王は周王朝初代の武王の父である。後のふたりはいずれも伝説上の孝子であり、いわば庶人の代表といえるであろう。さらに藤樹は、この「至徳要道」の宝は天の道でもあり、地の道でもあり、人の道でもあるので、むかしの聖人は、この光景を文字にかたどって「孝」と名づけたものと考察した。したがって、董永にしても呉二にしても、かれらが人の道にかなっていたことから「孝子」と呼ばれたのは、ここに由来するわけである。

さて、『翁問答』という代表的著書においても、禍福論が避けてとおれぬ問題として、それ相応の文字数をさいて論究していることがうかがえる。
――体充が問うた、「天道は福善禍淫といって、善をなす人には幸福をあたえ、悪をなす者には禍いをあたえると聞いているが、善人もふしあわせとなり、また災いにあうことがあり、悪人もあるいは幸せとなり、かえって幸いをうける者が多いのは、どういう道理なのであろうか」と。

そこで師は、次のように言われた。

人間一生涯のあひだあふところの境界、吉凶禍福、一飲一食にいたるまでことごとく命にあらざるはなし。みなこれ天道の流行なりといへども、此命に本末正変あり。（岩波文庫、一二六頁）

ここの記述箇所は、前述の『霊符疑解』とほぼおなじ内容となっているが、現実はさまざまな要因が複雑にからみあって、すべてがひとしい福善禍淫とはならないとしてくわしく論及している。すこし長文にわたるが、次のとおりである。

夫にんげんの乃貧富・貴賤・寿夭の分数はみな資《ママ》生のはじめ、胎育十箇月のあひだにさだまるところなり。その胎育のあひだ歳月日時にをの〳〵陰陽五行ありて生長化、収蔵、王相、死囚老の気、絪縕雑揉して造化するによつて運命ひとしからず、そのうへにまた善悪報応の感化までいりまじるゆへに、運命のよきところばかりそろへて生れつくことはならぬいきをひにて候。（岩波文庫、一二六頁）

そのあと藤樹は、現実のわれわれ人間社会に生起する実態例を、わずかに一二ほど具体的に列挙しているが、実際にはこれら以外にもさまざまな人間模様があるのであろう。（文中カッコの算用数字は筆者）

然るによつて人間世のありさま、（1）徳ありて才なきもあり、（2）才ありてとくなきもあり、（3）才徳ありて貧賤なるもあり、（4）富貴にして才徳なきもあり、（5）貧賤にしてうれいなき有、（6）富貴にして憂おほきあり、（7）わかきとき仕合よくて、をひておとろふるあり、（8）若き時ひんせんにして老て富貴になるあり、（9）いやしき位にうまれて貴人のくらゐに経あがるあり、（10）貴きくらゐに生ていやしく成さがるあり、（11）貧賤にしていのちながきあり、（12）富貴にしていのちみじかき有。まことにいろいろさまざまのありさま、

> 中々かたりつくしがたし。　（岩波文庫、一二七頁）

しかしながら、運命のいきおいが衰えてしまうと、例外なく悪人は六つの災い（＝六極）からのがれがたく、善人は五つの幸福（＝五福）をうけることになるので、

> 一たん見かけは福善禍淫のつねにたがふやうなれども、畢竟しんじつの端的、終には天命本然のつねにたちかへるものなり。……明徳すでにあきらかなれば、至誠無息・長在不滅なり。これ無上のながいきなり。　（岩波文庫、一三二頁）

というように、藤樹は、この「福善禍淫」の妙理こそ人間社会において絶対的な法則であると結論づけている。そうした事例のひとつとして、藤樹は孔子門下のうち最愛の弟子であった顔回について、

> 簞瓢陋巷、不幸短命なれども五福の攸好徳をうけ、真楽の介福めでたく、長在不滅の神理あきらかにして万世きはまりなく、公爵の追贈、四配の祭祀をうけたまひぬれば、五福の嚮命あきらかならずや。
> （岩波文庫、一三二頁）

とあるように、生前はきびしい貧窮生活をおくり、しかも短命な人生で終わったが、後世、中国各地に建てられた孔子廟には、かならず四賢人が祀られ、その筆頭が顔回であったことは周知のとおりであり、これが「天命本然のつねにたちかへるもの」の典型的な好例ということができよう。

なお、五福六極の語は、「嚮かうに五福を用い、威すに六極を用いる」という『書経』周書・洪範に出典をもち、その五福六極は皇いなる上帝（＝天）が君主にくだすものであるが、本質的にはすべての人間に向けられる信賞必罰であって、したがって藤樹の禍福論の根幹は、なによりも『書経』に依拠していることが知られる。その当時において、朱子学を奉ずる訓詁学者は、四書（＝大学・論語・孟子・中庸）を根本テキストにしていたが、藤樹はつとに四書よりも五経（＝易経・書経・詩経・礼記・春秋）の思想を基本にして、自身の思想構築をおこなっていたといえる。

四　鑑草・春風

儒教、仏教のいちばんの重要語を合体した「明徳仏性」という前代未聞の成語を発明し、それを命題とした『鑑草』は、藤樹三十六、七歳の作品とされており、藤樹生

前における唯一の出版物である。巻末の刊記には、「正保丁亥暦仲秋」「風月宗知刊行」とあり、正保四年（一六四七）八月、死去の前年にあたる藤樹四十歳のとき、京都の風月宗知から板行されたことがわかる。周知のとおり、仮名草子風にやさしく書かれた『鑑草』は、そのほとんどを中国明代の鑑戒書である『迪吉録』に載せられた例話などを、「孝逆の報い」「守節背夫の報い」「不嫉妬毒の報い」「教子の報い」「慈残の報い」「仁虐の報い」「淑睦の報い」および「廉貪の報い」の八章にわけて、善行・悪行それぞれ満遍なく採録しており、そうしてそのあとに藤樹のするどい短評がつけられている。

本書もまた、やはり福善禍淫の妙理が基本となっているが、そのなかでとくに注意すべき重要な記述を二点ばかり取りあげたい。まず、一点目として「教子の報い」に出てくる次のような文章である。

それ人の死期は生をうくる初にさだまりて、天地神明もみだりに変じ給ふ事あたはず。まして人力をや。そのうへ寿命の根は明徳にある故に、大義をおもんじ明徳を明かにすれば、軍陣にありても非業の犬死なし。大義にそむき明徳をくらます時は、家にありても非業の犬死あり。

（岩波文庫、一二二頁）

人間一人ひとりの寿命というのは、この世に生をうけるときに定まっているので、天地・神明さえもみだりに変えることはできない。ましてや人間の力によって寿命を延ばすなど、できるわけがない。しかしながら、自身に具わった天地の心ともいうべき明徳をりっぱに発現すれば、いくさにあっても非業な死に方はしないという。この『鑑草』にしても、前述『翁問答』にしても、いずれも共通して「明徳すでにあきらかなれば」「明徳明かにすれば」云々とある点を見逃してはならない。つまり、福善禍淫の妙理は、いわゆる四書の『大学』に出てくる「明徳」がキーワードになるということである。

もう一点。これまで『鑑草』をもって藤樹は儒仏道三教の一致を支持した儒学者だと断定する研究者もいたように思われるが、次の自問自答による記述にしたがえば、そうした儒仏道の一致は的はずれであることを、藤樹は明確にしている。

――ある人が問うた、「三教はみな明徳を明らかにする教えなのに、《儒道の心学》とだけお聞きすると、偏っているように聞こえるがどうか」と。

曰く、もとより三教ともに、明徳を明らかにするをしへなれども、仙仏の二教はその法世間に便り悪く、その上工夫取入がたき所あり。儒教は世間の日用にたよりよく、その工夫取入きはめてやすきゆへに、世間通用のためなれば、儒道の心学とのみ論ずるなり、ひがめる私言にはあらず。(岩波文庫、一九七頁)

仏教、道教は、非日常的修行をもとめられ、そのうえに実践工夫がむつかしいが、儒教のばあいは普段の日常生活のなかで心法の工夫が容易であるということから、儒学を支持しているわけである。いずれにせよ、三教ともに明徳を明らかにする教えだとする点に、藤樹ならではの三教観がうかがえる。

次に、『春風』を取りあげる。『鑑草』が脱稿したのちにおいて、あるいは板行のころかは決めがたいが、『鑑草』の補遺としての色彩の濃い『春風』『陰隲』という二冊の短篇の仮名草子を、ほぼ相前後して藤樹は執筆したものと思われる。『鑑草』の校注者加藤盛一は、「何れも鑑草の羽翼として見るべきものである」(岩波文庫、二九六頁)としてその類似性を指摘している。そのうちの『春風』には、『霊符疑解』ならびに『翁問答』に取りあげられた孝子の典型である呉二の逸話の全文が載せられている。藤樹は、おそらく『鑑草』に載せることのできなかった呉二青年の孝子譚を、なんとしても世に知らしめたかったのではなかろうか。そういう意味からすると、刊本とするには分量的に足らない『春風』の執筆動機も、ただこの一点にあったように思われる。よって呉二の話を、原文のとおり次に掲出する。

呉二はすぐれて孝行なる人なり。ある夜の夢に神明枕がみにたゝせ玉ひて、「汝宿悪の報によつて明日の午の刻に雷にあて殺さるべし。今汝孝心深きゆへにかくは知らするぞ」とさだかに告給ひぬ。呉二ゆめごゝろに答申けるは、「生ある者は必死す。死はおそるゝ所に非ず。いま我に一人の老母あり。われ死せばいかんともすることなけん。宿悪遁れがたく侍れども、願はくは老母終るまでの命をのべて給はれ」と申せば、神明のたまはく、「これ天命なり、遁るべからず」とて忽にうせ給ひぬ。呉二夢さめて思けるは、「我家に在りて雷死にあはゞ母を驚かすのみならず、其なげきも転ふかゝるべし」、と朝とく母に膳をたてまつりて申請けるは「用のこと候へば暫妹の所へ参りたく侍るなり、御暇給はれ」といふ。母固く止めて許さず。とかくして既に午の刻に及びければ、四方遽にまつくらになり雷の声頻に轟きければ、呉二弥母を驚さんことを恐れて潜に戸を閉て野へ走り出、草の上に跪き天の罰を待居たり。暫して雷の声も忽やみ黒雲もはれてもとの青天になりければ、呉二幸に禍を免れぬと思ひて己が家へぞ帰りける。猶いぶかしく思ひければ母には敢て語らざりしが、其夜又神明枕上に立ての給ひけるは、「汝きのふ既に死すべかりしかども、汝が平生の至孝、其上きのふの有様、危急存亡の時に於て能母を驚かさゞるを以て思ひとす。言語道断の篤孝なる故に、天帝殊に御感有て宿悪を宥め玉ふなり。けふより後いよく孝行の誠を励まし、謹で其身を脩むべし」とぞのたまひけり。是よりして孝養ますくまめやかにして身を終りにけり。

（岩波文庫、三〇四〜三〇六頁）

これに引きつづいて、藤樹の短評が次のように載せている。

孝行の篤至なるは明徳明らかなる故なり。明徳を明らかなる時は宿悪の天刑さへ免れぬれば、まして雷山を摧けども有徳の人をばそこなふこと能はざること、言ずしてさとるべし。（岩波文庫、三〇六頁）

呉二の孝子譚は、おおきく四つの骨子からできている。（1）過去世につくった自身の悪業の報いのために、呉二は今まさに雷にあたって死ぬ宿命にあることを夢のなかで神明から告げられたこと。（2）老母の目の前で雷死してしまえば、老母の哀しみはそれこそ計り知れないものがあると憂いた呉二は、家の雨戸を閉め切って、遠くの野原へ走って行き、そこで雷にあたることにした。（3）しかし、雷にあたることなく家にもどり、その夜の夢にふたたび神明があらわれ、呉二の孝心はほんものだとわかったので、賞罰の権を有する皇いなる上帝は、「呉二のおかした過去世の悪業を許す」と神明から告げられた。（4）お告げを聞かされた呉二は、いよいよもって老母への孝養を尽くすのであった。

こうした呉二のまごころこめた孝養がどこから起こるかというと、それは呉二の心に具わった明徳の明らかなるがゆえである、とはっきりと藤樹は言い切っている。そして明徳が明らかなときは、過去世につくった悪事さえもまぬかれることができるという。ましてや、現在世にあって雷が有徳の人をそこなうことなど、できるわけがないと藤樹は断言している。

ところで、かかる呉二の孝子譚は、『鑑草』とおなじ中国明代の『迪吉録』公鑑孝弟門から採用している。『迪吉録』にはどのように記述されているのか、参考までに藤樹書院所蔵の明版『迪吉録』から原文のまま掲出してみよう。題目は「呉二事母至孝免於雷厄」（呉二、母に事えて至孝なり、雷厄を免る）となっている。

呉二臨川小民。母老事之曲尽其歓。一夕有神来見夢曰。汝明日午刻当為雷撃死。呉以老母在堂乞救護。神曰此天命。不可免也。呉恐驚其母。清晨具饌以進。白云。将暫詣妹家。母不許。俄黒雲四暗。雷声闐闐然。呉益慮驚母。乃閉戸。自出田野以待其罰。頃之。雲気廓開。呉幸免禍。亟帰拊其母。猶危疑未敢以告。夜復夢神曰。汝至孝感天。已宥宿悪。宜加敬事也。自是孝養終身焉。

呉二は臨川の小民なり。母老いて之に事え、曲かに其の歓びを尽くす。ある夜、神有って来たり夢に見えて曰く、「汝、明日午の刻、当に雷の為に撃死すべし」と。呉、老母の堂に在るを以て救護を乞う。神曰く、「此の天命は免るべからず」と。呉、其の母を驚かさんことを恐れて、清晨に具に饌して以て進め白して云う、「将わくば暫く妹の家に詣るべし」と。母許さず。俄かに黒雲よもに暗く、雷の声闐闐然たり。呉ますます益母を驚かさんことを慮って、乃ち戸を閉め、自ら田野に出でて以て其の罰を待つ。しばらくして雲気廓開す。呉、幸いに禍を免れ亟やかに其の母を拊ず。猶お危疑して未だ敢えて以て告げず。夜復た夢に神曰く、「汝の至孝、天に感じて已に宿悪を宥す。宜しく敬事を加えるべし」と。是れより孝養して身を終わる。

わずか一四四字に過ぎない漢文と『春風』の和文とを比較すると、藤樹はゆたかな表現力によって漢文臭を消し去り、日本人の心を引きつけるように書きなおしたことがよくわかる。なによりも、呉二が中国の人でなく、まるでわれわれの身近にいる若者のような読後感をうけるのではなかろうか。それとともに、この呉二の孝子譚は、藤樹の大洲藩致仕以後のあゆんできた浪人生活とよく似ており、藤樹自身もことのほか呉二にたいする思い入れが深かったにちがいない。それが『翁問答』の重要な巻頭において、「至徳要道」すなわち明徳をりっぱにもちいた四人の人物のひとりとして、無名の青年呉二を取りあげた所以でもあった。藤樹は、当時の日本人に呉二のような生き方を知らしめたかったわけである。

五　漢文書牘「中西子を送る」（口絵・図3）

ここに取りあげる漢文書牘は、藤樹三十七歳の夏、五か月におよぶ小川村での講習討論の遊学を終えて帰郷するにさいし、いわば道をもとめる師弟の餞別として中西孫右衛門常慶にあたえたものである。門人の中西孫右衛門は、伊勢山田の岩淵町に住むれっきとした外宮御師の家系にそだった青年であった。漢文書牘は、講習討論のテキストとした『論語』『書経』『大学』のうちのよく知られる四つの章句に、通行の朱注でなく藤樹独自の解釈をほどこしている。『翁問答』などの前述著作以外で禍福論に言及しているものとしては、この中西孫右衛門にあてた漢文書牘ぐらいであろうか。そのうちの二か所だけ摘出してみる。まず、『論語』雍也の「子曰。人之生也直。罔之生也。幸而免」にかんする論説であるが、はじめに総論があって、そのあとに或問形式の叙述となっている。（文中カッコの算用数字は筆者）

　直は即ち明徳、明徳というは人の性命なり。人の徳有るや、猶お草木の根柢有るが如し。故に栽うる者は之を培い傾く者は之を覆す。蓋し生を好み死を悪むは、人情の常なり。然れども人、仁を踏んで其の天年を終うるを知らず。是を以て此を挙げて、以て過ちを改め善に遷るの心を発こす。（1）問う、「今を以て之を見るに、幸いにして免るる者甚だ衆し」と。答う、「然らず。今人に対して之が孝を称すれば則ち喜び、之が不孝を称すれば則ち怒り且つ愧ず。此乃ち人根未だ断たざる処なり。人根未だ断たず。故に猶お未だ死せざるのみ。此の一点、人根已に滅んで生くる者は、吾未だ之を見ざるなり」と。（2）問う、「仁にして夭にし、不仁にして寿き者有るは如何」と。答う、「人の寿算、其の分数は有生の初めに受け、性分の中に固有す。此れを之れ天年と謂う。是を以て性に率う者は其の天年を終え、徳崇く業広き者は又た其の天年を増益す。性に率わざる者は其の天年を減じ、其の悪甚だしく罪大なる者は踵

を旋らさずして死す。……福善禍淫の理、皆な此くの如し」と。（『全集』第一冊、一九四～一九五頁）

おそらく中西孫右衛門自身が以前から、世の中のありように疑問としていたことを想定して質問をおこない、それにたいする藤樹の回答という内容である。『論語』の「直し」は、いずれの学術書も「まっすぐ」と現代語訳するが、藤樹はそれを「明徳」とはっきり述べている。というのは「徳」の旧字体は「德」であり、異字体は「悳」であることから、徳の漢字の起こりは「直」と「心」との組み合わせであり、それは「直き心」、まっすぐに正しい心を意味する。それゆえ藤樹は「直は即ち明徳」としたわけである。すべての人に明徳が具わっているのは、ちょうど草木の根とおなじこと。ところが、人は明徳を行動にあらわれた仁愛を発揮して、自身の寿命をまっとうすることを知らない。そこで孔子は、「さいわいに免れているに過ぎない」と指摘して、過ちをあらため善にうつる心を起こさせたのである。

とくに（2）の質問内容は、既述『翁問答』の体充の質問とほぼおなじである。そしてまた、その答えの骨子は既述『鑑草』のごとしである。すなわち、人間の寿命はこの世に生をうけたときにあって、生まれつきの性質のなかに固有している。それゆえ、天からうけた寿命というのである。したがって、生まれつきの性質（＝明徳）にしたがう者は天からうけた寿命をまっとうし、自身の明徳を明らかにしなおかつ功業ある者は天からうけた寿命をさらに増益するのである。その反対に、生まれつきの性質にしたがわない者は天からうけた寿命を減らしてしまい、その悪事はなはだしい者は早死にする。『書経』[4]に出典をもつ福善禍淫の道理というのは、すべてこのようなものである。

次に、『書経』大禹謨の「大禹曰く、迪に恵えば吉、逆に従えば凶なり。惟れ影響のごとし」にかんする藤樹の論考である。（文中カッコの算用数字は筆者）

福いを求め禍いを避くるは人情の常なり。然れども人、迪吉逆凶惟れ影響底の道理を弁ぜず。是を以て暴棄に安んじて、過ちを改め善に遷ること能わず。故に感応の妙理を掲出して、以て過ちを改め善に遷るの機と作す。（1）問う、「禍福の説は、只だ中人以下の勧戒に非ずや」と。答う、「此れ乃ち上下通用の勧戒なり。堯曰く、ああ爾舜、天の暦数は爾の躬に在り。允に其の中を執れ。四海困窮すれば天禄永えに終えん、と。舜も亦た以て禹に命ず。夫れ堯・舜・禹は天下の大聖なり。其の告戒此くの如し。而るに以て只だ中人以下の勧戒と為すべけんや」と。（2）問う、「福いを求めて善を為すは、究竟利心に非ずや」と。答う、「福いを求めて善の迹に襲うは則ち利心に庶し。禍福を以て勧戒と為して至善に止まれば、則ちいわゆる利心は己れの戒むる所の悪念なり。何の利心か之れ有らんや」と。（3）問う、「今を以て之を見るに、迪吉逆凶は差忒有るに似たり」と。答う、「福善禍淫は天道自然の妙理にして毫髪の差忒無し。蓋し善悪の報応、大率五世を以て大限と為す。此の大限に依り福極の法を以て之を察すれば、則ち洵に疑うべき者無し。只だ習心小知を以て天道未定の時を見れば、又た禍福の準則を弁ぜず。是を以て夏蟲の氷を疑うの惑い有るのみ。詩に云わく、民今将に殆うからん。天を視ること夢夢たり。既に克く定まる有り。人として勝たざる靡し」と。　（『全集』第一冊、一九七～一九八頁）

やや長文にわたるが、現代語訳すると以下のようになる。まず総論があり、そのあとに続いて或問が書かれている。幸福をもとめ災いを避けるのは人情のつねである。しかしながら、人は迪吉逆凶という道理が、卑近な例でたとえると影がその人から離れず、鐘を撞けばすぐさま反響するといった事実を知らないでいる。そのために、安易に人に危害をくわえたり、過ちをあらためて善事にうつることができない。それゆえ、「感有れば必ず応有り」（『近思録』岩波文庫、一九四〇年、二六頁）という感応の思議しがたい法則をかかげて、過ちをあらため善にうつるためのきっかけとしたのである。

（1）「禍福の説は、ただ普通の人以下の善事をすすめて悪事をいましめるためのものではないのか」と問うたところ、藤樹は次のように答えた。「これはすべての人に通用する勧戒である。なぜなら、堯帝のことばに、あなんじ舜、天にかわって民衆をおさめる順序は、そなた自身にある。誠実にその中正をえらべ。天下の人が困窮したならば、そなたの帝位はながく失うであろうとあり、舜帝もまた同様に禹王に指示された。そもそも堯・舜・禹は天下の大聖であり、告げられたいましめはこのようなものである。どうして普通の人以下のいましめといるであろうか」

（2）「幸福を得るために善事をなすのは、結局は自分の利益をもとめる心ではないか」と問うたところ、藤樹は次のように答えた。「幸福をもとめて善事のしかたを真似するのは、利益をもとめる心にちかい。禍福によっていましめとなして最高の善を保持すれば、いわゆる利益をもとめる心は自身のいましめとなるのである。どうして利益をもとめる心となるであろうか」

（3）「現在の状況からみると、どちらかといえば迪吉逆凶とは違いがあるように思われる」と問うたところ、藤樹は次のように答えた。「福善禍淫は天道自然の不可思議な道理であって、いささかの違いもあり得ない。そもそも善悪の応報は、おおむね五世（約一五〇年）を限度としている。この限度をもって観察すると、本当に疑うべきものはない。ただ習癖の心やとぼしい知識で、天道がいまだ定まっていないときにみると、禍福の規則を識別することができない。それは、たとえば夏虫が氷を疑うような迷いがあるに過ぎない。『詩経』小雅・正月にはこう書かれている。万物を育成し、人民を恵み憐れむのが天。それを仰いで訴えるが、その肝心な天は悪を罰し善を助けることもなく、何らなすこともせず茫然として上にあるだけだと」[5]

以上の漢文書牘につづられた禍福論をいちべつすると、藤樹の基本的な考え方がしっかりと表明されていることがわかる。そうして、儒教思想の根幹にかかわる禍福論を、あえて伊勢大神宮外宮の御師中西孫右衛門にも懇切に説いているところに、藤樹の深慮があるように思われてならない。

六　結び

藤樹の後半生である小川村での日常生活ついては、藤樹三十二歳のときに撰述された「学舎座右の戒め」の第三条に、「毎日清晨に、『孝経』を拝誦し以て平旦の気を養う」（『全集』第五冊、一三七頁）云々とあり、早朝に起床したのち、門人らと『孝経』を読誦したことがわかる。さらにまた、藤樹没後、淵岡山門流の高弟の編と推測される会津伝来本『藤樹先生事状』には、

毎日、清晨に、香を焚き天拝して、『孝経』及び『感応篇』を持誦す。晩年に及んで、黙誦して声を発せず。

とあって、『孝経』に引き続いて『太上感応篇』も読誦していたことが注目される。宋代に作られた『太上感応篇』は、『文昌帝君陰隲文』とともに中国の民衆道教の代表的聖典であって、そこには福善禍淫のさまざまな具体的項目、わけても善事よりも悪事の内容をよりおおく列挙されている。その『太上感応篇』の冒頭は、

太上曰く、禍福門無く、ただ人自ら召く。善悪の報い、影の形に随うがごとし。是を以て天地に過ちを司るの神あり。人の犯すところの軽重により、以て人の算を奪う。算減ずれば則ち貧耗し、多ければ憂患に逢う。人皆これを悪む。刑禍これに随い、吉慶これを避く。悪星これに災いし、算尽きれば則ち死す。

（木版刷、喜多方市郷土民俗館蔵）

ではじまり、ここには人間の寿夭および貧富は、まったく一人ひとりの善事・悪事の報いによって増減されるという霊妙な真理が結論的に説かれている。藤樹の人間寿命観の根幹には、『書経』とともにこの『太上感応篇』の記述もおなじく関連していることがわかる。それと『太上感応篇』の巻尾には結語として、

夫れ心、善に起こらば、善未だ為さずと雖も、吉神已に之に随う。或いは心、悪に起こらば、悪未だ為さずと雖も、凶神已に之に随う。

（木版刷、喜多方市郷土民俗館蔵）

とあるように、いついかなるときも、つねに善心を保持することによって、吉神（＝福神）がその人につき従うというのである。この善心を儒学の立場からいうと、『論語』里仁における曾子のことば「夫子の道は忠恕のみ」の「忠恕」がふさわしい。「忠」とは人にたいするまごころ、「恕」とは人にたいする思いやりである。

それはともかく、本書の「会津伝来本『藤樹先生事状』訓注」にも言及したとおり、藤樹自筆『孝経』『太上感応篇』の木版刷が、一本の小軸の巻子本として会津喜多方地方に現存していることから、江戸時代の前期末以降、淵岡山の門流がそれを持誦実践していたことはいうまでもない。また、会津伝来本『藤樹先生事状』のべつの箇所には、

先生、深く福善禍淫の妙理を信じて、神明を畏るること、恰も老嫗の愚なるが如し。

とあって、藤樹の敬虔な日常生活にみられる禍福観[6]は、門人のあいだにも深く認識されていたことがわかると同

時に、「神明を畏るる」というのは、すでに藤樹三十二歳の春にしめされた教育綱領「藤樹規」第二条の「天命を畏れ徳性を尊ぶ」の「天命を畏れ」に該当するので、藤樹の思惟にあっては天命すなわち神明ということになる。このばあいの神明は、日本各地に鎮座する「何々神」といった個々具体の神明でなく、天地宇宙をつらぬく霊妙なはたらきそのものをさしている。なお体用一源論の視点からいうと、神明のはたらきをする本体とは、すなわち『書経』『詩経』に登場する《皇いなる上帝》であることは、『原人論』に説かれたとおりである。

ところで、会津伝来本『藤樹先生事状』よりはやく作られたと推測される『藤樹先生行状』にも、「厚ク福善禍淫ノ妙理ヲ信ズ。故ニ起居常ニ敬畏、腔子ニ満テ閑気ナキ者ノ如シ」（『全集』第五冊、五九頁）とあり、そうした記述のあとにもさらに、

身自ラ陰騭ヲナス。或ハ諸生及郷民ノ富メル者ト共ニ計テ、厳寒ノ比、歩渉ヲアハレミテ溝渠ニ橋ヲ懸ル等ノコトアリ。都テ善悪ノ応報ヲ信ズルコト、庸人ヨリ是レヲ見レバ老媼ノ愚ナルガ如シ。

とあることとからすると、会津伝来本『藤樹先生事状』の編さんにあたった門流にしても、あるいは『藤樹先生行状』の編さんにあたった門流にしても、藤樹にたいする福善禍淫、禍福の思想とその実践躬行にかんしての認識は、世間一般の知るところの《陽明学者中江藤樹》以上のものがあったように思われる。禍福論に起因する藤樹の神明への敬虔な態度は、既述『原人論』からはじまり、それ以後の著作にも大なり小なり言及している。そうして、その福善禍淫のうち「善に福い」する過去の理想の人物として、藤樹はだれよりも青年呉二の孝子譚を俎上にのせたわけである。

なお、神明にかんして言及した藤樹の門人にあてた書簡として、既述中西孫右衛門以外に数例確認できるが、ここではそのうちの二点だけ紹介しておこう。まず、藤樹三十六歳の秋、大洲藩士森村伯仁にあてた書簡である。藤樹からまなんだ心術（＝心法）の習得が独学ではむつかしいという森村の悩みにたいして、心術の工夫はたとえ師友百人いたとしても、独学でなければ進まないものであるとしたうえで、

志たに篤御座候へば、天道の冥加にていつとなく開るものにて御座候。兎角志を能御かため可レ被レ成候。

（『全集』第二冊、五〇八頁）

とあり、心術に取りくむそなたのこころざしさえ誠実ならば、天道のご加護によっていつとなく体認できるものであります。とにかくこころざしをよく堅固になされることです、というように助言している。ここにおける「天道の冥加」は、意識せよと説いたのではなく、ただひたすら純粋に「心術」を躬行することの結果として、識らず知らずのうちにこうむる天道の加護、という意味に解するのが藤樹の意図にちかいであろう。

二点目は、藤樹三十九歳の秋、大洲藩士中川貞良にあてた書簡である。三月におよぶ遊学を終えて帰郷するにあたり贈られたものであることから、前述中西孫右衛門と同様であるが、この書簡は和文でつづられている。冒頭、万物はすべて大本（＝太虚）から生まれているので、世界の人々はことごとく同胞兄弟にほかならない。しかしながら、世の中の習癖として『論語』子罕に説かれた意・必・固・我に染まっていない人はいないので、血のつながった兄弟でさえも、まるであかの他人にひとしいのが現実にほかならない。そうした世の中にあって、道をもとめる中川子の私にたいする遇合は、同胞兄弟の本来のすがたが無くなっていない証しであるとしたのち、

其志専らなれば、神明の助にや、君の恵ミも他に異なりて、非常の暇を賜り、遠く我陋巷に来り、大学の道を講明し、三たび月を閲てすでに帰りなんとす。

（『全集』第二冊、二九七頁）

として、貴殿のこころざしが純粋なればこそ、神明の助力によるものであろうか、藩主加藤泰興のいつくしみもほかの件と異なって、特別に許可を得て小川村遊学がかなったのである、という藤樹の見かたである。ここで注意をはらうべきは貞良の行動が藩主のこころを動かしたのは、とりもなおさず貞良の純粋至極の誠意が神明の加護につながったという、それはまさしく藤樹の識見といえるであろう。

以上のことから、藤樹の禍福論は、神明（＝皇いなる上帝）への絶対的な敬虔心と畏怖心から成立していることはじゅうぶんに推定できる。それゆえ、「自反慎独」を心法実践の要義としていたことは、門人にあてた藤樹の書簡のなかにもおおくみられる。

かかる藤樹の禍福論が、はたして藤樹の人生において何歳ころまでさかのぼれるのか、という問題に言及して

おく必要がある。それでいちばんふるくさかのぼれるのは、藤樹二十七歳の春、新谷藩家老佃小左衛門にさしだした暇文、俗にいう辞職嘆願書であろう。この暇文は、大洲藩から分離独立した新谷藩（一万石）の藩主加藤直泰にお目にかかって暇を申し上げるに先立って、その理由を書きつづったものである。藩主はこの年、加藤泰興ともども幕府の命をうけて松山城の守衛にあたっていた。さて暇文によると、二、三年以前から病気のために人並みのご奉公がむつかしくなったこと、もうひとつは故郷の母がひとり住まいで自分のほかに面倒をみる者がいないことからお暇し、もしのちに母があい果てたときにはふたたびご奉公する覚悟にあるので、これ以外いささかの子細もありませんとしたのち、

　若右申上候処当座之かりことにて、真実ハ身上をもかせぎ可ㇾ望由にて申上かと御推量被ㇾ成候事も御座候はんと存、此中も度々如二申上一、左様之所存少ニても御座候はゞ、立所に天道之冥罰を罷蒙、母に二度あひ申間敷候。　（『全集』第二冊、四八一頁）

とあるように、暇の理由がもしいつわりであるならば、自分は即座に「天道之冥罰」をこおむって、母にふたたびあいまみえることはできないと結んでいる。この天道の冥罰は、神仏に誓いをたて自身のおこないにうそ・いつわりのないことを記した、中世の武士社会によくもちいられた起請文の常套語であり、藤樹もそれを準用したわけである。藩主の許可がいつ得られるかわからない状況のなかで、ついにその年の冬、死罪を覚悟のうえで新谷藩を抜けだし帰郷したのである。ただちに帰郷をせずに、京都の友人の家にとどまって藩からの咎めを待つこと約三月。しかし、新谷藩からはなんの音沙汰もなかったので、藤樹の暇文を信じてあえて罪を問うまでには至らなかった。それで、その年の末にようやく京都をはなれて小川村に帰郷したのである。おそらく藤樹は、かかる危険な脱藩行為をつうじて《神明の冥加》という、目に見えぬ天地宇宙の霊妙なはたらきをつよく確信したのではなかろうか。そうした人間の宗教的畏敬の念が、儒仏道三教の一般論とはべつに、いったいどこから湧き出てくるのかを追いもとめたどり着いたのが、藤樹三十一歳の作品『原人論』の「皇いなる上帝」の存在だったようにかんがえられる。

注

（1） 昭和五十九年（一九八四）八月二十五日、滋賀県安曇川町教育委員会主催の藤樹講演会にて、講師の九州大学文学部教授岡村繁博士（中国文学）から冒頭、小学生時代の思い出として中江藤樹にかんする《あかぎれ膏薬》の話を、左記のように感慨深く話された。

「私の小学生のころ、ある時、中江藤樹の映画が小学校に巡回でやってまいりました。そして今でもはっきり覚えておりますが、ご承知のように、中江藤樹が小さいころ、遠く四国の大洲からお母さんのために、あかぎれ膏薬を持って小川村まで訪ねてきた。するとお母さんが「志も果たさないうちに帰ってきてはいかん」と追い返しますが、それでも藤樹にとってはなつかしいわが家ですから、入ろうとして力一杯に戸を開けようとしている。それに対して、お母さんは家の中から必死に戸を押えて、涙を流しながら、息子があきらめるまで戸を締め切っておりました。その光景が今でも目の前に浮かんでまいります。これは子供心にも非常に強烈な一つの印象であったと思います。今も私は、人間の育て方というものを見せつけられたような感じがいたしております」（『藤樹先生の学ぶ』藤樹講演会叢書第一四集、安曇川町教育委員会、一九八五年、三頁）

（2） 戦前・戦後の中江藤樹像の変化については、山住正己が自著『中江藤樹』（朝日新聞社、一九七七年）の冒頭において取り上げている。その関係する記述箇所を摘出すると、次のとおりである。山住は、戦前・戦後の両期をつうじてゆがめられた藤樹像を払拭するために『中江藤樹』を世におくったわけであり、戦後三〇年を経過した時点での藤樹研究にあっては、看過できない業績といえよう。

「明治以降、藤樹は、もっぱら仁義道徳の体現者として教科書や児童読物に利用されてきた。……第二次大戦後には、古い仁義道徳の体現者などは民主社会の建設にとっては無用であるという雰囲気が強くなって、今度は子どもたちにその名前さえ伝えられていない。このときには、とくに明治以降ゆがめられた像を藤樹の実像と見誤って、いまや不必要だとされてしまったように思う」（一〇頁）

（3） 伊東多三郎は、『中江藤樹・熊沢蕃山』（中央公論社、一九七六年）のなかで藤樹の思想発展を四期にわけて考察しており、その最後の第四期においては次のように、やはり王陽明の学説「良知を致す」の受用を強調していることがわかる。

「第四期になると、道徳的規範は自己の外にあるのでなく、内に求めるべきで、心の自発にあることを悟るようになった。ここに至って、著しく王陽明の「致良知」の説に接近した。藤樹が「陽明全書」を入手したのは、三十七歳ごろとされており、彼はたちまち陽明の心学を採り入れ、「致良知」を確信した」（一七頁）

（4）『書経』湯誥に「天道は善に福いし淫に禍いし、災いを夏に降し、以て厥の罪を彰わせり」（『国訳漢文大成』経史子部第二巻、六四頁）とあり、皇いなる上帝の命をうけた為政者（夏王朝の桀王）の無道によって、天変地異をもたらすという思想である。

（5）石川忠久『詩経』（中）新釈漢文大系、明治書院、一九九八年、三一五頁。

（6）天と禍福との相関性について金谷治は、「天命すなわち吉凶禍福の運命は厳然たるものではあるが、やはり大体からいえば、善を積む者には福を、悪を行なう者には禍をもたらすというのが天の心だとして、天の善意に信頼を持って道徳に精進するというのが、儒家としての本領であろう」（『死と運命』法蔵館文庫、二〇二二年、一一三頁）というように、孔子・孟子に代表される儒家は、天の善意にたいする信頼のうえに成り立っていたとされるが、藤樹のばあいは、天すなわち「皇いなる上帝」への絶対的存在にたいする信念とかんがえてよい。

羅山と藤樹にみる仏教態度

序

江戸幕府が開かれるや、それまで公家衆や五山派僧など、ごく一部の知識人における特殊の学問に過ぎなかった儒学が、にわかに世間の耳目をひくようになった。これには徳川家康の嗜好がおおきく影響していたことはいうまでもない。石田一良は、「徳川時代には儒教が時代の指導的なイデオロギーとなった」（「林羅山の思想」『藤原惺窩・林羅山』日本思想大系、岩波書店、一九七五年、四七一頁）とまで、はっきりと言い切っている。それがために、五世紀の仏教伝来以降において、ほとんどわが国では惹起しなかった「排仏論」が、新進無名の儒者によって強引とも思わせるほどに公然と唱えられるようになった。その排仏論の主たる攻撃の対象としては、世俗を遊離した僧侶の非社会性と非生産性、無知蒙昧の庶民をたぶらかした教義、さらには過度な大堂塔の建築などに向けられたとされている。

ところで、江戸時代前期におけるかかる排仏論を首唱する儒者として、古田紹欽は、藤原惺窩・林羅山・中江藤樹・熊沢蕃山・山崎闇斎・山鹿素行・伊藤仁斎および荻生徂徠など周知の名前を列挙しているが、このうちの中江藤樹を排仏論者と決めつけた根拠について、古田は次のように説明している。

中江藤樹は人倫の大本は孝にあることを強調した人であるが、その門下の熊沢蕃山も有力な排仏論者であり、蕃山は藤樹が釈迦をもって「十九にして天子の位をすて山に入り、三十成道の後、人間本分の生理をいとなまず、或時は乞食し、人倫の外にし、人事をいとひすて」（『翁問答』）たものとし、仏教の説くところは「三綱五常の道は今生幻の間のいとなみ」（同）とするものであるとし、仏教は世教のさまたげとなる教えであるとしている説を継承して、神儒二道のみが三綱五常を説くものであるとし、……神儒一致説に立って仏教を排したのである。

(『古田紹欽著作集』一、講談社、一九八一年、一五四頁)

高弟の熊沢蕃山が『翁問答』のわずかな一節のみを引用したことをもって、それを資料的根拠として、現実社会を避けて人事から遊離した釈迦の生き方に、批判の矛先を向けたという内容である。しかしながら、そのあとに続く『翁問答』の文章をたんねんに読むと、批判の矛先は釈迦というよりも末代の仏教僧侶であって、かれらは釈尊の悟り得た妙覚の真性・無碍清浄の位を、自身の心にも悟り得る努力をすることなく、いたずらに釈尊の無欲と妄行のあとばかりを真似ているがゆえに、かえって人をあなどった邪心がふかく、愚民をたぶらかしている、と書かれている。もっとも、このような過ちは、末流の僧侶の罪とはいうものの、根本は釈尊の無欲の妄行に起因している、というように展開していて、これがはたして排仏思想につながっていくのか、はなはだ疑問といわざるを得ない。なによりも、「神儒一致説」といった言句などは『翁問答』のどこにも出てこない。ただわずかに、「本来儒道は大虚の神道なる故に」とか、あるいは「神明を信仰するは儒道の本意にて候」(『翁問答』岩波文庫、一九三六年、二〇六〜二〇九頁)というように、儒教と神道との関係を触れているが、藤樹における神道は、「何々神」といった、いわゆる日本古来の八百万の、個々の神をさしているのでなく、宇宙全体の、人間の理性では知り得ず、しかも目に見えないところの霊妙不可思議なはたらきそのものを意味している。

それはともかく、このような『翁問答』にみられる藤樹の仏教観からしても、古田が藤樹を近世初頭における排仏論者のひとりとして断定している点は、いささか短絡的といえるのではなかろうか。そこで本稿は、排仏論を徹底推進した林羅山と、そのいわば対極に位置する中江藤樹を取りあげて、ふたりの仏教態度が具体的にどのようなものであったのかを明らかにしてみたいと思う。

一　林羅山の場合

それまでの漢唐の古注でなく、いわゆる新注の程朱学(=宋学)が江戸時代にひろく普及する要因をつくった人物といえば、なんといっても徳川家康と林羅山(一五八三―一六五七)のふたりに指を屈するであろう。

家康は、伏見版・慶長版と称せられる画期的な古活字版の漢籍や史書類の出版事業に、(1) ことのほか熱情をかたむけ、これがおおきな導火線となって、その後の京都における民間書肆によるゆたかな《寛永版》(2) が誕生したことは、周知のとおりである。いっぽうの羅山の場合はというと、その身は剃髪した僧侶の容姿のままに江戸幕府の儒者として、四代の将軍のいわばブレーンとして文教政策の重要な一翼をになった。この無名の羅山の学識を、はじめて征夷大将軍家康の知るきっかけとなった事件が、慶長八年（一六〇三）に起こる。

京の処士林又三郎信勝洛中に於て朱註の論語を講ず。聴衆雲のごとくあつまる。こゝに於て清家の博士舟橋外記秀賢等大に猜忌して。凡本朝にして経典を講説する事。勅許あらざれば縉紳の流といへども講ずべからず。まして凡下の庶士かゝるふるまひ尤奇怪なり。速に其罪を糾明あるべきなりと奏しければ。禁廷よりこのことを議せられしに。御所聞召て。聖道は人倫を明らかならしむるためなれば。ひろく講説せしむべきことなり。これをさまたげんとするもの尤狭隘といふべし。弥ゆるして講説せしむべしと仰らる。これより信勝はゞからず洛中に於て程朱の説を主張して経書を講読す。これ本朝にて程朱の学を講ずる濫觴なりとぞ。

（『徳川実紀』一、吉川弘文館、一九六四年、一〇〇〜一〇一頁）

京都の町家に生まれた羅山は、十三歳の元服の年に建仁寺大統庵にはいって禅僧の道に進んだわけであるが、漢籍に興味をおぼえ二年ほどして家にもどってからも、ひたすら読書に没頭した。二十一歳の時にいたって、おのれの博学多識をひっさげて自信満々、京都のまちなかで徒弟をあつめて『論語集注』の講筵をひらいた。出自の詳らかでない一介の青年が、朱子学の漢籍をもって堂々と講説するということは、おそらく前代未聞のできごとであったに違いない。その珍しさのゆえであろう、「聴衆雲のごとくあつまる」講筵であったために、そのうわさがやがて舟橋秀賢（一五七五―一六一四）の耳にもとどいた。秀賢は、平安時代以来の明経道を家学とした、清原氏の系譜につらなる明経博士であり、後陽成天皇の侍読をつとめるほどの華麗な学者であった。その秀賢からすれば、一千年におよぶ伝統ある家学の儒学・漢学は、すなわち《公家衆の学問》であって、位階・官職とはまったく無縁の無位無官の浪人が、臆面もなく四書の『論語』を講ずることは、まったくもって言語道断のふるまいと見えたのは当然の受け止め方であったのは、いうまでもない。(3)

もっとも、講筵前後の経過について、鈴木健一の『林羅山年譜稿』(ぺりかん社、一九九九年)をいちべつすると、注目すべき羅山の動向をみることができる。

・慶長八年(一六〇三)十月二十九日、船橋(清原)秀賢を訪問する。(一七頁)
・慶長九年(一六〇四)正月一日、船橋秀賢を訪問する。(一八頁)
・同年三月一日、吉田玄之に対し藤原惺窩との会見を求める書簡を送る。(一八頁)
・同年四月二十七日、船橋秀賢を訪問する。(一八頁)
・同年閏八月二十四日、吉田玄之の紹介で賀古宗隆邸において藤原惺窩と初めて会う。(同)

まず、(1)講筵の開催月日はわからないが、慶長八年十月二十九日に羅山が秀賢を訪問したのが講筵の前であれば、悶着が生じないよう秀賢に事前許可を得ようとした形跡がある。(2)それが講筵の後であれば、処罰などの刑事事件に発展することを恐れて、秀賢に直接会って謝罪しておこうとしたのではなかろうか。(3)翌年四月にも秀賢を訪問するが、これは前年において門前払いを食ったために、ふたたび訪問したのであろう。(4)同年八月、そこで羅山は、秀賢への謝罪の意を伝えるために、友人の吉田玄之の紹介を得て面識のない惺窩に、頼みの綱として解決を依頼したものと推測される。

とにかく、秀賢からすれば、羅山なる無名の青年に結果的に恥をかかされ、ただの世間知らずの成り上がり者にしか映らなかったであろう。堀勇雄は、羅山と秀賢とは「親密な関係にあった」(『林羅山』吉川弘文館、一九六四年、四〇頁)としているが、これはあくまで書簡上の学問のやりとりだけであって、清原氏の系譜につらなる明経博士以外の無名の者が、京都市中で講筵することとは別問題であり、秀賢が怒気をはっするのも無理からぬものがある。秀賢らは、「ただちにその人物の犯した罪を糾弾すべきである」と後陽成天皇に奏上し、朝廷から幕府にたいして異議申し立てをおこなった。

このことを知らされた家康は、秀賢の意に反して、聖学(=儒学)は人としての道を明らかにすることにあるので、ひろく講説すべきであり、これを妨げようとするのは、狭隘の心にほかならない。いよいよ許して講説するがよい、というむしろ奨励とも思えるほどの寛大な処置で終わらせた。ところが、このあたりの経緯について『関秘録』巻七「大学の講釈の事」によると、既述の『徳川実紀』とはいくぶん異なる記事を載せている。

林道春初て地下にて、大学の講釈いたされしに、舟橋殿、高辻殿より御とがめあり。五十日閉門せられし由、舟橋殿は儒家なり。五位より以下の人、講釈に、四書五経の類は制禁なり。権現様より地下にて御免候得と、舟橋へ被レ仰につき、只今は地下にて儒書の講釈有なり。夫までは皆或大名など五位の上、下人はならざる事なり。

(『日本随筆大成』第三期一〇、吉川弘文館、一九七七年、一六九頁)

これによると、羅山は、幕府から監禁刑のうちでもいちばん軽い五十日の「閉門」に処せられたことになる。はたしてこのことが史実かいなかは、これを補う資料がないので判断し難いものの、とにかく征夷大将軍家康といえどもこの時点で、朝廷からの異議申し立てにたいして、つまり平安朝以来の貴族文化の不文律にたいして、拒絶することは難しかったであろう。さきの家康の寛大な発言は、おそらく羅山の「閉門」が解けて、自由の身となったのちの後日談と理解すべきである。家康の立場からすると、秀賢の言い分をこのまま黙認してしまうと、こののち、たとえば新都市の江戸における五位以下の者による新儒教の講釈などもいっさい不可となり、江戸のまちは、日本の政治の中心地であっても学問の世界にあっては京都にくらべて後進都市という汚名を、永久に甘んじることになるわけである。

そこで家康は、こうした学問の世界における朝廷と幕府との力関係を逆転させるための秘策を練って、ついに二年後の慶長十年(一六〇五)七月二十一日、京都二条城を舞台にして実行にうつした。

京の処士林又三郎信勝が博学強識当時比すべきものなきよし。大御所かねて聞召ければ。この日永井右近大夫直勝をして俄にめさる。信勝二条城にまうのぼり。はじめて拝謁し奉る。……ときに極﨟清原秀賢。相国寺の承兌。元佶などいひて。そのころ耆宿と聞えしともがら。皆左右に侍し奉る。大御所後漢の光武帝は。高祖よりの世系いかにとはせ給ふ所。三人の耆宿等答る事あたはず。よて信勝に問せ給ふ所。御声に応じて九世の孫たるよし答へ奉る。反魂香并に蘭草の種類を問せたまふに。答へ奉る事響の声に応ずるがごとし。時に信勝わづかに廿三歳なり。大御所その敏聡を称讃し給ふ事大方ならず。洛下伝へて美談とす。これより信勝寵遇日に追て深し。

（前掲『徳川実紀』一、三九三～三九四頁）

この年の四月、家康は将軍職をしりぞいて徳川秀忠に禅譲し、みずからは大御所として比較的自由な立場で隠然たる力を発揮することになった。「武力」に変わる「文治」の実力のほどを如何なく発揮した戦いが、ある意味で、この二条城を舞台にしての羅山と秀賢との知識較べであった。そしてその結果、新進気鋭の儒者羅山の完勝によって、家康はことのほか羅山を称賛し、その情報がただちに「洛下伝へて美談とす」というほどの、京都における最新の話題となった。とはいうものの、この時の知識較べには、どうも家康の意図的に仕組んだと思われるフシがなくもない。そのおもな理由として、次の三点があげられる。

（1）この問答を企てたのが何よりも家康であること。その場に同席したのは、舟橋秀賢、相国寺の西笑承兌、伏見円光寺の閑室元佶、羅山および何名かの耆宿であるが、承兌と元佶とはもとより家康のブレーンにほかならず、もちろん発言は控えたであろうから、実質は秀賢と羅山とのふたりの知識較べを演出したわけである。さらには、この会場に何人かの幕閣も同席して、重々しい雰囲気をつくったであろう。

（2）家康の命をうけた譜代大名永井直勝は、事前に羅山と面接したさい、日時・場所の伝達だけでなく、おそらく家康の質問事項も極秘に伝言していたのではなかろうか。その質問内容は、およそ明経道にとっては無関係なもので、「反魂香という名の香料は、どの書物に出ているのか」であり、もう一つは「屈原の愛した蘭とは、どの種類の蘭の花なのか」という問いであった。つまりは、秀賢の即答に窮するような質問であって、羅山はその答えを事前に調べあげたうえで会場に臨んだであろう。

（3）そして、羅山が末席より進み出て、やまびこが声に応ずるがごとき即答に、家康は左右に眼をやり、「年若き者の。よくも博く見覚えたる事ぞとて御感浅からず」（前掲『徳川実紀』一、三四〇頁）という芝居がかった感想を述べて、セレモニーが終了した。

一言さえも発言できなかった秀賢にとっては、おおやけの場で、遠く天武天皇の皇子舎人親王に出自をもつ由緒ある家系にたいして、三河出身の田舎武士に恥をかかされたという屈辱感以外のなにものでもなかった。いっぽうの家康と羅山にあっては、二年前の不本意な「閉門」にたいする仕返しであり、と同時に、《守旧派舟橋秀賢》なるイメージを世間に知らしめることにあった。また、歴史的視点からみても、これまで「公家衆の学問」であった儒学を引きずりだして、広く江戸士民の学問としての道が開かれる端緒となったともいえるが、現状はいまだ「制禁」のままであった。このような経過をいちべつすると、たとえば「羅山は、学問を実際の政治と結びつけることをめざして、慶長十年に二条城で家康に謁し」（「林羅山」『国史大辞典』第十一巻、吉川弘文館、一九九〇年、六八九頁）云々という尾藤正英の羅山にたいする評価は、実際のところすべて家康の仕組んだシナリオであったわけであるから、あまりにも過大に羅山をみているといえよう。

さて、その二年後の慶長十二年（一六〇七）三月、駿府におもむいた羅山は、家康から剃髪を命ぜられ、それとともに僧号「道春」を名乗ることになった。「時に廿五歳。此より土木の料をたまひ。駿府に宅地をいとなみ又江戸に赴く」（前掲『徳川実紀』一、四二九頁）とあり、翌月の四月七日、はじめて将軍秀忠に謁見し、

これより講書を聞しめさるゝ事。十五日の間に黄石公の兵書。漢書張良伝等を講説す。又漢楚興亡の事跡を垂問したまふ。やがて大学を講ぜしめられんと仰出さる。（前掲『徳川実紀』一、四三二頁）

とあって、剃髪した羅山が、将軍の前で講書した時点で、無職浪人の処士から抜けでて名実ともに幕閣の一員となったことがわかる。しかしながら、仏門に入るのがいやで建仁寺を出奔し、こんどは皮肉にも儒官でありながら、五山の禅僧と変わらぬ容姿にさせられたことは、羅山にとって内心忸怩たるものがあったであろう。この点について、おそらく秀賢は、断固として「五位以下の地下人による儒書の講説は不可」を押しとおしたであろうから、

この現状を打破する方策としては、ただひとつ五山派僧のよき前例にならって、とにかく羅山が僧侶の身分となって儒書を講ずるしかなかった。そうすれば、公家衆からのあのような強い異議申し立てはできなくなるわけである。

こうしたいちれんの経過をみると、博識強記の羅山を幕府の重要な一員として迎えたけれども、それによってたとえば儒教を仏教の上位に置くというような政治的意図は、家康にはさらさら無かったように思う。むしろ羅山のほうが、排仏は家康の意にかなうものと強く思い込んでいた形跡があったのではなかろうか。前述のように、秀忠は、初見の羅山にたいして早速に四書のひとつ『大学』の講説を希望している。ようするに、家康における儒教とは、為政者の将軍ならびに全国の大名が「己れを修めて人を治むる」の政治道徳をまなんで実践躬行し、幕藩体制の安寧を維持することに主眼があった。それゆえ、なにか仏教に変わり得る儒教道徳社会の具現化をめざしたものではなかった。

それと同時に、羅山は当初から、どういうわけか異常なまでの仏教攻撃を、つまり「排仏論」を抱いていたことに注意をはらう必要がある。秀賢の異議申し立てに懲りた羅山は、既述のとおり翌年、きびしい状況から逃れるため、まったく面識のない藤原惺窩に助け舟をもとめようとした。というのは、関ケ原の戦いのあった翌年、五山の儒学や博士家の家学を身につけた惺窩は、家康の招請をうけ京都において、深衣道服を着て『漢書』『十七史詳節』を進講したほどの儒者であった。そこで羅山は、謁見を乞うための書簡を何通にもわたって惺窩に宛ててだした。惺窩からの返書のうち、吉田玄之に代わって作成した慶長九年（一六〇五）三月十二日付「林秀才に答う」のなかに、排仏にかんする貴重な一文が次のように記されている。

来書にいわゆる仏を排するの言、更に頰舌を労するを待たず。唐に傅大士・韓吏部あり。宋に欧陽子有り。余子、勝計するべからず。程朱より已往の諸の儒[4]先皆な成説有り。足下の講ずる所、余、斯の意無からんや。然りと雖も、上に治統の君有りて、下に道統の師有らば、則ち渠何ぞ我を妨げん。若し其れ無ければ則ち渠を奈何せん。且つ余の如きは堅白未だ足らず。而して妄りに磨涅を試みれば、還って渠の為に議する所、愧ずべきこと焉より甚だしきは莫し。唯だ自ら警め自ら勤むるのみ。

（『藤原惺窩集』上、国民文化精神研究所、一九三八年、一三八頁）

羅山は、おそらく排仏にかんする自分の意見を書いたのであろう。それを読んだ惺窩は、すでに六朝時代の傅大士、唐代の韓退之、宋代の欧陽脩などが論じており、程子・朱子以降の先儒にもみなすぐれた学説をあるので、自分には排仏にたいする考えは持ち合わせていないという内容の返書である。惺窩の書簡からいえることは、羅山は我見にみちた感情的な書簡を臆面もなく惺窩に書きおくった様子が想像される。結論的にいうと、排仏云々といった議論などは、われわれごとき一介の儒者がするのでなく、しかるべき幕府の当局者に任せればいいのであって遠慮せよ、という意味合いを含んでいたものと思われる。[5]こうした書簡からもうかがえように、古田が、惺窩もまた江戸初期の排仏論者のひとりに挙げているのは、いささか疑問を呈せざるを得ない。

さらにこのころ、歌人であり歌学者の松永貞徳（一五七一―一六五四）に宛てた書状にも、「夫れ儒者は実にして仏氏は虚なり。天下、虚実に惑うこと久し」（「寄頌遊」『林羅山文集』巻十、弘文社、一九三〇年、一二二頁）というような持論を述べている。羅山の排仏にたいする執念は、ある意味で慶長十九年（一六一四）の方広寺鐘銘事件のいわば背後の立役者となって具現化したといえる。この事件が惹起するすこし前、羅山は「大仏殿」を執筆しており、このなかに仏教排斥のひとつの理由に、大寺院建立にともなう国家全体の疲弊を論じている。この大仏殿とは、いうまでもなく豊臣秀頼（一五九三―一六一五）再建の方広寺をさしている。

それ大仏殿は一木の建つるところにあらず。しかも一木の費はそれかくの如く、一木の人を殺すもまたそれかくの如し。その余は類して知るべし。これ、あに、国の堪ふるところならんや。いかんぞ、民は窮して凍餒せざることを得んや。……国内の人を労し、国内の材を集めて、大殿を建つ。果して何の用ふるところぞや。国内の古器・宝玩の善銅を挙げて、銷鎔・鑠融して以て大像を作る。果して何のためにするところぞや。実に浮屠の世を惑はすの勢、ここに至るといへども、しかもまた、その君の賢・不肖の斉しからざるの致すところか。……大殿・大像は養教の具にあらず。

（前掲『藤原惺窩・林羅山』二二〇頁）

羅山は、どういうわけか「排仏は家康公の意にかなうもの」という錯覚を、慶長八年（一六〇三）の二条城での問答から、ずっといだき続けていたのではなかったか。いずれにしても、江戸前期における幕府の仏教政策の背後には、羅山の仏教排斥のための曲学阿世的思想と、ほぼ表裏をなしていたとかんがえても過言ではない。

二　中江藤樹の場合

中江藤樹は、慶長十三年（一六〇八）、近江国（滋賀県）に生まれた農民の子であったが、九歳のとき、加藤貞泰につかえる米子藩士の祖父中江吉長の手元でそだてられ、そして元和八年（一六二二）、十五歳のときに元服して、七十五歳であった吉長の家督をつぎ、伊予国（愛媛県）の大洲藩士（家禄百石）となった。郡奉行という役儀を勤めるかたわら、寛永四年（一六二七）の二十歳のとき、『藤樹先生年譜』に

先生、専ラ朱学ヲ崇デ、格套ヲ以受用。是年、始テ中川貞良ノ輩、学ニ志シ、同志二三輩会合シテ、『大学』ヲ講明ス。乃聖学ヲ以テ己ガ任トス。夏、儒法ヲ以テ祖父ヲ祭ル。

（『中江藤樹』日本思想大系、岩波書店、一九七四年、二八七～二八八頁）

とあり、夏に文公家礼にもとづいた祖父の《忌辰祭》を執行しており、翌二十一歳の条には、

是ノ年、初学同志ノタメニ、『大学啓蒙』ヲ著ス。其書モツパラ『四書大全』ニ従フ。后、コレヲ見テ、イマダ精カラズトシテ破レ之。

（前掲『中江藤樹』二八八頁）

とあって、はやくも処女作ともいうべき『大学啓蒙』をあらわすなど、ただに経書の研究にとどまらず、本格的な儒学者としての覚悟をみることができる。

寛永六年（一六二九）冬、京都の友人から大洲の藤樹のもとに一通の書簡がとどいた。その書尾には羅山の長子林叔勝（一六一三―二九）撰述の「安昌、玄同を弑するの論」が写されていた。藤原惺窩の門人で、羅山の友人でもあった菅玄同（一五八一―一六二八）が、その弟子の安田安昌によって刺殺されるという傷ましい事件が寛

永五年（一六二八）六月十四日、京都祇園祭の宵山の晩に起きた。それで父羅山から命じられたのであろう、叔勝は「安昌、玄同を弑するの論」を撰述し、結論的には刺殺された玄同を「醇儒」とまで持ちあげた内容であった。それを読んだ藤樹は、同年末もしくは翌年の初めに、おなじ題目の小論文を書きあげ、叔勝をして「不智の甚だしき者なり」ときびしく批判した。そのおもな論旨は、おおきく次の四点からなる。

(1) 倭国にて儒者と称する者は、徒だ聖人の書を読むを知るのみ。与に共に学ぶべき者は、未だ之れ有らざるなり。（前掲『中江藤樹』八頁）

(2) 玄同の人と為りや、聖人の書を読むと雖も、口耳訓詁の学にして徳を知らず。是を以て気質を変化すること能はず、才を恃みて妄りに作す。其の軀を殺す所以なり。（前掲『中江藤樹』九頁）

(3) 蓋し玄同の安昌を待つこと犬彘の如し。故に安昌、怒気の動かす所と為り、而して理に逆らひ常を乱すの罪を犯す。常情を以て之を見れば、則ち師、師たらず。安昌の犯す所、宜なりと謂ふべし。……是に由つて之を推せば、則ち師、師たらずと雖も、弟子は以て弟子たらざるべからず。苟に安昌の罪は誅に容れず。是れ豈に禽獣を違ること遠からんや。玄同・安昌は共に是れ人面獣心の俗なり。（前掲『中江藤樹』九頁）

(4) 夫れ玄同の人と為りや、徒だ博物治聞を事とし、外に狗ひ多きを誇るを以て務めと為し、而して表裏真妄の実に然るを覈へず。是を以て識愈々多くして、心愈々窒がる。……之を醇儒と謂ふは、妄人の私言なり。（前掲『中江藤樹』一〇頁）

藤樹がこの論文のなかでことのほか強調しているのは、わが国の儒者はそうじて口耳の学、訓詁の学に堕していて、本来あるべき『大学』に説かれた「己れの徳を修める」ための実践を忘れている、ということである。そのために、菅玄同や安田安昌のような「人面獣心」の俗儒が、次々と生まれてくることになる。岩波書店版『藤樹先生全集』をじっくりと熟読玩味すると、こうした藤樹の儒教観の根柢には、それが生涯にわたって貫かれていることを認識することができる。

さて、剃髪を余儀なくさせられた羅山は、同六年（一六二九）十二月三十日の大晦日に、幕府から民部卿法印という僧位に叙せられた。かかる叙位は、あるいは二年前におこった紫衣事件の結末として、この年の七月、幕府を公然と批判した大徳寺・妙心寺の僧侶四人が流刑に処せられたこととも、関連しているのかも知れない。つまり、朝廷にたいして幕府が強硬な態度でのぞんだ背後には、羅山の進言によるものという推測ができなくもない。それはともかく、その情報を知り得た藤樹は、翌年、「林氏、髪を剃り位を受くるの弁」というみじかい論文を書いて、羅山の言行をきびしく批判した。その要旨は、次のとおりである。

——博物洽聞の羅山は、みずからを真儒と称して儒道を説くが、髪を剃って僧侶の容姿となり、こんどは「沙門の位」を幕府からさずかると、自身はこれを名誉とした。しかし、自身にたいする世間のそしりが気になると、今度は「わが兄弟が祝髪するのは、わが国の習慣にしたがったまでのことで、孔子が着ていた郷服となんら異なるものではない」などと、言い訳にみちた文章を書いては、おのれの非を隠そうとするので、周囲の者はただ呆然とするだけである。そのため、世間の人たちは、儒者とは羅山のようなものかと錯覚し、だれひとりとして本来の儒学がどういうものかを知らずに終わってしまうことになる。そして藤樹は、いくら羅山がことば巧みに弁解をしたとしても、「剃髪と法印とは、其の本に反れば則ち仏者の形と位なり。儒者の仮り用ふべき所に非ざるや明らかなり。……今仏者の形に肖せ、仏者の位に居り、仏者の服を服する者は、之を如何とか謂はん。仏者のみ」(前掲『中江藤樹』一五頁)として、羅山はまさしく僧侶以外のなにものでもないと結んでいる。ようするに、羅山の所行というのは、儒者のあるべきすがたではない、と最後にはっきりとクギをさしているわけである。

藤樹のめざした儒学については、『翁問答』のなかで明らかにしていることは周知のとおりで、「がくもんは明徳をあきらかにするを全体根本とす」(前掲『翁問答』一一六頁)といい、また「学問は心のけがれをきよめ、身のおこなひをよくするを本実とす」(前掲『翁問答』一三三頁)というみじかい文章に凝縮されているが、なお中世末から近世初頭にかけての儒学界の実状を見わたして、次のように指摘している。

聖賢・四書五経の心を師として、我心をたゞしうすることをば、いさゝか心がけずして、博学にほこるをのみつとめとし、耳にきゝ口に云ばかりにて、口耳のあひだのがくもんなれば、心学とはいはずして、口耳の学とも云なり。此口耳の学にては、なにほど博学多才にても、心だて身もちは、世ぞくの凡夫にかはる事なければ、また俗学とも云なり。四書五経に、心迹訓詁のしやべつあることを、よく弁ぬれば、おなじ書物をよみて、正真贗のかはりある事、いはずして分明に候。（前掲『翁問答』九一頁）

いかにも羅山のことを暗示しているかのように思えるが、けっして羅山だけに限ることなく前述の菅玄同、安田安昌、林叔勝もしかりであって、かれら以外にも数おくの「俗儒」がいたであろうが、いずれも「口耳の学」に終始してしまって「徳」を欠き、世間におおくいる凡夫となんら変わるものではない、というのが藤樹の結論である。そうして、藤樹のめざした儒学とは、すなわち《心学》であって、わが国の儒者ではじめて《心学》という成語をもちいたのが藤樹にほかならない。

以上のことから、おなじ近世初期の儒者であっても、藤樹と羅山との儒学ににたいする姿勢がおおきく異なっていることを知り得るが、藤樹のかかる名指しの個人攻撃の著述は、後にも先にもこの二十二、三歳のときの「安昌、玄同を弑するの論」「林氏、髪を剃り位を受くるの弁」だけであって、以後、四十一歳の死去にいたるまでその形跡はみられない。あたかもすべてを包み込むような思想になっており、これには藤樹自身にあって、なにがしかの心境の変化にともなう要因があったと推測できる。それはいかなるものか。

藤樹は、辞職嘆願かなわず二十七歳の冬十月、大洲藩の分藩である新谷藩主加藤直泰の許可を得ないままに、ひそかに老母の住む近江に帰郷した。したがって、藤樹の大洲在住期間は十七年におよんだわけであるが、この青少年時代における藤樹の学問形成にもっともおおきな影響をあたえた人物はというと、曹渓院住職天梁玄昊（一五八六—一六三八）以外にはかんがえられない。この曹渓院は祖父吉長の屋敷からすこぶる近くにあり、臨済宗妙心寺派の禅刹で大洲藩主加藤家の菩提寺であった。岡田氏本『藤樹先生年譜』寛永七年（一六二二）、藤樹十四歳の条には、

嘗テ寺ニ入テ手跡ヲ学ビ、其暇ニ詩・聯句ヲ学ブ。

マ、佳作アリ。　（前掲『中江藤樹』二八六頁）

とあるが、この『年譜』の底本である岡田季誠自筆本（藤樹書院蔵）の行間には細字で、「イニ、於曹渓院天梁和尚ニ就テ」とあり、さらにもう一か所、「マ、佳作アリ」の下の余白にも細字で、次のように付記している。

イニ、或人、和尚ニ謂テ曰、中江原キワメテ聡明、ナンソ話則ヲ参セシメサル、其未悟ルヘカラザルヲ以カ、和尚曰、不然、速ニ会得スヘシ、然リトイヘトモ却テ満心ヲ生センカ、コノ故ニツイニ示サス、

この「イニ」とは異本に、の意であろう」（前掲『中江藤樹』二八六頁）という尾藤正英の注釈にしたがうと、もともと何種かの写本があって、岡田季誠は、『年譜』の作成にさいし、藤樹がふかく仏教に没入していた印象をいだかせる記事を載せることに躊躇し、あえて傍記したものと推測できる。その操作の始終はともかくも、天梁は、元服まえの藤樹の学識およびかれの性格までよく見抜いていた点を考慮すると、ただに手跡や詩・聯句のみの教師にとどまるものではなかったことはいうまでもない。

ところで、天梁玄昊の事績等にかんしては、『曹渓六祖伝』[6]がゆいいつの資料といえるであろう。それによると、天梁は筑前（福岡県）芦屋の人で、姓は冨河氏であった。「妙齢ニシテ儒ヲ習フ」とあるので、おそらく博多のまちにでて、禅僧から経書の素読などをならったのであろうか。そののち祝髪して禅門に投じ、慧南玄譲（妙心寺塔頭大雄院の開祖）の法嗣となる。請われて曹渓院の住職となった天梁は、四十二歳にして臨済宗大本山妙心寺第一一六世の住持にまでのぼりつめるが、享年五十三歳のとき、大洲にて示寂する。天梁は、いっぽうにおいて軍書に精通しており、藩主加藤貞泰のもとめで城内にて『六韜』を講じたり、書法もまたたくみで観世家のもとめにおうじて謡曲本に跋文を書くなど、まことに多才の禅僧であった。この『曹渓六祖伝』の天梁章には、「藤樹□師ニ儒書ノ□ヲ受」（二字不読）という頭注がほどこされており、藤樹は天梁から儒書のたんなる手ほどきでなく、真訣なるものを受けたと解釈できなくもない。

さらには、藤樹がのちにおこなった羅山らに向かっての批判攻撃は、それがたとえ正論であったとしても、おのれの「満心」の産物に過ぎないことを、天梁から教誡されたであろう。藤樹晩年の門人に宛てた漢文書簡、あ

るいは『翁問答』改正篇（藤樹三十九歳冬）のなどには、慢心でなく「満心」[7]の成語が散見でき、その受けた影響のおおきさを物語っている。というのは、「満心」は経書にはみられず代表的禅籍の『臨済録』にあるので、藤樹は天梁所蔵の『臨済録』を借覧し、それを書き留めていたものと想像される。

さらに、藤樹と天梁との交流で見逃してはならない一件がある。それは、藩士としての公務と故郷にひとり住まう慈母の孝養とのはざまで苦悩していた藤樹に、あえて死罪覚悟の致仕を決断させたのが、天梁のことばであった。すなわち、

万欲ヲ打忘レ、無事ナル位ニ至テコソ真楽アリ。

（『岡山先生示教録』巻二、『中江藤樹心学派全集』上巻、研文出版、二〇〇七年、五二頁）

であるが、この「万欲」とは、『臨済録』に説かれている「馳求心（馳求の心）」、つまり自分以外のそとにもとめまわる心であって、それを「打忘レ」るとは「歇得する」、断ち切るという意味になるのであろう。そうして、おもて向きにはあまり知られていないけれども、近江帰郷後もなお示寂にいたるまで、書簡をつうじての天梁との学問上の交流[8]はひそかに続けられた。そういう意味からすると、藤樹の学問形成や人格形成のうえで、天梁かもまなび得たものはなによりも重要であったことが、以上の点からも容易に知り得ると同時に、独学自修で大成したなどと決めつけるのは、まったく事実誤認といえる。

さて、かかる藤樹の宗教観、仏教観とはどういうものか。正保四年（一六四七）、死去の前年に出版された『鑑草』序文の冒頭は、次のような叙述ではじまっている。

倩、世間の福ひを思ひくらぶるに、身やすく心たのしび、子孫のさかふるを上とす。命のながきを次とす。位たかく富るを下とす。此福ひの種は明徳仏性なり。

（『鑑草』岩波文庫、一九三九年、五三頁）

ここで注目すべきは、やはり儒仏それぞれの教説の眼目である「明徳」と「仏性」とを、一個の成語で表現している点であって、その当時の読者はおどろいたに違いない。真儒を自認する藤樹が、なぜこのような前代未聞の成語を発明したのであろうか。それは、『鑑草』の本文のなかに、「慈悲清浄の心を儒家には仁徳と名づけ、仏法には仏性と号す」（前掲『鑑草』一一二頁）とあるように、明徳（＝仁徳）も仏性も、本質的にはすべての人

間にひとしく具有する慈悲清浄の心にほかならず、毫髪のちがいがない。ようするに、藤樹における「明徳」と「仏性」とは、その名称は異なるけれども、その本体は同質であるので、このふたつは《異名同体》というわけである。もっとも、藤樹の晩年に近いころに撰述されたという『大学蒙注』における明徳について、たとえば、

方寸ニ具テ一身ニ主タリトイヘドモ、其全体ハ大虚廖廓ナレバ、天地万物ヲ包括シテ天地万物ノ中ニ貫通ス。聖人ノ心其本体ナリ。(『全集』第二冊、一九頁)

というように、儒者の立場から経学研究の視点に立って説明していることは、当然のことである。藤樹は、いわゆる儒仏一致を主張するため無理矢理に造語した、という予断はあたらない。前述の『大学蒙注』と類似した文章を『鑑草』のなかにひろうならば、「如意宝珠の明徳は、人々具足の物なれば、上天子より下庶人にいたり、上聖人より下凡夫にいたるまで、もとむればうる物なり」(前掲『鑑草』一九四頁)ということになる。この「如意宝珠」という成語は仏典に頻出するわけであるが、藤樹はしばしばこのような表現の仕方をしているのである。

なおまた、『鑑草』においては、いわゆる儒仏道の三教にすこしく言及した記述があるので紹介すると、

もとより三教ともに、明徳を明らかにするをしへなれども、仙仏の二教はその法、世間に便り悪く、その上工夫取入がたき所あり。儒教は世間の日用にたよりよく、その工夫取入きはめてやすきゆへに、世間通用のためなれば、儒道の心学とのみ論ずるなり、ひがめる私言にはあらず。(前掲『鑑草』一九七頁)

とあり、三教の根本教理は、いずれも「明徳を明らかにする」ことに共通しており、これが藤樹の究極の三教観であるがゆえに、「明徳仏性」もごく自然な思想形成のなかで醸成された成語といえるであろう。

ところで、近江帰郷後の浪人生活での仏教にたいする姿勢をうかがわせる逸話が、『藤樹先生行状』に載せており、それは仏教信仰のあつい老母とのやりとりであるが、仏教を排斥するような態度はまったくみられない。

母堂ニ事ヘテ孝ヲキワム。気ヲ下ダシ色ヲヨロコバシメテ、其命ニ違ハズ。故ニ母堂コレニ和順スルコト幼稚ノ時ノ如クニシテ、相憚ル底ノ意思ナシ。母堂、仏ヲ好ム。中元ノ日、盂蘭盆会ヲナセバ先生、是ヲタスクルコト純一ニシテ甚ダ慇懃ナリ。

（『全集』第五冊、五八頁）

また、大洲藩士中川貞良の老母に宛てた藤樹三十九歳の書簡には、

后生の事一大事と思召由御尤ニ存候。后生一大事なれば、今生猶一大事にて御座候。いかんとなれバ、今生の心まよひぬれバ后生悪趣にをもむく理ある故ニて候。……あしたゆふべをはかり難き浮世にて御座候へバ、心の中の如来を拝したまはん事、何より以て切なる御事ニ御座候。

（『全集』第二冊、四三七頁）

とあって、寺院にまつられている仏像ではなく自身の心にある「如来」を拝することがたいせつであるという。

まさしくこのような表現でもって、明徳仏性を説いていることがわかる。以上の資料をつうじて、藤樹の仏教態度がどのようなものであったかを知ることができよう。ようするに、藤樹の高弟熊沢蕃山が強烈な排仏論を展開したために、師の藤樹もまたその系譜につらなる儒者とみなされたといえるのである。

三　結び

「わが国は神道の国であるが、現今すでに仏教国となった。人は皆な生死を怖れるため、仏教はかれらに《後生善所》を説き、声高にして《極楽悉皆金身》とたぶらかし、これによって信者は財を惜しまず寺院に布施した。こうした日本のありさまにつけ込んだのが耶蘇教で、耶蘇教もまたかれらの心を攻める《妖術》で引っ張りこみ、仏をあらためて耶蘇となること手のひらを返すようなものであった」

これは、承応三年（一六五四）三月、七十二歳の羅山が、著名な文化人であった石川丈山にあてた書簡の一部であるが、晩年にいたってもなお排仏・排耶の怨念にも似た態度は、いささかも衰えていないことがうかがえる。この羅山の書簡には、そのあとにあんに藤樹の首唱した《心学》にもはげしく攻撃している注目すべき記述がみられる。これまでの近世思想史研究者は、どういうわけか、この重要な箇所を見過ごしてきたように思われるが、それが次の一節である。(9)

浮屠は我が朝本の神霊の国為るを嫌いて、而して曰く、「仏神は同体異名なり」と。今、邪学なるもの初め儒を借りて陽明に託し、以て浮屠を謗る。既に

して仏者、熾んに盛りなり。謗らば当に害を招くべきを以ての故に之を怯怖し、乃し曰く、「大学の明徳は仏性なり」と。其の変じて怪と為り、化して妖と為る。尤も誕妄の甚だしきものなり。之を人中の老狐と謂わざるべけんや。以て諫めて警むべし。然るに諫論は当時に行われること能わずして、諷諭に発する者、彼の風雅の詩人、忠臣、孝子、義士、貞女、幾多の人ぞ。唯だ独り自ら憂え歎くのみ。

（『林羅山文集』七、弘文社、一九三〇年、九五〜九六頁）

冒頭の一節は、わが国の古代から続いてきた神仏習合の実態を批判したものと推測できるが、問題はその次の記述である。羅山は、藤樹の心学を「邪学」と決めつけ、はじめは王陽明の儒学によって仏教をそしっていたが、仏教が盛行するようになると排斥をおそれて、「大学の明徳は仏性である」と説いて仏教にすり寄った。その変貌はまるで妖怪にも似て実のないものであり、かれらを諫め戒めるべきである。その当時、だれもそのような議論をし、声に出す者はなかったが、ただ自分だけが歎いていたのだという内容である。

このうちの「大学の明徳は仏性なり」という句は、おそらく藤樹の『鑑草』から引用したものと思われる。じっさい「明徳仏性」の成語は、同書になかで十九回出てくるが、その意味するものは次の一文に尽きるであろう。

人間は明徳仏性をもて根本として生れたる物なれば、誰も此性なきものはなし。この性は人の根本なるによつて、又本心とも名づけたり。

（前掲『鑑草』五八頁）

藤樹における「明徳仏性」とは、明徳すなわち仏性、仏性すなわち明徳であって、ようするに明徳も仏性も名はことなるけれども、同体同質にほかならないのでただ並記しただけのことである。羅山からすれば、藤樹は程朱学をゆがめているようにみえて我慢がならず、それで意図的に「大学の明徳は仏性なり」と読んで、丈山にその不正確、曲解の情報を伝えようとしたのであろう。

この仮名草子風の『鑑草』は、正保四年（一六四七）八月、藤樹四十歳のとき、京都の風月宗知から刊行されたもので、藤樹ゆいいつの生前の単行本である。おなじ風月宗知から羅山の『丙辰紀行』が寛永十五年（一六三八）に刊行されているので、おそらく『鑑草』ができあがったときに、風月は羅山に『鑑草』を一部提供していたものと推測でき、すくなくともこの時点で羅山は『鑑草』に眼をとおし、藤樹の説く「明徳仏性」を知ることになったであろう。それとともに、羅山は、風月から藤樹の人柄についても聞かされていたであろう。ところが、羅山はそのときには健在中の藤樹にたいして批判の書簡を出すこともなく、藤樹が没して六年後に、しかも丈山宛ての一通の書簡のなかで、実名こそ出さないものの藤樹の学説を暗に批判し、自己の信ずる排仏・排耶の正当性を伝えようとしたわけである。もっとも、教条的に朱子学を奉ずる羅山からすれば、藤樹の「明徳仏性」の説もまた、異端の不純な儒学思想とみられていたことも否定はできない。

注

(1) 例えば、『大日本史料』十二之三には、慶長十年(一六〇五)三月の条に、「是月、家康、活字版ヲ以テ『吾妻鏡』ヲ印行ス」とあり、同年四月五日の条に、「家康、円光寺元佶ニ命ジ、活字版ヲ以テ『周易』ヲ印行セシム」とあり、同年九月二十四日の条に、「円光寺元佶、サキニ家康ノ命ニヨリテ印行セシ『周易注』本ヲ献ズ」などとある。ところが、『徳川実紀』第一編の慶長十年三月の条によると、「伏見城にて『東鑑』刊刻の事を令せらる。此頃いまだ世にしる者少かりしに。武家の記録是よりふるきはなし。尤考証となすべきものなりとの盛慮とぞ」とあって、記述のちがいが見られる。

(2) 太田正弘編『寛永版目録』(私家版、二〇〇三年)

(3) 寛永六年十月、将軍家光の乳母お福が宮中で後水尾天皇に拝謁し、「春日」の名号を賜った。後水尾天皇は無位無官の武家の召使が御前に出るなどかつてなかったことであると不快感を表し、公家のなかには「帝道は地に落ちた」と憤慨する者もあったという。(『日本全史』講談社、一九九一年、五〇六頁)

(4) 儒先は先儒と同意であろう。かかる語は林羅山の著作にもみることができる。たとえば「与男靖七篇」に「濂谿の主静や、二程の窮理や、考亭の持敬や、是等儒先の、其の心を聖学に用いる所の工夫」(『林羅山文集』巻六四、七七〇頁)云々とある。

(5) 五か月後の同年八月二十六日付の羅山に宛てた書簡に、「如何に足下の毎毎の対話・手書、共に以て語意は平易を失う。恐らく年壮鋭英にして、未だ圭角の消えざるや。焉を思え」(原漢文、前掲『藤原惺窩集』巻上、一四〇頁)とあり、惺窩は明らかに羅山の性格をたしなめている。

(6) 大洲市立博物館蔵複写本。本稿への一部引用にさいしては、龍護山曹渓院住職櫻井宗雄師および大洲市立博物館のご了承をいただいた。

(7) 朝比奈宗源訳注岩波文庫本『臨済録』四四頁ほか、入矢義高訳注岩波文庫本『臨済録』四〇頁ほかに「満心」の語がある。

(8) 藤樹と天梁との交流は、藤樹の謦咳にせっした門人でさえも意外と知られていなかったようである。大洲藩士清水十兵衛季格（のち西川に改姓）の著『集義和書顕非』に「先生十三歳の時。禅寺へ手習に上られたり。其時禅僧に四書の素読を習へり。禅僧の事なれば、然と知らず。あらまし習はれたり。其後再び師に就かず、儒書字書を聚め、独学せられたり」（『大日本文庫・儒教篇・陽明学派』上巻、一九三五年、四四六頁）という程度の知識であった。

(9) 朝本は、(4)の儒先と同様、本朝という語であろう。

中江藤樹の戒定慧的心学実践

はじめに

江戸初期の儒学者中江藤樹（一六〇八—四八）は、近代以降において、「日本陽明学の祖」（『日本史広辞典』ほか）あるいは「日本の陽明学派の祖」（『広辞苑』第六版）といったような歴史的評価がなされ、現在もなおそれが定説となっていることは、周知のとおりである。藤樹の学問形成について通説的にいうと、さいしょ朱子の『四書集注』を格套主義的に修学したけれども、なお疑問とするところが晴れないとき、偶然にも『陽明全書』を入手することにより、ようやく「入徳の欛柄」（書簡「池田子に与う」）を得て、そうして陽明学いちばんの命題「致良知」を、「良知を致す」でなく「良知に致る」と訓むことによって良知を自家薬籠中の物とした、というような独自の解釈をおこなった。ところが、藤樹の高弟であった熊沢蕃山（一六一九—九一）が五十代のころに執筆せられた『集義和書』巻一〇において、前述の《陽明学者中江藤樹》という、とくに近代以降に明確に固定化されたイメージとはおよそかけ離れた、不可解な問答を載せている。それは、次のような内容である。

> 朋友問て云。江西の学者、感応篇をよみ、又誦経の威儀をつとめたりときく。世人これを笑ふ者あり。まことなるか。答云。まことなり。細工しならひにはけづりそこなひおほく、馬の乗ならひには度々落るがごとし。聖賢伝受の心法の師なくて、中江氏初てさま〴〵に心をねりて試られき。心法の受用にたよりあるべきことは、まづ取て受用してたすけとせり。ふたつのこと全くよしとおもはれざりしかど、志のきどくなる所あるは誦経の威儀なり、凡習の過悪をこまかに記したるものは感応篇なり。こゝを以て、しばらく用られたり。
>
> （『熊沢蕃山』日本思想大系、

岩波書店、一九七一年、一八五頁）

この朋友が質問した「江西の学者」とは、琵琶湖の西方、藤樹書院において藤樹の唱えた心学をおさめる門人たちのことであるが、ここでは慶安元年（一六四八）の藤樹没後における藤門の学者という意味であり、蕃山からすれば、蕃山と双璧をなしたといわれる淵岡山（一六一七—八六）およびその門流をさしているものとかんがえられる。藤樹が死去したのちも、おもだった門人は喪に服して藤樹書院にとどまり、そして三年の喪があけるや否や、中川謙叔、加世季弘、藤樹の長子虎之助らは蕃山のいる備前岡山藩へとおもむいた。ところが、岡山はかれらとおなじ行動をとらずに、ひとり京都の船岡山あたりに仮寓し、雌伏二十余年、ついに好機到来、延宝二年（一六七四）、堀川通西陣の豊後臼杵藩稲葉右京亮の屋敷跡を買いとり、先師藤樹の神主をまつる祠堂をふくめた「京都学館」を開設して、さかんに藤樹心学を唱道したのである。この京都学館におけるじっさいの講釈のようすについて、『岡山先生書簡』下巻のなかに

五月十六日、皆々被二召出一。尊師仰ラレケルハ、昔藤樹先生、孝経感応篇ヲ毎日御読被レ成シニ、始ハ御声ヲ高ク御読被レ成シカ、後ニハ御声モ聞ヘス、御口ノ内ニテ被レ遊シナリ。或時被レ仰ケルハ、声ノ高ケレハ外ヘ向気味有ト云々。

（『中江藤樹心学派全集』上、研文出版、二〇〇七年、三八一頁）

とあり、この岡山のことばによって、たしかに藤樹自身が門人とともに、毎朝、『孝経』とそのあとにつづいて一一七七字からなる中国道教経典『太上感応篇』を読誦していたことはまちがいない。しかしながら、ここで考慮すべきは、蕃山と岡山との入門時期およびそのときの教説内容のちがいという点である。

蕃山のばあいは、藤樹三十四歳、寛永十八年（一六四一）九月から翌年四月まで、浪人生活を余儀なくおくっていたという私的事情もあって短期遊学となったが、藤樹はそのために経書のうちもっとも重要とした『孝経』『大学』『中庸』にしぼって、その要訣を講じたのである。このことは蕃山の著書『集義外書』で明らかにしている。いっぽうの岡山の入門は、川田氏本『藤樹先生年譜』によると、藤樹三十七歳、正保元年（一六四四）の冬であって、岡山は藤樹の死去にいたるまでの約四年間、藤樹の謦咳にせっして心学をおさめるのである。藤樹の学問は、

すこしも停滞することなく日々発展していったので、藤樹が毎朝、『孝経』とあわせて『太上感応篇』を読誦しはじめたのは、もしかすると正保元年前後のことであって、蕃山の遊学のころは『孝経』の読誦はあっても、『太上感応篇』はなかったものとかんがえられる。さらに、蕃山、岡山それぞれの性格や学問意識から、藤樹の教説にたいする受け止め方も微妙に異なっていたことはいうまでもない。

いずれにせよ、藤樹の学問形成の過程においては、さまざまな心法の工夫がなされたわけであるが、前述の「日本陽明学の祖」という固定的評価に拘泥することなく、あらためて藤樹の心学実践内容を理解するひとつの手法として、いわゆる仏教の三学である戒定慧という視点から光をあててみることが、すこぶる有効な手法とかんがえる。

一　明徳を明らかにする

あらためてこれまでの藤樹思想の形成史研究の代表的事例として、ふたつの学説をかんたんに紹介すると、まず戦前期のものとしては加藤盛一（中国哲学）説がある。

加藤は、『藤樹先生全集』（増補版、岩波書店、一九四〇年）の編さん主任であって、文字どおり藤樹の著作をことごとく知悉した人物であり、次の四期に分類している（『翁問答』解題、岩波文庫、一九三六年、四～六頁）。

第一期　前期朱子学時代（十一歳から二十七歳の近江帰郷まで）
第二期　後期朱子学時代（二十八歳から三十二歳まで）
第三期　王学模索時代（三十三歳から三十七歳まで）
第四期　王学証悟時代（三十七歳から四十一歳まで）

なお、加藤とほぼよく似た四期説として、伊東多三郎（日本近世史）の学説があることを付記しておこう（『中江藤樹・熊沢蕃山』日本の名著、中央公論社、一九七六年、一五～一七頁）。戦後期における代表例としては相良亨（日本倫理思想史）説を掲出しておこう。相良もまた、加藤とおなじく四期に分類している（『近世の儒教思想』塙書房、一九六六年、五二頁）。その四期とは、

第一期　致仕以前の格法主義的な朱子学を何らの疑いもなく信奉した時代
第二期　「畏天命尊徳性」（藤樹規）を強調した時代
第三期　孝を強調した時代

第四期　陽明学を信奉した時代

ということであり、相良はこのような思想の変遷を俯瞰して、「藤樹の一生は、朱子学から脱出して己を発見する一生であった」（前掲書、五一頁）とか、「藤樹の一生は、ただひたすら自己の内面性の確立を求める生涯であった」（前掲書、五九頁）などと表現している。加藤、相良両説ともに、基本的には《朱子学から陽明学へ》というのが共通したキーワードになるわけであるが、こうした変化の視点とはべつに、藤樹の生涯のその根柢に、いわば変わらざる思想、不易の思想というものが包含していたことを、岡田氏本『藤樹先生年譜』（『全集』第五冊所収）によって紹介してみよう。

まず、藤樹が致仕する以前、大洲藩の郡奉行として奉職していた二十三歳のときの「安昌、玄同を弑するの論」である。これは祇園祭の夜、菅玄同（一五八一―一六二八）が、その門弟の安田安昌に殺害されるというショッキングな事件を京の友人の書簡で知り、藤樹は漢文をもちいて、その一件にたいする所感をつづったものである。そのなかに

倭国にて儒者と称する者は、徒だ聖人の書を読むを知るのみ。……玄同の人と為りや、聖人の書を読むと雖も、口耳訓詁の学にして徳を知らず。是を以て気質を変化すること能はず、才を恃みて妄りに作す。其の軀を殺す所以なり。蓋し玄同の安昌を待つこと犬彘の如し。（『中江藤樹』日本思想大系、岩波書店、一九七四年、八〜九頁）

とあり、その当時の名だたる儒学者を見渡したとき、藤原惺窩の門人であった菅玄同をはじめ江戸幕府に仕える林羅山など、聖人の書をもって自身の徳を磨くことを忘れて、ひたすら博識を第一とする儒学者ばかりであると指摘する。これが藤樹の儒学にたいする原点であったことを見逃してはならない。

次に、藤樹三十一歳の『原人論』である。「人間とは何ぞや」とみずから問い、その答えを朱子学系統ではあまり顧慮しない五経の『書経』『詩経』のなかに見つけ出した短篇論文で、藤樹思想形成史を考察していくうえで重要な画期となるものであるが、これまでの研究者はどういうわけか等閑視してきた。そのなかに

俗儒は人の書を読むと雖も、然れども其の書を求むる所以の者は、書の書為る所以に在らずして、却っ

て以て温飽を求むるの術と為す。是を以て其の読むこと愈多くして、其の明徳愈昏し。其の存する所の者は、只だ是れ禽心のみ。惟れ豈に禽獣の教えと曰わざるべけんや。

(『全集』第一冊、一三二頁)

とあり、俗儒と呼ぶにふさわしい連中は、ただ聖賢の書物を道具にして《生活の資糧》にあてているに過ぎないので、かれらの明徳はいよいよ隠れてしまい、ただ「禽獣の教え」を無知の人々に説いているにほかならないと指摘する。

次に、藤樹三十三、四歳の作品で、学問をこころざす大洲藩の同志のために執筆された『翁問答』である。もちろん藤樹の代表的著書であるが、そのなかに

世間にとりはやす学問は多分にせにて候。にせのがくもんをすれば、なにの益もなく、かへつてかたぎあしく異風になるものなり。

(『翁問答』岩波文庫、一九三六年、八五頁)

聖賢四書五経の心をかゞみとして我心をたゞしくするは、始終ことごとく心のうへの学なれば、心学とも云なり。此心学をよくつとめぬれば、平人より聖人のくらいにいたるものにて候ゆへに、また聖学とも云なり。

(前掲『翁問答』九〇頁)

とあり、ここにおいて藤樹がもとめつづけた儒学に、はじめて「心学」の語をもちいたことに注目する必要がある。ようするに、俗儒の学問というのはそうじて「記誦詞章の学」「記問の学」であって、ただ聖賢の書物や他人の説を暗記して《満心》を拡大するだけの学問に過ぎず、ほんらいあるべき儒学・聖学は「心学」でなければならない、と藤樹は結論づけたことになる。

次に、藤樹三十六、七歳の著書『鑑草』で、藤樹在世におけるゆいいつの四十歳のときの上梓本である。女子教育のための教誡書とされるが、『鑑草』の眼目にひとつに

それ天下の宝二あり。人人の心の中に明徳と名づけたる無価の宝あり。これを性命のたからと云、天下第一の宝なり。……金銀珠玉、天子諸侯の位を世間の宝と云、天下第二のたからなり。

(『鑑草』岩波文庫、一九三九年、一九三頁)

とあり、藤樹は、自身の方寸に具有する明徳こそがいちばんの宝であると断言して、世間の常識をおおきくくつがえすほどの記述で構成している。

次に、死去の前年、藤樹四十歳の春に書かれた『翁問答』改正篇(1)と称されるものであるが、そのなかに

人間の万苦は明徳のくらきよりおこり、天下の兵乱も又明徳のくらきよりおこれり。これ天下の大不幸にあらずや。聖人是をあはれみたまひ、明徳を明かにする教を立て、人の形あるほどのものには学問をすゝめたまへり。四書五経にのする所みな是なり。

（前掲『翁問答』二四六頁）

とあり、過去現在を問わず世の中に起こる争乱の原因というのは、つまるところ為政者をはじめとする関係者の明徳をくもらしているところにあると結論づけている。藤樹四十年の人生における究極の嘉言であり、絶えざる思索追及のいわば到達点ともいうべき記述といえるであろう。

以上の資料から帰納して指摘できるのは、藤樹は、『大学』三綱領いちばんの「明徳を明かにする」をたんなる経書のことばとして覚えるではなく、一人ひとりがそのことを現実の日常底において実践し顕現化していくこと、そしてそのための「孔門伝授の心法」（『中庸章句』のことば）の工夫を、門人たちに具体的に説きしめした儒学者であったという点であろう。つまり、陽明学を普及することが藤樹の生き方であったなどとは、まったくの的はずれなのである。藤樹は、遠地にいる門人にたいしては、書簡の往復をつうじてその核心をついた心法指導をおこなった。たとえば、大洲藩から分離独立した新谷藩一万石のわかき家老佃叔一にあてた書簡には、次のような内容がしるされている。ここの「生れ付たる本心」とは、まさしく明徳にほかならない。

本来吾人の本心、安楽にして力つよく、独坐接人の隔なく、いつも明快通達にして、力つよく懈怠なきものに御座候。心苦く力なきハ後来の習心習気の祟りにて御座候。習心習気のけがれを洗ひ浄め候へば、生れ付たる本心あらはれ、……動静語黙いつれも力あるものにて候。

（『全集』第二冊、三九六頁）

どのように日々実践すれば、おのれの明徳を明らかにすることができるのかが、門人たちにとって切実な課題であった。そこで、藤樹はさまざまな実践の具体的なものをかれらにしめした。その実践内容を仏教の戒定慧の三学の視点から、試験的手法で取りあげてみようと思う。

二　《戒》の実践

さて、仏教の戒定慧の三学について『岩波仏教辞典第二版』（二〇〇二年）は、次のように解説する。

仏道を修行する者が必ず修めるべき三つの基本的な修行の項目。……〈戒学〉とは戒禁（戒律）であり、身口意の三悪を止め善を修すること、〈定学〉とは禅定を修めることであり、心の散乱を防ぎ安静にさせる法、〈慧学〉とは智慧を身につけることであり、煩悩の惑を破り静かな心をもってすべての事柄の真実の姿をみきわめることをいう。（三七五〜三七六頁）

この三学の冒頭に《戒》を据えられていることがなによりも重要な意味をなしており、修行者自身が悪心のままに励んだとしても、次の《定》《慧》の実践はなんらの効果をもたらさないわけであって、おそらく藤樹は、代表的禅籍のひとつである黄檗希運の『伝心法要』に書かれた「貪瞋痴あるが為に、即ち戒定慧を立つ」（禅の語録、筑摩書房、一九六九年、三一頁）に注意をはらっていたのではなかろうか。すべての人間は「悉有仏性」だというけれども、現実は貪欲と瞋恚と愚痴の煩悩のほうが、われわれの心を支配しているのである。

藤樹は、十五歳の元服前から、大洲藩主の菩提寺であった曹渓院住職天梁玄昊に臨済禅をまなんで、と同時におそらく天梁所蔵の禅籍を読む便宜もあたえられていたものと思われる。そのことは、『六祖壇経』『臨済録』『碧巌録』『景徳伝灯録』および『伝心法要』などが、後年の藤樹の著書『翁問答』や『鑑草』にはっきりと引用されている事実からもうかがえる。

それはともかく、明徳をくらますおもな原因について、宋儒は《本然の性》と《気質の性》とがあって、気質の性に清濁の区別があって、聖人・君子の気質は清いけれども、愚不肖の気質は生まれつき濁っているとした（宇野哲人『大学』講談社学術文庫、一九八三年、一二一〜一三頁）。ところが、藤樹はそういった宋儒の先天説をとらず、人は誕生以後の家庭や居住地域などの教育環境や習慣性によって、気質が副次的に形成されてくるという後天説を取り、次の五点をその要因にあげている。すなわち、（1）習心、（2）好悪の執滞、（3）是非の素定、（4）名利の欲、（5）形気の便利である。このうち習心とは、無意識のうちにわが身に沁み込んだ習癖・習慣のことで、俗にいうクセである。好悪の執滞とは、自身の好き嫌いの感情に固執して、ものごとを決めつけてしまうクセである。ようするに、これら五点を自身の明徳をくもらしてしまう「心上の意魔」とよび、いわば仏教の貪瞋痴に似るものとして、なによりこれを取りのぞく心法の工夫を門人に力説した。

さて、藤樹における《戒》としては、まず三十二歳のときに撰述した教育綱領「藤樹規」の第六条がそれにあたる。すなわち、「接物の要」として

・己れの欲せざる所、人に施すこと勿かれ。行って得ざること有れば、諸を己れに反り求めよ。

（『全集』第一冊、一三四頁）

とあり、前半の文章は『論語』顔淵篇と衛霊公篇に載せられた孔子のことばであり、後半のそれは藤樹の創作であるが、「諸を己れに反り求めよ」は『中庸』の「子曰く、……諸を其の身に反り求めよ」を参考にしたものと思われる。つまり、自分が望んでいないことを人に押しつけてはならないし、実際におこなって実現できなければ、その原因を他者に押しつけるのではなくわが身にもとめよ、という謂いである。

また、「藤樹規」とあい前後して撰述された「学舎坐右の戒め」の第二条には、もっと具体的にきびしい行動の教誡をしめしている。

同志の交際は、恭敬を以て主と為し、和睦を以て之を行うべし。一毫も自ら便利を択ぶべからず。狠って勝つことを求むるなかれ。淫媟戯慢にして女色を評論すべからず。動作、儀無かるべからず。里巷の歌謡、俚近の語、諸を口より出だすべからず。宜しく徳業相い勧め、過失相い規すべし。

（『全集』第一冊、一三六頁）

以上のように藤樹の撰述したものは、まさしく為政者側にたつ武士の門人にふさわしい《戒》であるが、いっぽうの郷党の農民にたいしては、わずか一千字あまりの『太上感応篇』を主なるテキストにして懇切に教育善導したのであろう。その冒頭は、「禍福門無し、ただ人自ら召く。善悪の報い、影の形に随うがごとし。是を以て天地に過ちを司る神あり。人の犯すところの軽重により、以て人の算を奪う」にはじまり、日々、人はつねに誠実と小心翼翼の態度がもとめられることを、道教の教理に関係なくこの書物からまなびとるのである。

三　《定》の実践

既述のとおり、《定》はこころの散乱を防ぎ安静にさせる法とあるが、「学舎坐右の戒め」第三条にしるされた「毎日清晨に、孝経を拝誦し、以て平旦の気を養うべし」（『全集』第一冊、一三七頁）が、それに該当するであろう。藤樹は、『孝経』[2]に先だって明儒江元祚撰「誦経の威儀」（『孝経大全』所収）を拝誦した。「誦経の威儀」とは、『孝経』を読むときのこころ構え、態度という意味である。そして誦経にさいしては、まず香を焚いて孔子坐像とその背後に掲げた軸装の「道統伝」に向かって、まことに宗教的な雰囲気のもとでなされたが[3]、ひとつには意馬心猿のこころを静める工夫として取りいれたにちがいない。現在的にいうと回想法の叙述であるが、藤樹の訓み下しによる「誦経の威儀」の冒頭と巻尾とを掲出すると、次のとおりである。

　毎日清晨に、盥櫛・盛服して、香をたてまつり、北に向かって礼拝し、終わって北にむかって黙坐し、目を閉じ、想いを存す。自身、見今年歳より、逆しまに、孩提親を愛する時の、光景何如と想い回す。又た逆しまに、胎を下って一声、啼叫する時の、光景何如と想い回す。又た逆しまに、母の胎中に在って、母呼すれば亦た呼し、母吸すれば亦た吸する時の、光景何如と想い回す。……願わくは、実義を明らかにし、広く群英を育し、上、主徳を尊うし、下、斯の民を庇まんことを。庶幾わくは、夙夜に所生を忝むること無からん。（『全集』第二冊、二四七頁）

ところで、大洲藩士岡村伯忠にあてた藤樹三十七歳のときの書簡には、親の喪にかんする記述のなかに「心喪」として親の恩愛を忘れないことを指摘し、それには「静坐」によって親の慈愛につつまれた幼児期の回想体認することを説いている。

　心喪の本意は心の悲しみを不レ忘を第一に仕候。隙の御座候時ハいつによらず閑なる所に静坐なされ、母の胎中にやどり候より二ツ三ツまで、母の苦労の恩愛の恩などつくづくと思召、孩提よりこのかた、習染る心どもを除去り、赤子孩提の時の心、此内にありと能御体認、赤子孩提の愛敬の心を御見付候而、哀戚の誠あるが心喪の眼、学問の急務にて御座候。
（『全集』第二冊、三八六〜三八七頁）

藤樹における静坐の心法内容については、門人田中氏（素性不詳）にあてた書簡のなかでも言及しており、このなかで「自反慎独」を静坐の心法に位置づけしている点がとりわけ注目される。

静坐は悪念起るを克去工夫にては無㆓御座㆒候。寂然不動の本体を存養する工夫にて御座候。或は又、気浮たち心躁しく乱れたる時、静坐して心源をすまし、躁動をしづむる工夫にて候。……聖人となるの真志を立定て、独坐無事の時ハ心惺々快活にして、意念雑慮之なき様に工夫仕候を自反慎独と申候。是即静坐の心法にて候。　（『全集』第二冊、四五八頁）

また、大洲藩士山田九右衛門にあてた藤樹四十一歳春の書簡には、「坐馳の病」について取りあげており、山中の静寂な地での静坐を希望する山田にたいして、静坐の効能もまず自身のこころが先決であり、静坐はそのための助けとするもので勘違いしてはならないときびしくクギを刺している。

御受用底、定静に至りがたき故、山居底にてとおぼしめし境地御こしらへ候得共、却坐馳の病痛御座候旨さやうに可㆑有㆓御座㆒候。常々面上に如㆓申談㆒境遇にて取入事は難㆑成ものにて候。古人静坐の功も先心を先として助を静坐にかるてだてに候。
（『全集』第二冊、五一九頁）

さらに、大洲藩士国領定卿にあてた藤樹四十一歳夏の書簡には、「今ほどハ只同志に親炙なされ、弁惑の対算をよく御きわめ、時時静坐にて浮気躁念を除去可㆑被㆑遊候」（『全集』第二冊、四九七～四九八頁）とあるように、静坐を目的化してはならないことも指摘する。こうして藤樹は、四十一歳の秋八月に死去する直前にいたるまで門人に静坐の真意を、繰りかえし伝えようとしたのである。自反慎独や静坐の実践によって「後来の習心、習気の祟り」を取りのぞけば、「現在の心裏面に常住不易の天君泰然として御座候ことを信じ」（『全集』第二冊、三八八頁）として、こころのなかに常住不易の《明徳》があることを藤樹は説きしめしている。なお、静坐の効能については、周知のとおり宋儒の張横渠、程明道、朱子、さらには明儒の王陽明も言及しており、このうち張横渠などは「書は須らく誦を成すべし。精思するは多く夜中に在り、或いは静坐して之を得ん」（『近思録』上、タチバナ教養文庫、一九九六年、三九四頁）というように、精思の一助としての静坐を勧めている。

四　《慧》の実践

《慧》とは智慧のことであるが、《慧》の源泉は、いうまでもなく四書五経あるいは十三経などと称される「経書」であり、藤樹にあっては、「孝経、大学、中庸をよき先覚にしたがひて学びたらば、人の明暗によりて遅速ありといふとも、志専らにして油断なければ、必真をなすべし」（前掲『翁問答』二五一頁）として、とりわけ『孝経』『大学』『中庸』をおもんじた。そして、日常における学習の具体的な方法については、前述「学舎坐右の戒め」の『孝経』拝誦につづいて、

而して后、或いは受読し、或いは受講し、或いは温習し、或いは謄写し、一時も放慢すべからず。晩炊の后は、以て芸に遊ぶべし。若し志倦み、体疲るるに及ぶときは、則ち少しく逍遥自適すべし。

（『全集』第一冊、一三七頁）

とあるように、門人それぞれの主体性におうじた複数のカリキュラムを設定していたことがうかがえる。このうちの謄写の実例として、近江桐原村（現滋賀県近江八幡市）の郷士であった門人益田義則が謄写した藤樹の著書『原人論』『持敬図説』『大学解』『大学考』『中庸解』『孝経啓蒙』『論語郷党翼伝』、さらには『孝弟論・不孝弟論』などが完全な状態で現存しており、現在はさいわいにも藤樹書院の所蔵に帰している。その写本の書体は、まったく藤樹自筆本をほうふつさせるものがあり、いかに敬虔と謹直な姿勢で謄写していたのかが手にとるようにわかる。藤樹自身も、さかんに経書等の謄写をおこなっており、現時点では『詩経』『春秋左氏伝』、王陽明撰「何陋軒記」などの抄本断簡が伝存している（『藤樹先生遺墨帖』天晨堂書店、一九三九年）。

藤樹が慶安元年（一六四八）八月二十五日に病没してから半年後の正月元旦、例年のようにほとんどの門人や近隣の郷士らが藤樹書院に参集した。一同ふかい悲しみにつつまれたなか、門人の筆頭ともいうべき中川謙叔が一年前の正月元旦のようすを思い出して、次のような感懐をつづっている。

去年の正月、四方の諸友、畢く来って茲に萃まり、先生の講筵を環りて坐す。或いは疑う所を質し、或いは得る所を証す。討習講論、切磋琢磨、是に於い

てや憤えう者は必ず啓け、疑う者は遂に悟る。憂苦する者、狭窄する者、窒がる者、功利の習い、嗜欲の染まり、殆ど融釈脱落して明快通利す。故に僉欣欣然として跳躍す。則ち此の学を以て人間第一義、天下第一等と称号して、而して身を先生の門に終えることを欲せざるは無し。……

（『全集』第五冊、七一九頁）

門人たちは、身分の上下にまったく関係なく、道をもとめる同志として先師藤樹のまわりを取りかこんで、心法実践の感じたところや疑問とするものを発言し、それにたいして藤樹から的確な答えやヒントを得るという学習形態であって、世間でありがちな知識伝授の場でなかったことがよくうかがえる。ようするに、各人ひとしく具有する明徳を明らかにするための実践工夫という一点こそ、藤樹が生涯にわたってめざしていた儒学、心学であったわけである。学問は、ただひとり部屋に閉じこもって研究するのではなく、同志あい寄って講習討論し切磋琢磨して、自身の性格に付着している習心習気・好悪の執滞・是非の素定などを取りのぞく以外にないと、藤樹は確信していたことはいうまでもない。藤樹の晩年期の著書『大学考』『大学蒙注』『大学解』『中庸解』（以上、『全集』第二冊所収）などは、そうじて「聖凡一性」の明徳を明らかにするための心法の工夫という視点から執筆されている。

なおまた、門人牛原氏の老母にあてた藤樹の書簡には、たとえば明徳の本体と如来とは本質的におなじであるとして、だれもが知るところの仏教用語と儒学のことばを併用しながら心法の眼目を説いている。

吾人不レ動レ欲。不レ滞レ物少も他念起らざる時、如何にも快よくゆう〳〵とゆたかに有ものにて候。是即明徳の本体、仏法に所レ謂如来と申候は此心にて御座候。此心を養ひそだてて常に不レ失様に致候が人間第一の務にて御座候。……人の重き病ハ欲心にて御座候。凡人毎に少し得あれば即悦び、少損あればかなしむ。此心如来の妨となるくせ者にて御座候。

（『全集』第二冊、四六一頁）

それとともに、この書簡には『鑑草』のいちばんの命題である「明徳仏性」という藤樹発明の成語も、説きおよんでいることを見逃してはならない。

いずれにしても、藤樹の《慧》とは、すなわち儒学の心法の体認という一点に集約されていることがわかる。藤樹がこの「心法」の語をもちいた最初は、三十一歳の春にまでさかのぼる。それは、大洲藩士中川貞良が近江遊学を終えて帰郷の途につく際にあたえた七言絶句の詩序に、「中川氏、遠く陋巷を訪いて、而して大学の心法を講論す。其の情深く、其の志篤し。別れに臨み一絶を賦し、以て体認自脩の一助を庶幾う」（『全集』第一冊、八六頁）とあり、『原人論』の執筆もふくめて、このころには儒学の眼目は心法にあることを確信していたものと推測できる。このつよい不動の自信によって、俗儒の「口耳の学・記誦詞章」を乗り越える転機となったといえるであろう。

五　結び

藤樹没後、京都の堀川通にめんして京都学館を開設した淵岡山は、門人とともに毎日、清晨に起床して、先師藤樹の神主をまつった祠堂において『孝経』『太上感応篇』を拝誦した。その拝誦のこころがまえについて岡山の言行が記録されており、岡山もまた、かつての藤樹書院での日常実践そのままに承継し、それをあえて「信仰」の語で説明している。

孝経読時、心持如何。答、先信仰ヲ第一トシ、字々句々トモニ、正ニ孔聖之教ヲタレ玉フ処ナレハ、則孔子ニ対シ奉ル心地シテ誦スルトキハ、他念悪機サ、スシテ安シ。

（前掲『中江藤樹心学派全集』上、一六一頁）

あたかも聖人孔子が自分の目の前にいられる心境にあるときは、余計な雑念を思いめぐらしたり、よこしまなこころが生まれず「温和慈愛底・恭敬惺々底」（『全集』第二冊、四一一頁）のこころもちなるといい、これこそが心学における《定》の効能にあたるのであろう。岡山は、ことのほか心学のもつ宗教性の部分を重要視していたことがわかる。

ひるがえって、熊沢蕃山は、藤樹のいわゆる経世済民の政治思想にウエイトをおいて、それを備前岡山藩にて具現化していったのにたいし、岡山のばあいは、京都を舞台にして藤樹の実践的心学の日常底を最大限に承継したといえるであろう。この点で、あらためて確認しておくべきは、岡山が藤樹の門にはいる機縁はまったく桐原時代の蕃山の講筵を聴講したことと、おそらく蕃山の熱心なすすめによるものであったことを忘れてはならない。それゆえ、藤樹没後において、ふたりがあたかも犬猿のごとき仲になったというような推論は、あたらない。それぞれが、まなび得た先師の道であったわけである。

注

（1）改正篇という篇名は、おそらく序文の執筆者からして門人の中川謙叔がつけたことはいうまでもないが、その執筆時期のことなる三篇の内容を比較検討すると、改正篇という篇名はふさわしいとはいえない。むしろ藤樹の日進月歩の研究を備忘録的に書きのこした草稿であって、それゆえ「補遺」と表記したほうが適切ではなかろうか。

（2）藤樹書院所蔵の藤樹自筆本『白文孝経』『仮名書き孝経』（いずれも折本装）のうち、『白文孝経』本文のまえには江元祚撰の「全孝図」「全孝図説」「全孝心法」「誦経威儀」が白文のままに謄写されている。なお、『仮名書き孝経』の巻尾には藤樹撰の和文による跋文がしるされている。その全文は次のとおり。

「毎日、清晨、一炷の香、天に謝し、地に謝し、三光に謝す。求むるところ、しょしょ天下祝す。ただ願はくは、人人寿命永く、国に賢臣あって、社稷を安んじ、家に孽子の太郎を悩ます無し。四方平祥にして、干戈止む。われまた貧しき時も亦た妨げず」（『全集』第二冊、二六一頁）

（3）早朝における藤樹書院での誦経については、『藤樹先生行状』にもその記述をみることができる。これもたいへん参考になるので、左に掲げておこう。

「本朝ハ、神国ナルコトヲ仰テ、先生深ク神明ヲ尊崇シテ敬欽ヲナスコト至レリ。又座上ニ道統伝一軸ヲ掛ケ、毎日昧爽ニ起テ盛服上香シテ、前聖群賢ヲ礼拝シ了テ孝経ヲ誦ス」（『全集』第五冊、五九頁）

中江藤樹の『孝経』復原

はじめに

四書五経あるいは十三経などと総称される経書のうち、中江藤樹（一六〇八―四八）がもっとも重んじたのは、『孝経』『大学』および『中庸』の三書であった。このことは、藤樹三十三、四歳のときに著わした『翁問答』下巻之本において明らかにしており、さらには藤樹死去の前年、すなわち丁亥（正保四年）の春に書かれたいわゆる『翁問答』改正篇においても、ほぼそれとよく似た叙述で、

本来易経一部をおしひろめたる十三経なれば、易経をよく学びたるがよし。然ども易経は簡奥玄妙にして尋常の人の取入なりがたければ、孝経、大学、中庸をよき先覚にしたがひて学びたらば、人の明暗によりて遅速ありといふとも、志専らにしてつとめ油断なければ、必真をなすべし。

（岩波文庫、一九三六年、二五一頁）

とあり、「聖学」の根本テキストとしての認識を、初学同志のために老婆心切のごとく再三にわたって言及している。このような藤樹の三書にたいする実際的な受用態度は、藤樹三十四歳のときに入門したわかき熊沢蕃山（一六一九―九一）への講義内容からも、同様にうかがうことができる。蕃山は、その当時を回顧して次のように述べている。

二十二歳の時、初て四書の文字読を習ぬ。集註に仍て四書を学びき。廿四の七月高島に行て、中江氏に逢て、うたがはしき事をとふ。帰て又九月に高島に行て、来年の四月まで居て、孝経・大学・中庸を学びき。

（『集義外書』巻六、『増訂蕃山全集』第二冊、名著出版、一九七八年、一〇七頁）

近江桐原村での家族をささえての浪人生活というきびしい経済的事情から、長期遊学のかなわなかった蕃山の

ために、藤樹はこの三書だけをもちいて「心学」の要訣を惜しむことなく教授したのである。

また、高弟のひとりで、蕃山と藤門の双璧と称された淵岡山（一六一七―八七）の会津北方地方（福島県喜多方市）の門流が著わした『藤樹先師学術旨趣大略』にも、「先師、本朝ハ神国なる事を仰ぎ、神明を尊宗《ママ》する事尤切実也。専孝経大学中庸を以て、自ら修め人を教へり」（『全集』第五冊、六五頁）とあって、藤樹没後の岡山門流もまた『孝経』『大学』『中庸』の三書をなによりも最上の経書と認識していたことは、以上の資料からも知ることができる。

それとともに藤樹は、宋学ならびに先秦時代の重要テキストともいうべき四書五経の、いずれにも含まれない『孝経』を、かならず経書の筆頭にあげていることは、何といっても注意を要するところである。そこには、《日本陽明学の開祖》といった、これまでのイメージからは収まりきれない藤樹の思想があるように思われる。ひるがえって、幕藩体制の中央集権化が定着していく時期にあって、『孝経』に根本的な淵源をもつとした「ばんみんはことごとく天地の子なれば、われも人も人間のかたちあるほどのものは、みな兄弟なり」（岩波文庫、七三頁）を主著『翁問答』に明らかにしたこと。それゆえ、それまでのわが国の歴史にあって、後にも先にも未曽有の人間観を首唱した点を見逃してはならない。本稿では、このように他の経書とは異なって、ことのほか『孝経』を尊崇し重要視した意味、それに付随しての『孝経』に秘めた《霊性》についても考察をくわえてみたいと思う。

一　『孝経』の歴史的概観

『孝経』は、孔子がそのわかき門人であった曾子にむかって説き明かした《孝道》を編輯した経書である。その孝道というのは、いわゆる形而下の天子・諸侯・卿大夫・士・庶人それぞれの孝道を説きしめしたところの「五等の孝」、あるいはその孝道を実践躬行するにさいしての五つの心得を説きしめしたところの「五備の孝」にとどまらず、さらには天・地・人の三才をも包みこんだところの広大無辺の太虚の「全一の孝」にまでおよんでいる。このような形而下とともに形而上を包含した『孝経』なるがゆえに、その作者ついて古来諸説あって確定するまでにはいたっていない。おもな学説を列挙すると、①孔子説、②曾子説、③曾子門人説、④曾子門流説、⑤子思説、⑥漢儒説などである。それにともなって、『孝経』成立の内容や時期においても、さまざまな学説が生まれた。

近代における二、三の有力な学説を紹介すると、まず狩野直喜（一八六八—一九四七）は、『大戴礼記』所収の曾子本孝・曾子立孝・曾子大孝・曾子事父母の四篇、これらはもと『漢書』芸文志に載せる『曾子』十八篇のうちの四篇であったが、これに注目し、『論語』に散見する孔子の孝と、『大戴礼記』における曾子の孝とを比較しても、なんらの差異がみられないことから、『曾子』のばあいは、「孝を細かに分析して説き余程理論的になつて居るの差がある」とし、「余は孝経を曾子の著述となすものではないけれども、両者の類似ある点より考へて、孝経は寧ろ此等の本文に依つて作られたものではあるまいかと疑ふものである」（『中国哲学史』岩波書店、一九五三年、一三五頁）として、つとに亡失した『曾子』にもとづいて、のちに編輯せられたのがすなわち『孝経』であったと推論する。

この狩野説を全面的に支持して、いちだんと踏み込んだ学説を提起したのが林秀一であった。つまり林は、「孝経成立の時代は、大戴礼中の曾子十篇の成立後であり、孝経がそれら諸篇を資料として成立したことが、ほぼ明らかとなった。そこに孔子→曾子→曾子十八篇→孝経へと発展して行った曾子学派の孝道を中心とする思想展開の跡を認め得ると思うのである」（『孝経』明徳出版社、一九七九年、一二六頁）として、いわば曾子学派による集大成が『孝経』の編輯であったということになる。

武内義雄（一八八六—一九六六）は、すこぶる複眼的な視点で『孝経』の成立を提起している。「今の孝経が既に呂氏春秋の中に引かれていて、呂氏春秋は秦の呂不韋の書であるから、それが秦以前の旧本であることは疑いなく」「大体に於て曾子学派の思想を伝えていることは想像される」とし、『孝経』と曾子十篇との主張を比較検討して、「曾子は孝を以て宇宙の原理、人間の道徳と考え、之を行うために忠と礼とをすすめているが、これは全く孔子の仁を孝と改名しただけである」（『中国思想史』岩波全書、一九五七年、二六～二八頁）というように考察している。

ところで、『孝経』の作者が孔曾でなく、曾子の門人もしくは門流とされる有力な理由のひとつに、『論語』公冶長篇に次のような一文がある。

　子貢が曰わく、夫子の文章は、得て聞くべきなり。夫子の性と天道とを言うは、得て聞くべからざるなり。（岩波文庫、一九九九年、九二頁）

孔子の口から日常生活における威儀やことば使いを聞くことはできても、人の本性や天の法則などの形而上の問題について語られることは、ほとんどなかったという子貢の語が、おおきく影響しているのかも知れない。しかしながら、ひとつには曾子に孝道を説きしめした時期の孔子の年齢と、子貢に語った時期の孔子の年齢とをほぼ同時期とはかんがえ難いこと、もうひとつは孔子のことばは相手の関心や素質におうじた待機説法ゆえに、子貢の孔子観をそのままに受け取るのは危険がともなうであろう。曾子は、「孔子より少きこと四十六歳」（藤原正『孔子家語』岩波文庫、一九三三年、二〇〇頁）であったことからすると、孔子の最晩年のころに、曾子に孝道を説いたものと推測でき、それにたいして、子貢のばあいは、「口才ありて名を著はす」（前掲『孔子家語』一九九頁）とあるように、孔子は子貢の性格から机上の論におちいってしまうことを危惧して、あえて人の本性や天道を語らなかったのではなかろうか。したがって、孔子が三才、鬼神などの形而上の問題についてほとんど無関心であったという見方は、憶測にすぎない。それに関連して、加地伸行の説として、『孝経』における孝の思想は「周末戦国期から前漢初期にかけての孝に対する考えかたが反映され……世界を支配する原理として孝の形而上化を図った。これは、中央集権的漢帝国の精神的支柱をつくろうとするもの」（『中国思想辞典』研文出版、一九八四年、一一〇頁）とあって、前漢のはじめに《全孝の説》を『孝経』のなかに意図的に付け加えたということになるが、これもまた前述『論語』における孔子のイメージから派生した学説といえよう。

　いずれにしても、秦の呂不韋（？—前二三五）が食客三千人を動員してつくった『呂氏春秋』察微篇には、

　孝経に曰く、「高く危からざるは、長く貴を守る所以なり。満ちて溢れざるは、長く富を守る所以なり。富貴其の身を離れず、然る後能く其の社稷を保ちて、其の民人を和す」と。

（『国訳漢文大成』二〇、国民文庫刊行会、一九二四年、三一九頁）

というように、『孝経』「諸侯章」の引用がみられること、さらに同書孝行覧篇にも『孝経』名まで書かれていないものの、「其の親を愛すれば、敢へて人を悪まず、其の親を敬すれば、敢へて人を慢らず、愛敬を親に事ふるに尽して、光耀、百姓に加はり、四海に究るは、此れ天子の孝なり」（前掲『国訳漢文大成』二〇、二二三頁）というように明らかに「天子章」に酷似した記述を看取し得ることからすると、『孝経』が先秦時代につくられた経書であったことは動かしがたい史実である。

ところが、その『孝経』をはじめとする経書に思わぬ災禍がおそった。いうまでもなく、紀元前二一三年、秦の始皇帝（前二五九—前二一〇）による焚書坑儒である。そのために、孔子九代目の孔鮒は、「秦の法の峻急なるを畏れ、乃ちその家語・孝経・尚書及び論語を夫子の旧堂の壁中に壁蔵」（前掲『孔子家語』二六一頁）した。そうして漢の武帝（前一五六—前八七）の末のとき、魯の恭王が孔子の旧宅をこぼって宮室を広めたところ、『古文尚書』『礼記』『論語』『孝経』などおよそ数十篇の経書類を発見し、それらはみな古字で書かれていた（『漢書』芸文志）。その古字とは、ウルシをもちいて竹簡にしるされた「蝌蚪文字」のことで、このうちの『孝経』は二十二章本であった。

また、河間の人・顔芝は、秦の災禍に遭遇したさい、死命を賭して秘蔵しつづけ、前漢の文帝のときになって、その子顔貞が『孝経』をふたたび世に出した。それで、前者を『古文孝経』といい、後者のそれは現行の隷書体で書かれた十八章本であったことから、『今文孝経』とよばれた。これによって、以後の『孝経』テキストは、この二種類が並行して使用せられることになり、したがってその注釈書もまた二種のテキストに依拠して作られたために、儒家どうしの甲論乙駁の応酬がながく続くことになった。そのような状況をふかく憂いた唐の玄宗皇帝（六八五—七六二）は、それに終止符をうつべく種々検討させた結果、『今文孝経』を採用し、碩儒の注釈を選びわけてあらたに『御注孝経』を制定した。それとともに玄宗は、孝は「百行の源」（玄宗撰「孝経序」）であることの周知をはかるため、天宝三年（七四四）に詔を発して天下の家ごとに『孝経』一本を蔵めさせた。

宋代になると、こんどはこの『御注孝経』におおきく異を唱える儒者が現われた。すなわち、宋学の大成者である朱子（一一三〇―一二〇〇）にほかならない。周知のとおり、朱子は『礼記』中の「大学篇」を取りだして、それを「経一章」「伝十章」にわけて『大学章句』という不朽の定本をつくることに成功したが、かかる手法を『孝経』にも応用したわけである。すなわち、朱子は「今文」でなく「古文」を底本にして、二十二の章名をことごとく削り去り「経一章」「伝十四章」にわけ、なおかつ「伝十四章」にいたっては『孝経』の原形をとどめないほどの移動をおこなうと同時に、さらに本文の「一千七百八十字の内、二百二十三字を刪り去る」（董鼎『孝経大義』）という大胆なテキスト校勘のほどこした『孝経刊誤』(1)を著わした。

ところで、わが国においては「すでに推古天皇の即位十二年（六〇四）制定の聖徳太子の「十七条憲法」の中に、孝経二条が引かれている」（前掲、林秀一『孝経』二〇頁）とあるので、今文・古文両方の『孝経』が遣隋使によって将来されていたものと推測できる。くだって奈良時代には、孝謙天皇が天平宝字元年（七五七）に玄宗皇帝の前例にならって、「天下をして家ごとに孝経一本を蔵め」（『続日本紀』巻二〇、『新日本古典文学大系』岩波書店、一九九二年、一八三頁）云々という詔を発して、国家安寧のもといとなる孝子の顕彰を宣揚した。平安時代以降、中世末までの『孝経』は、他の経書と同様に、禁中ならびに公家衆、また鎌倉・京都の五山派や林下の大徳・妙心系の禅学僧らの、いわば独占的な学問・教養としてもちいられたので、おおかたの日本人は『孝経』を手に取って学び得る機会などは、ほとんど皆無に近かったのが実状ではなかっただろうか。

二　藤樹自筆『白文孝経』『仮名書き孝経』

さて、『孝経』にかんする藤樹の代表的著作として『孝経啓蒙』があるが、これ以外にも短篇の『首経考』『孝経考』、藤樹の門人が作った『孝経講釈聞書』もあり、なによりも藤樹の主著である『翁問答』は、徹頭徹尾、この『孝経』思想によって貫かれた作品であることを忘れてはならない。藤樹は、はたしていずれの『孝経』テキストをもちいたのであろうか。つまり、「古文」なのか「今文」なのか、それとも朱子の「刊誤」なのか。藤樹は、この点について『孝経考』のなかで、次のように言及している。孔壁より見つかった『古文孝経』は、散失して伝わらなかったため、今存するところの『古文孝経』は、孔安国が『今文孝経』と比同して証出したということ、さらには隋の劉炫にいたっては、「文字を増減し篇章を離合する」までの改作をおこなった孝経テキストの歴史をつうじて、

秦火以前、決して孝経の異本有るべからず。然れば則ち顔芝講明する所の本と、孔鮒蔵せし所の本とも と同一の経なり。但だ孔壁より出でしは、字画異なるのみ。実に以て一毫の異なり無かるべし。朱子刊誤は尤も信用すべからざること、諸儒の論備われり。明らかに是れ今文孝経は、孔子手著の真本にして信用すべき者なり。……古文はもと是れ今文の体段なり。(『全集』第一冊、六〇五～六〇六頁)

とあって、朱子刊誤はいうにおよばず「古文」も退けて、「今文」こそが、孔子自身が著わしたものと結論づけたのである。

ところで、現在、国史跡藤樹書院跡(藤樹の創設した学舎)に所蔵されている歴史資料に、「藤樹先生心画孝経」と墨書された桐箱があって、そのなかに片手にすっぽりとおさまるほどの、小さな藤樹自筆の二冊の折本装丁の『孝経』が収納されている。おそらく、藤樹みずからが唯一制作したものと思われるが、一冊は細楷の謹直な「白文孝経」、もう一冊はその訓み下しの流麗な細字の「仮名書き孝経」である。この二冊は、岩波版『藤樹先生全集』第二冊に載せられているので、これを校合していくと、前述の「孔子手著の真本」と推断された「今文」に依拠するものではなく、「古文」もふくめて、その両方が混在したかたちの一定本となっていることがわかる。それを本稿では『書院孝経』と仮称しておくが、『孝経』本文は、次のような巻首ではじまる。(白文の句点は『全集』にしたがう)

仲尼閒居。曾子侍坐。子曰。参。先王有至徳要道。以順天下。民用和睦。上下無怨。女知之乎。曾子避席曰。参不敏。何足以知之。

仲尼、閒居したまふ。曾子、侍坐せり。子曰く、参、先王至徳要道有つて、以いて天下を順にす。民は用いて和睦す。上下怨み無し。女之を知るや。曾子、席を避けて曰く、参敏からず。何ぞ以て之を知るに

足らん。（『全集』第二冊、二四九頁）

すなわち、「開居」「侍坐」は「古文」であって、「今文」はそれぞれ「居」「侍」であり、また「子曰」の次の「参」は「今文」にはない。「順」「無」は「今文」で、「古文」はそれぞれ「訓」「亡」となっている。等々

いっけん「古文」のように思われるが、全文を読んでいくとそうではない。それはともかく、『書院孝経』とほぼよく似た書体の「白文孝経」が、岡山市内に一巻、福島県喜多方市内に二巻伝来しており、これらはおなじ版木によって刷られた巻子本である。前者のそれは、その所蔵者であった岡山大学林秀一(2)によって明らかにされ、また後者のそれは、東北大学曽我部静雄、金谷治(3)によってその存在を学界に紹介せられた。ちなみに注目すべきは、いわゆる『喜多方孝経』二巻のうち一巻の巻尾に『太上感応篇』があり、これもまた『孝経』と同時につくられた藤樹自筆の版本にまちがいない。もう一巻の巻尾にもおなじく『太上感応篇』が続いていたことは、料紙の継ぎ目の剥離痕によってうかがえる。このような『喜多方孝経』については、会津伝来本『藤樹先生事状』に

毎日、清晨に、香を焚き天拝して、孝経及び感応篇を持誦す。晩年に及び黙誦して声を発せず。（『全集』第五冊、七二頁）

常に甚だ孝経を尊信す。嘗て諸生の為に、手書して小軸と為し、おのおの之を佩膺せしむ。（『全集』第五冊、七五頁）

とあるように、藤樹みずから毎朝、『孝経』と『太上感応篇』を門人とともに読誦していたことと、その小軸をつねに身に帯びさせていたことが知られる。このいわば『書院孝経』と『岡山・喜多方孝経』との先後関係については、ただちに決し難いものの、おそらく最初は『孝経』『太上感応篇』いちれんの自筆本をつくり、それが藤樹没後になって門人の手によって木版刷を製造頒布したものと思われるが、藤樹自身としては、晩年におよんであらためて『書院孝経』自筆本をつくったのではないか。それと、この両書を比較すると、ことに『書院孝経』には全文を明瞭に四段にわけるために、一字上げての改行がなされており、『岡山・喜多方孝経』にはそのような工夫がみられないことから、洗練性のある『書院孝経』がその後において浄書せられたといえよう。

さて、『書院孝経』の特徴は、(1)「今文」の「開宗明義章第一」から「喪親章第十八」までの章第をことごとく刪去し、改行はあるものの全体としてひとつながりの文章となっていること。しかしながら、(2)前述『孝経刊誤』のような『孝経』本文の一部を削ることまでは及んでいないこと。ただし、「子曰く」の九か所だけは、章第刪去にともなう孔子の語の連続性から不要として削っている。逆にいうと、後世に章第をつけ加えたために、「子曰く」も追加せられたことになる。(3)全文をおおきく四段にわけ、第二段から第四段の文頭は、すべて曾子の感嘆や質問ではじまっていること、以上である。ちなみに、『岡山・喜多方孝経』『書院孝経』における四段区分の内容を、「今文」の章第をもってあらわし、併せてそれぞれの経文の冒頭部分のみを掲出すると、次のとおりである。

○**第一段**〔開宗明義章第一、天子章第二、諸侯章第三、卿大夫章第四、士章第五、庶人章第六〕

仲尼、閒居したまふ。曾子、侍坐せり。子曰く、参、先王至徳要道有つて、以いて天下を順にす。民は用いて和睦す。上下怨み無し。……

(『全集』第二冊、二四九頁)

○**第二段**〔三才章第七、孝治章第八〕

曾子の曰く、甚だしいかな、孝の大いなることや。子曰く、夫れ孝は天の経なり、地の義なり、民の行なり。天地の経にして、民是に之に則る。……

(『全集』第二冊、二五二頁)

○**第三段**〔聖治章第九、紀孝行章第十、五刑章第十一、広要道章第十二、広至徳章第十三、応感章第十六、広揚名章第十四、閨門章〕

曾子の曰く、敢へて問ふ、聖人の徳、其れ以て孝に加ふること無からんや。子曰く、天地の性は、人貴しとす。人の行、孝より大いなるは莫し。孝は、父を厳ぶより大ひなるは莫し。……

(『全集』第二冊、二五四頁)

○**第四段**〔諫争章第十五、事君章第十七、喪親章第十八〕

曾子の曰く、夫の慈愛恭敬、親を安んじ、名を揚ぐるがごときは、参、命を聞く。敢へて問ふ、父の令に従ふを孝と謂ひつべしや。子曰く、是れ何の言ぞや、是れ何の言ぞや、言の通ぜざるなり。……

(『全集』第二冊、二五九頁)

なお、第三段における応感章第十六を移動させたのと、「古文」の閨門章を第三段の最後に挿入した点が、「今文」と異なるところである。それぞれ四段の意味するものについて、藤樹は「孝経ニ四段ノ教アリ。第一段ハ条理ナリ。第二段ハ極切ナリ。第三段ハ反覆シテ心法ヲ発明ス。第四段ハ変ヲ説ク。秋冬ノ義ニ配ス」(『全集』第二冊、六一七頁)としている。

藤樹が、あえてこのような独特の『孝経』テキストを撰定するにあたって、そのもっとも影響をうけたのが宋儒陸象山の高弟楊慈湖(一一四一―一二二六)の『孝経論』であったと思われる。それには、

章句の陋儒、孔子、曾子に与える所の書を取って、妄りに己れの意を以て之を増益して、開宗明義の章と曰い、天子の章と曰い、諸侯の章と曰う。混然たる一貫の旨を取って之を分裂す。又た古文閨門の一節を刊落して大道を破砕し、相い与に迷惑の中に論じて自ら知らず。此れ惟だ心通じ内明らかにして、乃ち克く決択せん。(『孝経大全』所収)

とあり、また明儒朱鴻の『孝経質疑』にも「章名は漢唐に起こり、伝釈は宋元に倡える。均しく孔曾の旧に非ず」(『孝経大全』所収)とあって、その他先儒の諸説を総合的に勘案した結論ということができる。ここであらためて藤樹の『孝経』にたいする視点を要約すると、次のようになる。

(a)

秦の災禍以前には、『孝経』の異本は存在しなかった。顔芝の「今文」と孔鮒の「古文」とは、もとは同一文章であった。ただ孔壁より発見された「古文」は、すでに滅びた「蝌蚪文字」だったために、その読解の困難から二種の『孝経』が先秦時代からあったものと漢儒らは理解したのである。

(b)

『孝経』には五経の詩書の引用が十一ヶ所をかぞえるが[4]、朱子はこれらを後儒による付加と決めつけて、そのうちの七ヶ所だけを刪去した。しかし、藤樹は、この詩書引用についておよそ三つの意義があるとして、「一つは之を証として言、虚発せざるを示すなり。一つは用いて前を結び、后を起こすの語と為す。一つは詠嘆優游し、以て人の善心を感発する有るに取るなり」(『全集』第一冊、三一四~三一五頁)と自著『孝経啓蒙』に説いているよ

うに、むやみに删去すべきものではないとした。

（c）

既述『孝経大全』にみられる諸説のとおり、『孝経』は孔子が曾子と問答したのち、孔子みずから著わした経書にほかならない。ところが漢代の儒者は、その文面に強くとらわれたために孔子が曾子のために孝道を説き、その傍にいた曾子の門人が記録したものとかんがえた。それで藤樹は、『孝経啓蒙』において「仲尼と称し、曾子と称し、子曰くと称するは何ぞや。曰く、託言なり」（『全集』第一冊、三〇五頁）と断言したのである。ようするに、孔子はあえて第三者が『孝経』を編輯した、というかたちに作ったわけである。

赤塚忠は、「現存の『孝経』は漢代に改修して成ったもの」（「儒家思想の歴史的概観」『講座東洋思想』二、東京大学出版会、一九六七年、四三頁）と推断しているように、いずれにしても孔子の著わした春秋末期の『孝経』は、もともと章第のない「延べ書き」のまことに素朴な短篇経書であったにちがいない。それが漢儒の手によって章第がつけ加えられて『今文孝経』に装いをあらたにした。その歴史的背景や要因についてはいまだ究明されていないが、もしその時期が後漢末のころになされたとするならば、外来宗教であった仏教によって次々と世に出された漢訳経典の刺激が、その一因と推論できないだろうか。赤塚は、『孝経』を「漢代以後、家族道徳の聖典」（前掲『講座東洋思想』二、四三頁）とまで言い切っているように、数おおくある経書のなかでもその書名に「経」のついた唯一のものであり、悠久の歴史を自負する漢民族にとっては、その精神的精華の特別な経書であったといえよう。

いったい藤樹は、二千五百年前のもともとの『孝経』の復原をこころみた、わが国唯一の儒学者といっても過言ではなかろう。そのような『孝経』、とりわけ藤樹にとって決定版ともいうべき自筆の『書院孝経』を、筆者は《原始孝経》もしくは《先秦孝経》と呼ぶことにしたい。藤樹がことのほか精力を傾注して『孝経』テキストの校勘をおこなったのは、このまま見過ごしてしまうと、おそらくわが国では江戸幕府の儒官林羅山（一五八三—一六五七）の影響力によって『孝経刊誤』が権威あるテキストとなり、本来の『今文孝経』『古文孝経』さえも排斥しかねない危惧を、ひそかに抱いていたものと思われる。つまり、朱子のように『孝経』を「経」と「伝」とに分けるのは根本的な誤りであって、ことに明儒江元祚らの啓発も手伝って、「閨門章」をもふくめてすべて孔子の著わした経書と結論づけ、その線に沿った独自のテキストを作りあげたのである。

三　『孝経』の霊性

藤樹三十一歳の鶏旦、『孝経』を読んで偶成せられた漢詩に、

心地春を収む　当に形を践むべし
人に於いて細柳　眼先ず青し
元は老為り　和気は子為り
両間に充塞す　惟れ孝経　（『全集』第一冊、八五頁）

というのがある。このうち第三句は、おそらく明儒江元祚撰『全孝図説』の「孝の字は、老を省けるに従い子に従う。……老は上に子は下、斯れ象形なり」（前掲『孝経大全』所収）の説を援用したものと思われ、老とは父母の謂いにほかならない。また第四句は、この「老」と「子」との密接不離の関係は両間、すなわち天地のあいだいっぱいに満ちていて、それを明らかにしたのが『孝経』なのだと。

こうした藤樹の孝経観に立脚して、たとえば『藤樹先生行状』には、

本朝ハ、神国ナルコトヲ仰テ、先生深ク神明ヲ尊崇シテ敬欽ヲナスコト至レリ。又座上ニ道統伝一軸ヲ掛ケ、毎日昧爽ニ起テ盛服上香シテ、前聖群賢ヲ礼拝シ了テ孝経ヲ誦ス。（『全集』第五冊、五九頁）

とあって、藤樹はかかる『孝経』にたいして、あたかも僧侶の大乗経典にむかう宗教的・信仰的態度を彷彿させるものがある。

さて、こうした藤樹における「天命を畏れる」敬虔な態度は、どういう背景から生まれたのであろうか。そこでまず注目すべきは、『書院孝経』の「仮名書き孝経」にしるされた藤樹撰定の跋文である。

毎日清晨、一炷の香、天に謝し地に謝し三光に謝す。求むるところ、しよしよ天下祝す。たゞ願はくは、人人寿命永く、国に賢臣あつて社稷を安んじ、家に孽子の太郎を悩ますなし。四方平祥にして、干戈止む。われまた貧しきときも、また妨げず。

（『全集』第二冊、二六一頁）

藤樹は毎朝、鶏鳴に起床して孔子坐像とその背後に掛けてある道統伝の前で香を焚き、自筆の『書院孝経』を門人らとともに拝誦し、最後にこの跋文も唱和したのであろう。もっとも最初の時期においては、『孝経』のあとに続けて『太上感応篇』も拝誦せられたこともあった。跋文の内容からすると、ただ単なる日課としての読誦ではなく、「天下和平、災害生せず、禍乱作らず」で、わが国の安寧を祈るというまさしく明王の祈りを想起させる。それとあわせて、『孝経』拝誦に先だって、一同がしばらくの時間、静坐回想していたと推測させる資料がある。それは『書院孝経』および『岡山・喜多方孝経』の冒頭に、江元祚の『誦経威儀』がそのまま謄写されており、『孝経』を読むときの心構えという謂いである。参考までに、藤樹の訓み下しによる全文を左に掲出すると、

毎日清晨に、盥櫛盛服して、香をたてまつり、北に向かって礼拝し、畢わって、北に面って黙坐し、目を閉じ想いを存す。自身、見今年歳より逆しまに、孩提、親を愛する時の、光景如何と想い回す。又た逆しまに、胎を下って、一声啼叫する時の、光景如何と想い回す。又た逆しまに、母の胎中に在って、母呼すれば亦た呼し、母吸すれば亦た吸する時の、光景如何と想い回す。此に到って、情識倶に忘る。只だ綿綿たる一気有り。忽然として、自ら歓喜を生ず。しこうして後、身を将て箇の孝を行う的の、曾子侍立して、孔子の側らに在りと想い作して、限り無く恭敬し、限り無く愛楽して、しこうして後、目を開き、手を挙げ、称讃して曰く、曾子、孝を行い、孔聖、経を説きたまう。経何れに于いてか在る、吾が此の身に在り。手円・足方、耳聡・目明、人人倶に足り、物物完く成る。身を離れて、孝無し。孝を離れて、身無し。身を立て、道を行う。身立ち、道行って、四海に光かに、神明に通ず。至徳要道、地義天経。我今、持誦して、声に循ふことを得ず。願わくは、実義を明らかにし、広く群英を育し、上、主徳を尊うし、下、斯の民を庇まんことを。庶幾わくは、夙夜に、所生の辱むること無からん。

（『全集』第二冊、二四七〜二四九頁）

というもので、あたかも自分の目の前に孔曾が居られるような謹厳な想いになることと、その前段にはいわゆる

回想法的自反慎独が説かれている。自身の二、三歳のころの幼児からさかのぼって回想するという仕方については、たとえば有力門人のひとり大洲藩士岡村伯忠にあてた藤樹の書簡のなかに、

孩提よりこのかた、習染る心どもを除去り、赤子孩提の時の心此内にありと御体認、赤子孩提の愛敬の心を御見付候而……。（『全集』第二冊、三八七頁）

とあるように、かかる全孝の心法実践を実際的に教導していたことがうかがえる。この『誦経威儀』のなかで特に注意すべきは、孔子の説かれた『孝経』が「吾が此の身に在り」という点で、われわれの身体のうちに具有するもの、つまり『孝経』は道徳論でなく人間の本質を説いた教えといえるのである。

以上の視点から、藤樹の孝経観がいかなるものであったかを確認する必要がある。その点については、『翁問答』の冒頭に詳述しているのでおおいに参考になる。われわれの身のうちには本来「至徳要道」という天下に二つとない神妙至極の霊宝が具わっていて、この霊宝をよく保持すれば、天子はながく四海の富をたもち、乃至庶人は財穀を積みたくわえて、その楽しみを楽しむことができる。その求めまなぶ鏡として、孔子は『孝経』を著わして明らかにしたが、それを充分にまなび得た人は、昔から稀であった。その好き例として、（1）大舜はこの霊宝を保合して、庶人のなかから天子の位にのぼり、（2）周の文王はこの霊宝を保合して、没後に皇いなる上帝の左右に祀られ、（3）庶人の貧しかった董永はこの霊宝をまもって、天の織女を妻にすることができ、（4）おなじ庶人の呉二もまたこの霊宝をまもって、前世のなした悪業による天刑からまぬがれた。このような前例を鏡として、藤樹は「古来霊験かたりつくしがたし。よくよく信仰して受用すべきことなり」（前掲『翁問答』五一頁）と念を押すかのごとく結んでいる。

すなわち、『孝経』をただ読誦し訓詁をまなぶのでなく、「信仰」すべきことを説いており、これは「孝心誠有れば、則ち古今の霊応、歴々見るべし」（「霊符疑解」『全集』第一冊、一四七頁）、また「孝心は天地神明を感動するまなこなれば、即時に其霊応ありて……」（『鑑草』岩波文庫、一九三九年、七九〜八〇頁）という文章からも知り得るのである。藤樹のような宗教的・信仰的孝経観は、もちろん中国の典籍のなかにも見いだすことができ

る。その典型事例として、『太平御覧』巻六五七、釈部五には、

皇侃、性は至孝、常に日に孝経二十遍を誦え、以て観世音経に擬える。（『四部叢刊三編子部』影印本）

とあって、二十四史のひとつ『梁書』の記事を載せている。皇侃（四八八―五四五）は、いうまでもなく南朝梁代を代表する大儒であり、『礼記講疏』『論語義疏』などの著書を残したが、かかる人物をして『孝経』をあたかも仏典のごとく毎日、二十遍声をあげて読んだという。観世音経は、周知のとおり法華経の一品を別行したものであり、一心不乱に観世音菩薩の御名を唱えれば息災延命、菩薩は神通力をもって三十三種の姿に変じ、衆生のあらゆる災難を消滅して、かならず救済するという霊験あらたかな大乗経典である。そういう霊力を秘めた観世音経にいわば匹敵する経書が『孝経』であるとして、皇侃は特別な態度で向かい、その功徳を意識していたのであろう。

さて、藤樹は、『孝経考』において、蒋氏の『孝経詳解備考』などを援用して四つの霊験事例を紹介している。

〔a〕

曾子、孝経を受け、親に事えて孝なり。嘗て瓜を鋤く。三足の烏、其の冠に萃まる。母、指を齧みて楚に在り。心動く。孔子、之を聞いて曰く、「参の至誠、万里に精感せり」と。

〔b〕

（後漢の）明帝の時、羽林の士に令し、悉く孝経の章句を習わしむ。張角、乱を作す。向栩、便宜を上り、国家の兵を興すことを欲せず。但だ将を河上に遣わし、北に向かって孝経を読めば、則ち賊自ら消滅す。

〔c〕

憑亮、終りに臨み遺戒す。左手に板を持ち、右に孝経を執り、人居を去る。数里の外に尸を磐石の上に置く。積むこと十余日、初めより侵毀無し。後、素霧有り。蓊欝として其の旁らを廻繞し、地より天に属しいよいよ朝絶えず。

〔d〕

徐份、孝経を読みて、父の病い頓かに愈えたり。

（以上、『全集』第一冊、五九四頁）

藤樹は、この四事例をはじめ『孝経緯』（逸書）の記

述をも含めて、これらは決してでたらめの作り話ではなく、「只だ是れ孝経は、神明に通じ、天心を感ぜしむの事なり。学者、宜しく尊信する所を知りて受用すべし」(『全集』第一冊、五九五頁)と結んでいるので、藤樹自身もまた『孝経』自体に具有するところの《霊性》を、ふかく信奉していたことがうかがえる。ようするに、四事例のかれらをして「天下無双、神妙至極の霊宝」をじゅうぶんに明らかにした人物といえると同時に、この至心至孝の実践が神明に感応するということになる。

それでは、『孝経』における《霊性》の根拠となる文章とは、いかなるものか。やはり「今文」の応感章第十六、また『書院孝経』『岡山・喜多方孝経』でいえば「第三段」に該当する、次の一文であろう。

孝弟の至り、神明に通じ、四海に光かなり。通ぜざる所無し。詩に云く、西より東より、南より北より、思って服せざるは無し。(『全集』第二冊、二五八頁)

この上ないりっぱな「孝弟」こそが霊妙不可思議な神明につうじるというわけであるが、「今文」開宗明義章第一等にある「吾、女に語げん。身体髪膚は之を父母に受けたり。敢えて毀ない傷らざるは、孝の始めなり」(『全集』第二冊、二四九頁)という孔子の語をかいして、言及するほうがわかりよいであろう。

まず『御注孝経』の割注には、「父母、全うして之を生む。己れ、当に全うして之を帰す。故に敢えて毀傷せず」(四部叢刊初編縮本所収)とあり、健全な身体を父母からいただいてこの世に生を享けたのであるから、その身体の健全を保持して生涯をまっとうすることが孝の基本態度であるという謂いで、さらに『大戴礼記』曾子大孝篇には、「身というは親の遺体なり。親の遺体を行う、敢えて敬まざらんや」(『和刻本経書集成』第四輯、汲古書院、一九七七年、四九頁)とあって、わが身体というのは親の残された身体、略して親の遺体という意味になる。これとおなじ記述が、『礼記』祭義篇にもみられる。藤樹もこの点について『孝経啓蒙』に、

身は全体を謂い、体は四肢を謂う。髪は毛髪、膚は皮膚なり。言うこころは、其の大を挙げて之を言えば、則ち一身四肢、其の細を挙げて之を言えば、則ち毛髪肌膚なり。皆な父母の遺体にして、己れの私有する所に非ず。(『全集』第一冊、三二〇頁)

というように、前掲の二書より詳しく説明しているが、

この「父母の遺体」という表現の仕方は、はたしていかなる思想を、その背景としたのであろうか。江元祚の『全孝心法』に「此の身、但だ是れ父母の遺体にのみにあらず。也た是れ天地の遺体なり。人は是れ太虚の遺体なり」(『孝経大全』所収)とあって、曾子の説をさらに拡大解釈しているわけであるが、かかる江元祚の思想の啓発をうけてか、藤樹は次のような説を提示した。

〔a〕

わが身は父母にうけ、父母の身は天地にうけ、てんちは太虚にうけたるものなれば、本来わが身は太虚神明の、分身変化なるゆへに……。

(前掲『翁問答』五四頁)

〔b〕

身の本は父母なり。父母の本は之を推して始祖に至る。始祖の本は天地なり。天地の本は太虚なり。

(『孝経啓蒙』『全集』第一冊、三二五頁)

わが身の根源をたどっていくと、最後は太虚にまで行きつくことになる。そうして、その太虚とはどういうものかというと、

天地未だ生ぜざるの本体にして、混沌の全体なり。天地其の中に開闢して、太虚と異なる者は唯だ其の形象のみ。其の両間の虚中は、則ち天地未だ生ぜざるの本体にして、天外の虚と一貫して別無し。

(「学術便蒙」『全集』第一冊、二五〇頁)

とあって、形状のある「天地」にしても形状のない「太虚」にしても、その本体はまったく同質ということになるが、この太虚について湯浅幸孫は、「天地がまだ分れない前、この大宇宙には、無声無臭で、人間の感覚器官では捉えることのできない、ガス状の混沌とした気が充満していた。この気は、永遠の無始から永劫の無終へと、不断の回転を続けている」(『近思録』上、タチバナ教養文庫、一九九六年、一〇頁)ものと考察するように、すべての銀河系宇宙をも包含した、いわば広大な原始宇宙と呼ぶべきものであろう。

ようするに、「私」という一個の人間の生命は、その両親から生まれたときに始まったのではなく、悠久のはるか大昔の「太虚」のなかに、姿かたちはないけれども気としてすでに内包し始まっていたわけである。わが身すなわち太虚、太虚すなわちわが身なのだと、藤樹は理解したのである。そういう原始宇宙の太虚の形象(=体)

と、その霊妙不可思議なはたらき（＝用）を、漢字にあてはめると「孝」の一字に集約される。孔子は、そのような深意を秘めた「孝」について、孝行の機根のもっとも具わった曾子に説いたのが『孝経』であった。そして、その『孝経』の奥底に説かれた「全孝の心法」を明儒の著作をかいして、いち早く注目し自身の著作で明らかにしたのが、江戸時代においては藤樹ただひとりであったといえるであろう。

あらためて、藤樹の言及する「全孝の説」の一部を摘出すると、

〔a〕
元来孝は太虚をもつて全体として、万劫をへても、おはりなく始なし。孝のなき時なく、孝のなきものなし。

（前掲『翁問答』五三頁）

〔b〕
孝の全体、太虚に充塞すと雖も、其の実体は人に備わって、感じて遂に天下の故に通ず。其の感通の本は父を厳ぶに在り。父を厳ぶの至りは、神明に通じ、四海に光かに、通ぜざる所無し。

（『孝経啓蒙』『全集』第一冊、三三九〜三四〇頁）

〔c〕
明徳の全体、太虚に充塞す。是を以て方寸に具わると雖も、四海に光かに、神明に通じ、天下を明らかにし、国を治め、家を斉え、所として通ぜざるは無し。

（「明明徳」『全集』第一冊、一五頁）

〔d〕
太虚廖廓は吾人の本体なり。故に天地万物、己れに非ざるは無し。是を以て己れの為にするは、天地神明の為に心を立て、万物一貫の己れを脩めるの謂いなり。

（「為己為人」『全集』第一冊、三四頁）


ということであり、ことに〔c〕の記述において『大学』に説く「明徳」というのは太虚そのものと断言したのは、まったく藤樹の見識といわざるを得ない。以上を総合すると、「孝」の本体は無始無終の太虚であり、すべての人間もまた太虚がその母体ということになり、つまりは「孝」と「太虚」と「人間」と「明徳」の四者は、本質的に同一のものであることから《異名同体》にほかならない。とりわけ、万物の霊と称せられる人間のおこなう至誠・至孝は、いかなる例外もなくそのまま原始宇宙の太虚の孝の《霊性》に感応して、天下の万事につうずる

のである。そうした確信を藤樹は、『孝経』のなかにしっかりと発見した。余談になるが、こうした儒教の「全孝の説」を仏教用語から言い換えるとするならば、「三界唯心」ならぬ「三才唯孝心」、三才はただ孝心のはたきに過ぎない、と表現することができるのであろうか。

その意味において、藤樹が『孝経』を数ある経書のうちもっとも重んじ、さらに孔子の著わした『原始孝経』の復原に取り組んで、わが国の儒者として未曽有の一定本を作成したことは、きわめて特異な事績をのこしたものといわざるを得ない。

四　結び

以上、藤樹の『孝経』思想にもとづいた著作は、まったくの独創研究というよりも、幸運にも明末に出版せられた『孝経大全』の将来本をいち早く入手することができ、明儒の説からの啓発が大きかったように思われる。とりわけても、その編者江元祚の「全孝図」『全孝図説』『全孝心法』および『誦経威儀』などは、藤樹の思想形成にもっとも影響をあたえた論考である。それゆえに、藤樹もまた例外なく《時代の子》であったわけであり、その視点からいうと、藤樹の生きた十七世紀前半のわが国は、「天下の農民の間にキリスト教の思想がもたらしたものは意外に大きく、神のもとには万民平等であるという考え方が、封建社会にとっては大きな脅威ともなった」（林屋辰三郎『近世の胎動』新潮社、一九五五年、四八頁）という状況にあって、寛永十四年（一六三七）、藤樹三十歳のときに起こった島原の乱を聞きおよんだ藤樹としては、ふかく憂慮するものがあったであろう。

藤樹は、この「神のもとには万民平等」という南蛮の宗教思想の席捲を目の前にして、おそらく儒者の立場から、それを凌駕する答えを見つけ出さねばと受け止めたにちがいない。そして、その答えを経書のなかにもとめて、さいしょの答案として書き上げたのが、藤樹三十一歳の夏の「原人」であった。原とはたずねるという謂いであるので《人間とは何ぞや》という論文である。それをさらに発展的に深化させた答案が、前節において引用した『翁問答』や『孝経啓蒙』の記述にほかならない。

それらから帰納して、みちびき出されたのが「ばんみんはことごとく天地の子なれば、われも人も人間のかたちあるほどのものは、みな兄弟なり」（前掲『翁問答』

七三頁）であるが、これらすべての大前提に立つ思想的根拠が「原人」の冒頭にしるされた「皇いなる上帝」であって、この詩書に出典をもつ「皇いなる上帝」こそが《万物の父母》であるとした。藤樹は、この「皇いなる上帝」をのちに「太虚」の語をもちいて、おおいに論陣をはったことは、すでに述べてきたごとくである。

なお最後に言及すべきは、藤樹のような経書にたいする敬虔な宗教的態度である。これをいちがいに特殊例とみるわけにはいかないという点で、筆者の管見において、たとえば元儒許魯斎は、「小学の書を得てより、常に此書を主として学者を開導し、又嘗て其子に語げて、小学四書は吾之を敬信すること神明の如し、能く此書を明にせば、他書は治めずとも可なり」（秋月胤継『元明時代の儒教』甲子社書房、一九二八年、二八頁）とあって、元代を代表するような程朱学者でさえも、かかる態度にあったことから類推すると、こうした事例はおそらく、二三に止まるものではなかったと思われる。

注

（1）朱子の『孝経刊誤』において刪去された引用詩書、および刪去から外された引用詩書の内訳を「今文」によって一覧すると、次のとおりである。

(1)刪去された引用詩書

・大雅云、無念爾祖、聿脩厥徳。（開宗明義章第一）

・甫刑云、一人有慶、兆民頼之。（天子章第二）

・詩云、戦戦競競、如臨深淵、如履薄冰。（諸侯章第三）

・詩云、夙夜匪懈、以事一人。（卿大夫章第四）

・詩云、夙興夜寐、無忝爾所生。（士章第五）

・詩云、赫赫師尹、民具爾瞻。（三才章第七）

・詩云、淑人君子、其儀不忒。（聖治章第九）

(2)刪去されなかった引用詩書

・詩云、有覚徳行、四国順之。（孝治章第八）

・詩云、愷悌君子、民之父母。（広至徳章第十三）

・詩云、自西自東、自南自北、無思不服。（応感章第十六）

・詩云、心乎愛矣、遐不謂矣。中心蔵之、何日忘之。（事君章第十七）

（2）林秀一「岡山藩学校使用の中江藤樹手筆孝経版本について」『福井博士頌寿記念東洋文化論集』早稲田大学出版部、一九六九年。

筆者は平成十二年（二〇〇〇）、岡山県立博物館秋季特別展「江戸時代の教育と閑谷学校」において、当該資料を実見する機会があった。なおキャプションには「林秀一旧蔵品」と記載されていたので、現今もまた個人の所蔵品となっている可能性がたかい。

（3）曽我部静雄「会津の藤樹学と道教」『芸林』第八巻第三号、芸林会、一九五七年。
金谷治「会津藤樹学の性格」『文化』第二二巻第四号、東北大学文学部、一九五八年。

この『喜多方孝経』の存在については、後年、木村光徳『日本陽明学派の研究』（明徳出版社、一九八六年）にも書かれているが、これもまた藤樹自筆の版本であることを確認し得たのは筆者がはじめてかと思われる。筆者は、福島県喜多方市郷土民俗館に所蔵する『喜多方孝経』版本を郷土史家伊藤豊松先生のご配慮を得て、これまで二度にわたり調査したものである。

（4）詩書の引用について武内義雄は、「おそらく荀子から始まったと考えられ、荀子から出た漢初の詩・書博士は常にかかる形式で意見をのべている」ことから、『孝経』をはじめとする経文は、「最初は詩・書を引かず、漢初の詩・書博士の手を経た際に附加されたものであろう」（『武内義雄全集』第二巻、角川書店、一九七八年、八六〜八七頁）と考察している。

藤樹自筆謄写本『春秋左氏伝』の復原

寛永十一年（一六三四）冬、伊予大洲藩の分藩である新谷藩を致仕した中江藤樹は、近江の故郷にもどって老母の侍養につとめるとともに、やがて《心学》をもとめて大洲藩からやってきた元同僚（かれらを同志と呼んだ）のために、手狭となった住居の南に隣接して、ちいさな一棟の簡素な会所を建てて「書院」[1]とした。それにあわせて、寛永十六年（一六三九）四月、藤樹三十二歳のときには、教育綱領ともいうべき『藤樹規』、ならびに修学する者の、日常における学習内容やその心がまえを明らかにした『学舎坐右の戒め』を門人たちにしめした。文字どおり、わが国における《近世私塾》の濫觴であり、それを内外に表明した金字塔といえるであろう。

このうち『学舎坐右の戒め』第三条には、早朝に起床して、まず全員で『孝経』を拝誦することからはじまる一日のながれについて、次のように簡潔にしるされている。

毎日、清晨に、孝経を拝誦し、以て平旦の気を養うべし。而して后、或いは受読し、或いは受講し、或いは温習し、或いは謄写し、一時も放慢すべからず。晩炊の后は、以て芸に遊ぶべし。若し志し倦み、体疲るるに及ぶときは、則ち少しく逍遥自適すべし。

（『全集』第一冊、一三七頁）

学問を修めるうえでの一人ひとりの主体性を、つよく反映したカリキュラムということができるが、そうじて藤樹は、一方通行的、教条的知識伝授のしかたでなく、双方向型の《講習討論》を修学の基本においていたので、そういう意味からしても、第三条はかかる具体化といえるであろう。それはともかくとして、条文中にある「或いは謄写し」という一文に注目すべきである。いうまでもなく、藤樹の手沢本とされる閩刻『十三経注疏』に載せている代表的な経書[2]、あるいは宋儒・明儒の説かれた著書などを、それぞれが順番に借りて謄写し、それを自身のテキストにしたわけである。この謄写の件は、なにも門人に奨励しただけでなく、藤樹自身も精力的に実行しており、たとえば『孝経』『詩経』『春秋左氏伝』、さらには王陽明の『何陋軒記』（『王文成全書』巻二三所収）などが、『藤樹先生遺墨帖』（藤樹頌徳会、一九三九年、以下『遺墨帖』と略称）に断簡として収載されている。

　これら以外にも、たとえば現存の藤樹書院所蔵資料のなかには、たぶん門人の謄写であるが、いっけんしたところ藤樹自筆かと思わせるほどの『論語』抄本の断簡(3)も残されている。また筆者は、かなり以前、某社の古書資料目録のなかに、一本の軸装せられた藤樹自筆の『孫子』九地第十一篇全文の謄写本をみた記憶がある。その掲載写真自体がタテ七センチ、ヨコ一〇センチであったため、文字がきわめて微細であったけれども、わずかに「之」「候」「以」の稚拙的な楷書体が、藤樹独特の字体であることを確認することができた。『孫子』の謄写本などは『遺墨帖』にも、また岩波版『全集』をはじめとする藤樹関係の書籍にも、まったく言及はみられない。

　本稿では、かつて拙稿「中江藤樹の書跡」(4)において、藤樹自筆『春秋左氏伝』の断簡についてごく表皮的に取り上げたことがあったが、それ以降、さらに熟考するところがあり、謄写本の復原という視点から述べてみたいと思う。

　あらためて、これまで確認されている藤樹自筆の『春秋左氏伝』断簡を列挙すると、次の五点をかぞえる。謄写稿本、謄写清本という呼称は、筆者が便宜的に分類するためにふしたものである。

〔a〕小島伝蔵氏蔵、『遺墨帖』七〇掲載、謄写稿本。(5)
〔b〕上原茂一氏蔵、『遺墨帖』七一掲載、謄写清本。
〔c〕西沢友次郎氏蔵、『遺墨帖』七一掲載、謄写清本。
〔d〕中村穣氏蔵、『遺墨帖』七一掲載、謄写清本。
〔e〕中江彰蔵、拙稿「中江藤樹の書跡」掲載、謄写清本。

このうちの『遺墨帖』七一に掲載された断簡〔b〕〔c〕〔d〕の三点は、ひっくるめて「伝春秋左氏伝筆写」という表題になっている。これについて、著者加藤盛一は、「此の中には門人益田義則の筆かとも思はれるものもある」（同書三五～三六頁）という考察がしめしているように、『遺墨帖』にはいちおう掲載したけれども、本心としては藤樹の真跡とは認めていなかった形跡がうかがえる。しかしながら、筆者が以前に入手した〔e〕のもとの出どころが、明らかに近江の藤樹書院所蔵品であったことを考慮すると、おなじ謹直な楷書体の〔e〕と同様に、〔b〕〔c〕〔d〕もまさしく藤樹自筆の断簡とみてまちがいはなく、『遺墨帖』の「伝」字は削除すべきであるといえる。

ところで以前、筆者は、近江聖人中江藤樹記念館に寄託されている小川秀治氏所蔵資料を調査したさい、前述〔b〕～〔e〕とまったくおなじ楷書体で書かれた『春秋左氏伝』断簡一点を発見したことを、つい最近になって思い出したのである。じつは、藤樹書院のある高島市安曇川町上小川在住の小川秀治氏[6]の遠祖は、小川庄治郎秀宗といい、すなわち藤樹の謦咳にせっした地元の有力門人のひとりにほかならない。小川家は、近世全期をつうじて「郷士」という家系でもあり、そういう点からしても、生前の藤樹にたいする陰からの経済的支援を、惜しまなかったものと考えられる。したがって、同家には藤樹の書跡や和刻本などが比較的おおく伝わっているのは、当然のことであって、そのうちの一点が、『春秋左氏伝』断簡であったわけであるが、これを

〔f〕小川秀治氏蔵、記念館寄託、謄写清本。

というように表記することにしておく。

そうして、以上六点の断簡の記述内容について、藤樹書院所蔵の閩刻『十三経注疏』ならびに『国訳漢文大成』経史子部第五巻所収の『春秋左氏伝』の原文によって照合していくと、藤樹は、「経文」をすべて割愛して「伝文」だけを謄写していたことが判明した。それを具体的に条文で列挙すると、次のごとくになる。

〔a〕『春秋左氏伝』巻二、桓公二年冬から三年春にかけての条。
〔b〕『春秋左氏伝』巻二、桓公十七年春から冬にかけての条。
〔c〕『春秋左氏伝』巻二、桓公十六年冬から十七年春にかけての条。
〔d〕『春秋左氏伝』巻二、桓公六年春の条。
〔e〕『春秋左氏伝』巻二、桓公十一年夏と秋の条。
〔f〕『春秋左氏伝』巻三、荘公六年夏と冬の条。

以上のわずか六点の断簡ではあるが、それらを比較しながら観察すると、藤樹が謄写本を作成するにさいして、いうまでもなく一定の謄写方針なるものを定めていたことがうかがえるのである。それを具体的に箇条書きする

と、次のようになる。

第一点。〔a〕は謄写稿本とはいうものの、四周をかこむ罫線の「匡郭」、および紙の折り目にあたる中央の箇所には「版心」があり、そのまんなかやや下方に「三」という「丁付」がしるされている。これによって、謄写本の本文の体裁がいかなるものであったかを知ることができる。なお、〔a〕にかぎっていうと、藤樹自筆本であることが明らかな独特の書体を確認できる。そのうちでも「侯」「之」「民」「御」字に顕著である。

第二点。〔f〕の謄写清本の版心の上部には、「左伝三」という書名と巻数とがしるされ、その下部には「二」の丁付がしるされている。これによって、〔a〕の謄写稿本のばあいは書名・巻数を省略していたことが如実にわかる。

第三点。〔f〕は謄写清本であるので、「三丁ウラ」の半葉しか残存していないけれども、これによって一行が二〇字で、そうして半葉一〇行の割付けであったことがわかる。このような割付けの仕方については、謄写稿本〔a〕もまったく同様である。なお、〔a〕の「三丁ウラ」の一〇行目において、「欒共叔」の次の一字がしるされていないことに当初疑義をいだいたのであるが、のちに第七点で触れたように改行されていたことを知り得た。

第四点。半葉の割付けがタテ二〇字×ヨコ一〇行ということになると、〔c〕もまた、まったくおなじ二〇字×一〇行の半葉断簡であることがわかり、〔c〕を表装するにさいして、匡郭（版心もふくめて）を不必要と思ったのか、所蔵者はあえて切断したのである。ことに〔c〕にいたっては、最下部の「斉」字の一部まで切断していることがわかる。ちなみに、『遺墨帖』七一「伝春秋左氏伝筆写」三点のタテの寸法をしめすと、〔b〕六寸五分、〔c〕六寸三分五厘、〔4〕六寸四分であり、このうちの〔c〕が上下の余白を残すことなく、みじかく切断していたかを知り得る。

第五点。謄写清本〔b〕の文章は、まったく前述〔c〕のつづきであることがわかると同時に、〔b〕のばあいは一〇行でなく九行になっている。したがって、文章上で改行された一〇行目は、その半葉の匡郭（版心もふくめて）とともに意図的に切断したといわざるを得ないのである。

第六点。〔e〕の謄写清本は、わずか三行だけの断簡ではあるが、上下の匡郭をそのまま残しての表装仕立てであることがわかる。

第七点。謄写の基本的な割付けの仕方について、一行目は「桓公」「荘公」など、諸侯である魯の国の王名がしるされ、その次の行は空白にし、三行目は一字下げて王の統治年だけをしるし、四行目以降はまた一字下げて、その年に生起した事件を「春」「夏」「秋」「冬」[7]ごとにしるされる。もっとも、その歴史記事が当然のこととして二行以上におよぶばあいは、また一字下げたままでしるされる。ところが、四季ごとの記事のなかに、ときおり改行して一字上げ、別件としてしるされるばあいがみられる。これは、藤樹の手沢本である閩刻『十三経注疏』にもとづいて、その当該文章のあたまに圏点「〇」がしるされている箇所にかぎって、改行していたことがわかる。それまでの事件や事象の内容と異なっているのが、その主たる理由にほかならない。

第八点。藤樹が謄写した原本は、やはり閩刻『十三経注疏』に依拠していることはまちがいない。一例をあげると、〔a〕の「三丁オモテ」の二行目に「太子」とあるが、国訳漢文大成本によって校合すると「大子」となっている。しかしながら、閩刻本は「太子」となっており、これ以外でも閩刻本と国訳漢文大成本との字句の異同は、じゅうぶんにあるとかんがえられる。

第九点。〔f〕の謄写清本は、ゆいいつの荘公篇の断簡であるが、さいわいにも「左氏伝三」の「二丁ウラ」の半葉が完全なかたちで保存されているので、すくなくとも「左氏伝三」の「一丁」と「二丁」にかぎって、謄写本の復原は可能といえる。

第一〇点。いずれの謄写稿本、謄写清本においても、人名・地名・国名などの固有名詞には定規のようなものをもちいて「朱引き」されているが、これも藤樹によってなされたものであることはいうまでもない。

以上のような、わずかな断簡資料からたどり得た藤樹の謄写方針にもとづいて、すくなくとも『春秋左氏伝』の桓公篇全部と、荘公篇の冒頭部分にかぎって、藤樹自筆の謄写本を復原することは、じゅうぶんに可能であるとかんがえる。これまでにない視角での藤樹研究に資するための試案として左に掲載し、おおかたの慈斥を乞う次第である。

注

(1) 志村巳之助編『藤樹全書』所収の「藤樹先生逸事」にも、藤樹書院にかんする記事がみられる。

「先生帰郷の後、子弟を集めて聖学を教授し玉ふ。遠近より来り学ぶ者日々に多し。先生諸子の為めに一棟の長家を建て之を会所と号し、此所にて御講義あり。又折々諸子と此所にて御談話ありたり」(『全集』第五冊、七〇一頁)

(2) 藤樹の経書観については、『翁問答』においてしごく簡明に説いている。十三経のなかでも、もっとも字数のすくない『孝経』を筆頭にあげて、それをただ字面を追って読むのでなく、「心にて心をよむ」という体認をもって読むことを、老婆心切に指摘している。

「本来易経一部をおしひろめたる十三経なれば、易経をよくまなびたるがよろし。しかれども、易経は簡奥玄妙にして凡夫のとりいりなりがたきによつて、孝経、大学、中庸を心にて心をよみ、よくまなびぬれば、大綱の得心なりやすし。三書をまなびて余力あるものは、其力とひまにしたがひて、語孟をまなぶべし」(岩波文庫、一九三九年、一四七～一四八頁)

(3) その後の研究において作成した拙稿「藤樹自筆謄写本『論語』の復原」(未発表)には、藤樹書院所蔵の『論語』写本もまた藤樹自筆であることを明らかにした。

(4) 『筆の源流・巻筆の世界』(攀桂堂、二〇一五年)所収

(5) 『遺墨帖』に記載する所蔵者の小島伝蔵、上原茂一、西沢友次郎および中村穣の四氏は、昭和十四年(一九三九)刊行時における氏名であって、現在の所蔵者名でないことを念のために付言しておく。したがって、それぞれの断簡が現在、だれの所蔵で、どのような状態で保存されているかは、残念ながら筆者はまったくわからない。

(6) 『藤樹先生全集』第五冊(岩波書店、一九四〇年)の巻末に、資料一覧表として「藤樹先生の真蹟」が掲載されており、このうちの小川秀治氏所蔵の真蹟は、左記のとおりであるが、当該『春秋左氏伝』断簡はそのなかに含まれていない。すなわち、『全集』の編さん主任は加藤盛一であり、『遺墨帖』の著者もまた加藤であったので、加藤は、基本的に『春秋左氏伝』断簡のうちの謄写清本を、藤樹の自筆と認定していなかったということになる。

○詠草　○学術便蒙　○五性図説　○四書合一図説(敬写本)　○慎独(副本)　○熟語解　○大学朱子序図説　○中　○丁亥正月吉試翰之次偶成　○四書大学(藤樹手沢本)(五四五～五五〇頁)

(7) 魯の国の年代記である『春秋』の書法として、四季ごとに歴史的事件等が叙述されることについて、『国訳漢

文大成』第五巻の解題は、次のように説明しており、参考の一助になるであろう。

「春夏秋冬の四時の如きは、記事の有無に関せず、必ず具書せざるはなし。桓公の十七年五月に夏の字なく、昭公の十年十二月に冬の字なきは、必ずしも旧史の闕文に非ずして、孔子以後の脱文ならむ。三伝の経文に異同あるが如きも、孔子以後の錯誤ならむ」（九頁）

『春秋左氏伝』桓公篇全部と荘公篇の冒頭部分

凡例

一、現存の「伝文」断簡六点と、それ以外の閩刻『十三経注疏』から採録した「伝文」とを区別するために、断簡六点はすべてゴシック体にあらためた。断簡の位置は、すべて藤樹自筆本のとおりとした。

一、参考までに、断簡六点の位置を「書名」「巻数」「丁付」で明示すると、次のとおりである。

〔1〕左伝巻二、3丁オモテおよび3丁ウラ。〔2〕左伝巻二、14丁ウラ。〔3〕左伝巻二、14丁オモテ。〔4〕左伝巻二、6丁ウラ。〔5〕左伝巻二、11丁オモテ。〔6〕左伝巻三、2丁ウラ。

一、それぞれ半葉ごとの「伝文」の割付けのしかたは、前記第七点の記述にしたがったものである。ただし、断簡の前後における伝文の復原にさいして、一行二〇字が二一字にしなければならない箇所や、圏点の原則から改行すべきところを、そのままにつづけて復原した箇所もあったことを、明らかにしておく。

一、翻刻するにあたっては、旧字体ならびに異体字の漢字は、すべて現在通行の新字体に変更した。

桓公
元年
春公即位脩好于鄭鄭人請復祀周公卒易祊田
公許之三月鄭伯以璧仮許田為周公祊故也
夏四月丁未公及鄭伯盟于越結祊成也盟曰渝
盟無享国
秋大水凡平原出水為大水
冬鄭伯拝盟宋華父督見孔父之妻于路目逆而
送之曰美而艶
二年

（1丁オモテ）

左伝二　一

春宋督攻孔氏殺孔父而取其妻公怒督懼遂弒
殤公君子以督為有無君之心而後動於悪故
先書弒其君会于稷以成宋乱為賂故立華氏
也宋殤公立十年十一戦民不堪命孔父嘉為
司馬督為大宰故因民之不堪命先宣言曰司
馬則然已殺孔父而弒殤公召荘公于鄭而立
之以親鄭以郜大鼎賂公斉陳鄭皆有賂故遂
相宋公
夏四月取郜大鼎于宋戊申納于大廟非礼也臧
哀伯諫曰君人者将昭徳塞違以臨照百官猶

（1丁ウラ）

懼或失之故昭令徳以示子孫是以清廟茅屋
大路越席大羹不致粢食不鑑昭其倹也袞冕
黻珽帯裳幅舃衡紞紘綖昭其度也藻率鞞鞛
鞶厲游纓昭其数也火龍黼黻昭其文也五色
比象昭其物也鍚鸞和鈴昭其声也三辰旂旗
昭其明也夫徳倹而有度登降有数文物以紀
之声明以発之以臨照百官百官於是乎戒懼
而不敢易紀律今滅徳立違而寘其賂器於大
廟以明示百官百官象之其又何誅焉国家之
敗由官邪也官之失徳寵賂章也郜鼎在廟章

左伝二　　二

孰甚焉武王克商遷九鼎于雒邑義士猶或非
之而况将違乱之賂器於大廟其若之何公不
聴周内史聞之曰臧孫達其有後於魯乎君違
不忘諫之以徳
秋七月杞侯来朝不敬杞侯帰乃謀伐之
蔡侯鄭伯会于鄧始懼楚也
九月入杞討不敬也
公及戎盟于唐脩旧好也
冬公至自唐告于廟也凡公行告于宗廟反行飲
至舎爵策勲焉礼也特相会往来称地譲事也

（2丁ウラ）　　（2丁オモテ）

自賛以上則往称地来称会成事也
初晋穆侯之夫人姜氏以条之役生太子命之曰
仇其弟以千畝之戦生命之曰成師師服曰異
哉君之名子也夫名以制義義以出礼礼以体
政政以正民是以政成而民聴易則生乱嘉耦
曰妃怨耦曰仇古之命也今君命大子曰仇弟
曰成師始兆乱矣兄其替乎恵之二十四年晋
始乱故封桓叔于曲沃靖侯之孫欒賓伝之師
服曰吾聞国家之立也本大而末小是以能固
故天子建国諸侯立家卿置側室大夫有弐宗

左伝二　　三

士有隷子弟庶人工商各有分親皆有等衰是
以民服事其上而下無覬覦今晋甸侯也而建
国本既弱矣其能久乎恵之三十年晋潘父弑
昭侯而納桓叔不克晋人立孝侯恵之四十五
年曲沃荘伯伐翼弑孝侯翼人立其弟鄂侯鄂
侯生哀侯哀侯侵陘庭之田陘庭南鄙啓曲沃
伐翼
三年
春曲沃武公伐翼次于陘庭韓万御戎梁弘為右
逐翼侯于汾濕驂絓而止夜獲之及欒共叔

（3丁ウラ）　　（3丁オモテ）

会于嬴成婚于斉也
夏斉侯衛侯胥命于蒲不盟也
公会杞侯于郕杞求成也
秋公子翬如斉逆女脩先君之好故曰公子斉侯
送姜氏非礼也凡公女嫁于敵国姉妹則上卿
送之以礼於先君公子則下卿送之於大国雖
公子亦上卿送之於天子則諸卿皆行公不自
送於小国則上大夫送之
冬斉仲年来聘致夫人也芮伯万之母芮姜悪芮
伯之多寵人也故逐之出居于魏

左伝二　四

（4丁オモテ）

四年
春正月公狩于郎書時礼也
夏周宰渠伯糾来聘父在故名
秋秦師侵芮敗焉小之也
冬王師秦師囲魏執芮伯以帰
五年
春正月甲戌已丑陳侯鮑卒再赴也於是陳乱文
公子佗殺太子免而代之公疾病而乱作国人
分散故再赴
夏斉侯鄭伯朝于紀欲以襲之紀人知之王奪鄭

（4丁ウラ）

伯政鄭伯不朝
秋王以諸侯伐鄭鄭伯禦之王為中軍虢公林父
将右軍蔡人衛人属焉周公黒肩将左軍陳人
属焉鄭子元請為左拒以当陳人曰陳乱民莫
有闘心若先犯之必奔王卒顧之必乱蔡衛不
枝固将先奔既而萃於王卒可以集事従之曼
伯為右拒祭仲足為左拒原繁高拒弥以中軍
奉公為魚麗之陳先偏後伍伍承弥縫戦于繻
葛命二拒曰旝動而鼓蔡衛陳皆奔王卒乱鄭
師合以攻之王卒大敗祝聃射王中肩王亦能

左伝二　五

（5丁オモテ）

軍祝聃請従之公曰君子不欲多上人況敢陵
天子乎苟自救也社稷無隕多矣夜鄭伯使祭
足労王且問左右仍叔之子弱也
秋大雩書不時也凡祀啓蟄而郊龍見而雩始殺
而嘗閉蟄而蒸過則書
冬淳于公如曹度其国危遂不復
六年
春自曹来朝書曰寔来不復其国也
楚武王侵随使薳章求成焉軍於瑕以待之随人使
少師董成闘伯比言於楚子曰吾不得志於漢

（5丁ウラ）

東也我則使然我張吾三軍而被吾甲兵以武
臨之彼則懼而協来謀我故難間也漢東之国
随為大随張必棄小国小国離楚之利也少師
侈請羸師以張之熊率且比曰季梁在何益鬪
伯比曰以為後図少師得其君王毀軍而納少
師少師帰請追楚師随侯将許之季梁止之曰
天方授楚楚之羸其誘我也君何急焉臣聞小
之能敵大也小道大淫所謂道忠於民而信於
神也上思利民忠也祝史正辞信也今民餒而
君逞欲祝史矯挙以祭臣不知其可也公曰吾

左伝二　六

（6丁オモテ）

牲牷肥腯粢盛豊備何則不信対曰夫民神之
主也是以聖王先成民而後致力於神故奉牲
以告曰博碩肥腯請民力之普存也謂其蓄之
碩大蕃滋也謂其不疾瘯蠡也謂其備腯咸有
也奉盛以告曰潔粢豊盛謂其三時不害而民
和年豊也奉酒醴以告曰嘉栗旨酒謂其上下
皆有嘉徳而無違心也所謂馨香無讒慝也故
務其三時修其五教親九族以致其禋祀於是
乎民和而神降之福故動則有成今民各有心
而鬼神乏主君雖独豊其何福之有君姑修政

（6丁ウラ）

而親兄弟之国庶免於難随侯懼而修政楚不
敢伐
夏会于成紀来諮謀斉難也北戎伐斉斉侯使乞
師于鄭鄭大子忽帥師救斉六月大敗戎師獲
其二帥大良少良甲首三百以献於斉於是諸
侯之大夫戍斉斉人饋之餼使魯為其班後鄭
鄭忽以其有功也怒故有郎之師公之未婚於
斉也斉侯欲以文姜妻鄭大子忽大子忽辞人
問其故大子曰人各有耦斉大非吾耦也詩云
自求多福在我而已大国何為君子曰善自為

左伝二　七

（7丁オモテ）

謀及其敗戎師也斉侯又請妻之固辞人問其
故大子曰無事於斉吾猶不敢今以君命奔斉
急而受室以帰是以師昏也民其謂我何遂辞
諸鄭伯
秋大閲簡車馬也
九月丁卯子同生以大子生之礼挙之接以大牢
卜士負之士妻食之公与文姜宗婦命之公問
名於申繻対曰名有五有信有義有象有仮有
類以名生為信以徳命為義以類命為象取於
物為仮取於父為類不以国不以官不以山川

（7丁ウラ）

不以隠疾不以畜牲不以器幣周人以諱事神名終将諱之故以国則廃名以官則廃職以山川則廃主以畜牲則廃祀以器幣則廃礼晋以僖侯廃司徒宋以武公廃司空先君献武廃二山是以大物不可以命公曰是其生也与吾同物命之曰同

冬紀侯来朝請王命以求成于斉公告不能

七年

春穀伯鄧侯来朝名賤之也

夏盟向求成于鄭既而背之

左伝二　八

（8丁オモテ）

秋鄭人斉人衛人伐盟向王遷盟向之民于郟

冬曲沃伯誘晋小子侯殺之

八年

春滅翼随少師有寵楚闘伯比曰可矣讐有釁不可失也夏楚子合諸侯于沈鹿黄随不会使薳章譲黄楚子伐随軍於漢淮之間季梁請下之弗許而後戦所以怒我而怠寇也少師謂随侯曰必速戦不然将失楚師随侯禦之望楚師季梁曰楚人上左君必左無与王遇且攻其右右無良焉必敗偏敗衆乃携矣少師曰不当王非

（8丁ウラ）

敵也弗従戦于速杞随師敗績随侯逸闘丹獲其戎車与其戎右少師秋随及楚平楚子将不許闘伯比曰天去其疾矣随未可克也乃盟而還

冬王命虢仲立晋哀侯之弟緡于晋

祭公来遂逆王后于紀礼也

九年

春紀季姜帰于京師凡諸侯之女行唯王后書

巴子使韓服告于楚請与鄧為好楚子使道朔将巴客以聘於鄧鄧南鄙鄾人攻而奪之幣殺道

左伝二　九

（9丁オモテ）

朔及巴行人楚子使薳章譲於鄧鄧人弗受夏楚使闘廉帥師及巴師囲鄾鄧養甥聃甥帥師救鄾三逐巴師不克闘廉衡陳其師於巴師之中以戦而北鄧人逐之背巴師而夾攻之鄧師大敗鄾人宵潰

秋虢仲芮伯梁伯荀侯賈伯伐曲沃

冬曹大子来朝賓之以上卿礼也享曹大子初献楽奏而歎施父曰曹大子其有憂乎非歎所也

十年

春曹桓公卒虢仲譖其大夫詹父於王詹父有辞

（9丁ウラ）

以王師伐虢夏虢公出奔虞
秋秦人納芮伯万于芮
初虞叔有玉虞公求旃弗献既而悔之曰周諺有
之匹夫無罪懐璧其罪吾焉用此其以賈害也
乃献又求其宝剣叔曰是無厭也無厭将及我
遂伐虞公故虞公出奔共池
冬斉衛鄭来戦于郎我有辞也初北戎病斉諸侯
救之鄭公子忽有功焉斉人餼諸侯使魯次之
魯以周班後鄭鄭人怒請師於斉斉人以衛師
助之故不称侵伐先書斉衛王爵也

左伝二　一〇

十一年
春斉衛鄭宋盟于悪曹楚屈瑕将盟弐軫鄖人軍
於蒲騒将与随絞州蓼伐楚師莫敖患之闘廉
曰鄖人軍其郊必不誡且日虞四邑之至也君
次於郊郢以禦四邑我以鋭師宵加於鄖鄖有
虞心而恃其城莫有闘志若敗鄖師四邑必離
莫敖曰盍請済師於王対曰師克在和不在衆
商周之不敵君之所聞也成軍以出又何済焉
莫敖曰卜之対曰卜以決疑不疑何卜遂敗鄖
師於蒲騒卒盟而還鄭昭公之敗北戎也斉人

（10丁オモテ）（10丁ウラ）

将妻之昭公辞祭仲曰必取之君多内寵子無
大援将不立三公子皆君也弗従
夏鄭荘公卒初祭封人仲尼有寵於荘公荘公使
為卿為公娶鄧曼生昭公故祭仲立之宋雍氏
女於鄭荘公曰雍姞生厲公雍氏宗有寵於宋
荘公故誘祭仲而執之曰不立突将死亦執厲
公而求賂焉祭仲与宋人盟以厲公帰而立之
秋九月丁亥昭公奔衛己亥厲公立
十二年
夏盟于曲池平杞莒也

左伝二　一一

公欲平宋鄭秋公及宋公盟于句瀆之丘宋成未
可知也故又会于虚冬又会于亀宋公辞平故
与鄭伯盟于武父遂帥師而伐宋戦焉宋無信
也君子曰苟信不継盟無益也詩云君子屢盟
乱是用長無信也
楚伐絞軍其南門莫敖屈瑕曰絞小而軽軽則寡
謀請無扞采樵者以誘之従之絞人獲三十人
明日絞人争出駆楚役徒於山中楚人坐其北
門而覆諸山下大敗之為城下之盟而還伐絞
之役楚師分渉於彭羅人欲伐之使伯嘉諜之

（11丁オモテ）（11丁ウラ）

三巡数之
十三年
春楚屈瑕伐羅鬬伯比送之還謂其御曰莫敖必
敗挙趾高心不固矣遂見楚子曰必済師楚子
辞焉入告夫人鄧曼鄧曼曰大夫其非衆之謂
其謂君撫小民以信訓諸司以徳而威莫敖以
刑也莫敖狃蒲騒之役将自用也必小羅君若
不鎮撫其不設備乎夫固謂君訓衆而好鎮撫
之召諸司而勧之以令徳見莫敖而告諸天之
不仮易也不然夫豈不知楚師之尽行也楚子

左伝二　一二

使頼人追之不及莫敖使徇于師曰諫者有刑
及鄢乱次以済遂無次且不設備及羅羅与盧
戎両軍之大敗之莫敖縊于荒谷群師囚于冶
父以聴刑楚子曰孤之罪也皆免之
宋多責賂於鄭鄭不堪命故以紀魯及斉宋衛燕
戦不書所戦後也鄭人来請脩好
十四年
春会于曹曹人致餼礼也
夏鄭子人来尋盟且脩曹之会
秋八月壬申御廩災乙亥嘗書不害也

（12丁オモテ）　（12丁ウラ）

冬宋人以諸侯伐鄭報宋之戦也焚渠門入及大
逵伐東郊取牛首以大宮之椽帰盧門之椽
十五年
春天王使家父来求車非礼也諸侯不貢車服天
子不私求財
祭仲専鄭伯患之使其婿雍糾殺之将享諸郊雍
姫知之謂其母曰父与夫孰親其母曰人尽夫
也父一而已胡可比也遂告祭仲曰雍氏舎其
室而将享子於郊吾惑之以告祭仲殺雍糾之
尸諸周氏汪公載以出曰謀及婦人宜其死也

左伝二　一三

夏厲公出奔蔡六月乙亥昭公入
許叔入于許
公会斉侯于艾謀定許也
秋鄭伯因櫟人殺檀伯而遂居櫟
冬会于袲謀伐鄭将厲公也弗克而還
十六年
春正月会于曹謀伐鄭也
夏伐鄭秋七月公至自伐鄭以飲至之礼也
冬城向書時也
初衛宣公烝於夷姜生急子属諸右公子為之娶

（13丁オモテ）　（13丁ウラ）

於斉而美公取之生寿及朔属寿於左公子夷
姜縊宣姜与公子朔構急子公使諸斉使盗待
諸莘将殺之寿子告之使行不可曰棄父之命
悪用子矣有無父之国則可也及行飲以酒寿
子載其旌以先盗殺之急子至曰我之求也此
何罪請殺我乎又殺之二公子故怨恵公十一
月左公子洩右公子職立公子黔牟恵公奔斉
十七年
春盟于黄平斉紀且謀衛故也
及邾儀父盟于趡尋蔑之盟也

左伝二　一四

（14丁オモテ）

夏及斉師戦于奚疆事也於是斉人侵魯疆疆吏
来告公曰疆埸之事慎守其一而備其不虞姑
尽所備焉事至而戦又何謁焉
蔡桓侯卒蔡人召蔡季于陳
秋蔡季自陳帰于蔡蔡人嘉之也
伐邾宋志也
冬十月朔日有食之不書日官失之也天子有日
官諸侯有日御日官居卿以底日礼也日御不
失日以授百官于朝
初鄭伯将以高渠弥為卿昭公悪之固諫不聴昭

（14丁ウラ）

公立懼其殺己也辛卯弑昭公而立公子亹君
子謂昭公知所悪矣公子達曰高伯其為戮乎
復悪已甚矣
十八年
春公将有行遂与姜氏如斉申繻曰女有家男有
室無相瀆也謂之有礼易此必敗公会斉侯于
濼遂及文姜如斉斉侯通焉公讁之以告
夏四月丙子享公使公子彭生乗公公薨于車魯
人告于斉曰寡君畏君之威不敢寧居来脩旧
好礼成而不反無所帰咎悪於諸侯請以彭生

左伝二　一五

（15丁オモテ）

除之斉人殺彭生
秋斉侯師于首止子亹会之高渠弥相七月戊戌
斉人殺子亹而轘高渠弥祭仲逆鄭子于陳而
立之是行也祭仲知之故称疾不往人曰祭仲
以智免仲曰信也
周公欲弑荘王而立王子克辛伯告王遂与王殺
周公黒肩王子克奔燕初子儀有寵於桓王桓
王属諸周公辛伯諫曰並后匹嫡両政耦国乱
之本也周公弗従故及

（15丁ウラ）

荘公
元年
春不称即位文姜出故也
三月夫人遜于斉不称姜氏絶不為親礼也
秋築王姫之館于外為外礼也
二年
冬夫人姜氏会斉侯于禚書姦也
三年
春溺会斉師伐衛疾之也

左伝三　一

夏五月葬桓王緩也
秋紀季以酅入于斉紀於是乎始判
冬公次于滑将会鄭伯謀紀故也鄭伯以難凡師
出一宿為舎再宿為信過信為次
四年
春王三月楚武王荊尸授師孑焉以伐随将斎入
告夫人鄧曼曰余心蕩鄧曼歎曰王禄尽矣盈
而蕩天之道也先君其知之矣故臨武事将発
大命而蕩王心焉若師徒無虧王薨於行国之
福也王遂行卒於樠木之下令尹闘祁莫敖屈

（1丁オモテ）

（1丁ウラ）

重除道梁溠営軍臨随随人懼行成莫敖以王
命入盟随侯且請為会於漢汭而還済漢而後
発喪
紀侯不能下斉以国与紀季夏紀侯大去其国違
斉難也
五年
秋郳犂来来朝名未王命也
冬伐衛納恵公也
六年
春王人救衛

左伝三　二

夏衛侯入放公子黔牟于周放甯跪于秦殺左公
子洩右公子職乃即位君子以二公子之立黔
牟為不度矣夫能固位者必度於本末而後立
衷焉不知其本不謀知本之不枝弗強詩曰本
枝百世
冬斉人来帰衛宝文姜請之也
楚文王伐申過鄧鄧祁侯曰吾甥也止而享之騅
甥聃甥養甥請殺楚子鄧侯弗許三甥曰亡鄧
国者必此人也若不早図後君噬斉其及図之
乎図之此為時矣鄧侯曰人将不食吾余対曰

（2丁オモテ）

（2丁ウラ）

あとがき

今年でちょうど四半世紀となる筆者の中江藤樹研究を振りかえって、とくに印象にのこるできごとが二件ありましたので、なにかのご参考になればということで、述べてみようと思います。

筆者が、定期異動をもって近江聖人中江藤樹記念館に勤務したのは四十六歳のときでした。そのために、とにかく『藤樹先生全集』を読んでいきましたところ、その第一冊目の冒頭からまったく歯が立たず、いったい中江藤樹はなにを説こうとされたのかがわからないというのが実状でした。そうして、あせりがつのる二年目の冬、たまたま橘南谿『東西遊記』（平凡社東洋文庫本）の「藤樹先生」の項を読んでおりますと、これまでおそらくいずれの研究者も言及したとは思われない事実を見いだしたのです。すなわち、藤樹が近郷のむらびとのために、住居に隣接して建てた会所で、今でいうところの「夜間学校」をひらいて、『書経』の《福善禍淫》思想にもとづいた教育善導をおこなっていたということでした。この夜間学校における教育成果のひとつが、かの有名な二百両の大金をみつけて落とし主に届けてあげた「正直馬子」の逸話であり、ながく郷党のあいだで語り伝えられてきたわけです。したがって、熊沢蕃山や淵岡山など、有能な武士にたいする門人教育とともに庶民教育も、藤樹はくるまの両輪のごとくおこなっていたという、まったく予想しなかったあらたな史実を発見したのでありました。これが一件目であります。

もう一件。前述、筆者のささやかな体験によって得た安堵もつかの間、こんどは藤樹の門人にあてた和文書簡や『鑑草』のなかに、経書のことばでなく、「放下」「習気」「無価の宝」などといった禅語や、「明徳仏性」の仏性といった仏教語を、さかんに使用されていることがたいへん気になりました。藤樹は、儒学者でありながら禅語や仏教語をなんら躊躇することなく、まるで自家薬籠中の物としてもちいられたのはどういう背景があったのか、というそぼくな疑問でありました。何年かが過ぎて、筆者は愛媛県大洲市をおとずれる機会があって、そのおり市立博物館をたずねて同館に所蔵する『曹渓六祖伝』を実見する幸運にめぐまれました。もともとは、大洲藩主加藤家の菩提寺であります臨済宗妙心寺派曹渓院の所蔵品でしたが、明治維新後に流失してしまい、現在はそのコピーが博物館にあるということでした。それはともかくとして、十四歳の藤樹は、曹渓院第三祖天梁玄昊から手跡、漢詩、聯句をまなんだというのですが、その『曹渓六祖伝』の天梁事績を読んでいきますと、四十二歳のときに京都の臨済宗大本山妙心寺一一六世の住持にまでのぼられたほどの禅僧であることがわかりました。藤樹が新谷藩を致仕したのちも書簡のやりとりをおこなっていた形跡があり、藤樹はおそらく積極的に天梁玄昊から臨済禅の要訣をまなびとったものと思われます。藤樹の著作に禅語が多用されている事実は、こうした背景にもとづいていることがようやくわかりました。したがって、藤樹の思想形成にかんして、広く知られるところの「朱子学から陽明学へ」「朱子学から藤樹学へ」というような単純なとらえ方では、真実を見誤ることになるように思います。今後、天梁玄昊にかんする研究をつうじて、藤樹思想の構成要素の解明につながる糸口になるのではないでしょうか。後年、筆者六十歳のとき、花園大学大学院で中国禅をまなんだ知識は、藤樹の著述を読み解くうえでたいへん貴重なものとなりました。

改めて申し上げるべきは、目次をいちべつして気がつかれるように、本書は全体として一貫性に欠けるという印象をあたえている嫌いがないとはいえません。これにたいして、筆者としてはまったく弁解の余地がありません。しかしながら、本書の副題に掲げました「太虚と天地と明徳と」が、まさしく藤樹思想の眼目であることを筆者は確信いたしておりますので、そういった視点を根底にもちながら本書をまとめてみたわけであります。いったいに人間は、心と肉体とで構成しており、肉体は老化していずれは滅びてしまうのですが、けれども心は滅びることなく無始無終であって、その心の遡源は太虚（＝すべてが混沌の気で覆われた原始宇宙）の途轍もない大むかしにまでさかのぼるというのです。その太虚の構成物質の気は、長時間の経過とともに生生化育して「天地」の生成となり、「万物」の誕生となり、そして万物の霊である「人間」の誕生につながり、その人間には太虚の心ともいうべき「明徳」をひとしく賦与せられた。そして、この自身にそなわった「明徳」を日常生活のなかで発揮することが人間としてのたいせつな生き方であって、そのことを明かにしたのが孔聖の説かれた儒学、儒道でありました。ようするに、太虚も天地も明徳も、これらは異名同体といわれるものであって、形態的には異なっているけれども、本質的にはまったくおなじものだと藤樹はかんがえました。藤樹二十三歳のときの著作と四十歳のときの著作とを較べてみますと、そこに終始一貫しているのはすなわち「明徳を明らかにする」という一点にほかなりません。

最後に、近江聖人中江藤樹記念館に勤務しました十年余りは、さまざまな有徳の来館者にめぐまれ、まことに筆者にとっておおくの人間的啓発をうけるとともに、自身の藤樹研究の示唆にあずかることができました。いま脳裏に思い出してそのご芳名をざっとあげてみますと、細川護熙先生、童門冬二先生、鍵山秀三郎先生、伊與田覚先生、寺田一清先生、藤尾秀昭先生、北京大学教授劉金才先生、さらには稲葉稔・國松善次両滋賀県知事、桝田與一大洲市長、白井英男喜多方市長などであります。そうして、なによりも記念館勤務を命ぜられた福井俊一安曇川町長は、筆者にとっては夢寐にも忘れてはならない人生の恩人にほかなりません。毎年九月になりますと、草津市のパナソニック工場内に所在する松下幸之助商学院の学生（全国の販売店の後継者たち）がおとずれて、真面目に研修せられたこともなつかしく思い出されます。なお、本書の刊行にさいして、明徳出版社の佐久間保行社長にはたいへんご厄介になりましたこと、ここに厚くお礼申し上げます。

令和六年六月二十日

中江　彰

初出一覧

中江藤樹の伊勢参宮　『淡海文化財論叢』第一二輯（淡海文化財論叢刊行会、二〇二〇年）

中江藤樹の神主　『淡海文化財論叢』第八輯（淡海文化財論叢刊行会、二〇一六年）

同右　『陽明学藤樹学』第一号（陽明学藤樹学懇話会、二〇一七年）再掲

中江藤樹の門流形成　『淡海文化財論叢』第九輯（淡海文化財論叢刊行会、二〇一七年）

中江藤樹・熊沢蕃山・泉 仲愛　『閑谷学校研究』第一〇号（財・特別史跡旧閑谷学校顕彰保存会、二〇〇六年）

岡田氏本『藤樹先生年譜』について　『淡海文化財論叢』第一五輯（淡海文化財論叢刊行会、二〇二三年）

羅山と藤樹にみる仏教態度　『花園大学大学院仏教学研究』第二号（同仏教学研究会、二〇一五年）

中江藤樹の戒定慧的心学実践　『花園大学大学院仏教学研究』第四号（同仏教学研究会、二〇二二年）

中江藤樹の『孝経』復原　『宗教哲学論叢』第一輯（宗教と哲学研究会、二〇一六年）

中江　彰（なかえ・あきら）

1953年大阪府堺市生まれ．佛教大学文学部史学科卒（東洋史学）．
花園大学大学院文学研究科修士課程修了（仏教学）．
国際中江藤樹思想学会理事長．
元近江聖人中江藤樹記念館長．
おもな著書
『安曇川町50年のあゆみ史料集』（安曇川町役場、2004）
『鑑草ものがたり』（不尽叢書刊行会、2005）
『中江藤樹のことば～素読用』（登龍館、2006）
『中江藤樹人生百訓』（致知出版社、2007）
『中江藤樹一日一言』（致知出版社、2008）
『陰徳ものがたり』（明徳出版社、2010）
『盤珪禅と儒教』（明徳出版社、2015）
『藤樹神社百年史』（明徳出版社、2021）

中江藤樹への道
太虚と天地と明徳と

令和六年九月十八日　印刷
令和六年九月二十五日　発行

著者　中江　彰
発行者　佐久間保行
発行所　㈱明徳出版社
〒167-0052 東京都杉並区南荻窪一-二五-三
電話　〇三-三三三三-六二四七
振替　〇〇一九〇-七-五八六三四

印刷・製本／（株）興学社

ISBN978-4-89619-330-5